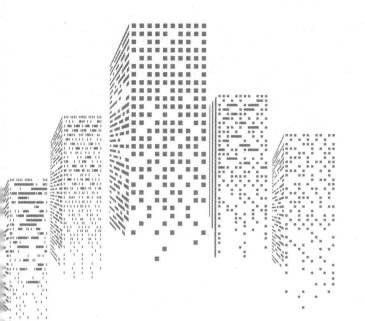

物业
管理实务

黄如跃　沈焕明　庞　鑫 ■ 主　编
张　鑫　朱文雅　熊明祥 ■ 副主编

清华大学出版社
北京

内容简介

物业管理实务作为现代物业管理专业的核心课程,可以帮助学生从总体上把握物业管理实践,对物业管理实践形成概括性认识,为进一步的专业知识学习奠定基础。本书涉及物业管理实践的各个方面,按照物业管理实践的内在逻辑安排体系结构,主要内容包括物业管理概述、物业管理招标与投标、早期介入、物业承接查验、入住服务与装修管理、客户服务管理、物业环境管理、物业公共秩序管理、房屋建筑工程的物业管理、物业设施设备管理、物业多种经营管理、物业财务管理、物业档案管理、物业服务质量管理、物业智能化管理与智慧化运用、物业管理风险防范与应急预案。随着行业的发展与社会的进步,物业管理行业出现了多种经营、服务质量管理、信息化和应急管理,这些内容在书中都有相应的阐释。

本书既可以作为高等职业院校现代物业管理专业的教材,也可以作为对物业管理有兴趣的人员的学习材料。

本书封面贴有清华大学出版社防伪标签,无标签者不得销售。
版权所有,侵权必究。举报:010-62782989,beiqinquan@tup.tsinghua.edu.cn。

图书在版编目(CIP)数据

物业管理实务/黄如跃,沈焕明,庞鑫主编. —北京:清华大学出版社,2024.12
ISBN 978-7-302-65167-3

Ⅰ. ①物… Ⅱ. ①黄… ②沈… ③庞… Ⅲ. ①物业管理 Ⅳ. ①F293.33

中国国家版本馆 CIP 数据核字(2024)第 031806 号

责任编辑:强　溦
封面设计:曹　来
责任校对:袁　芳
责任印制:丛怀宇

出版发行:清华大学出版社
　　　网　　址:https://www.tup.com.cn, https://www.wqxuetang.com
　　　地　　址:北京清华大学学研大厦A座　　邮　编:100084
　　　社 总 机:010-83470000　　邮　购:010-62786544
　　　投稿与读者服务:010-62776969,c-service@tup.tsinghua.edu.cn
　　　质量反馈:010-62772015,zhiliang@tup.tsinghua.edu.cn
印 装 者:三河市龙大印装有限公司
经　　销:全国新华书店
开　　本:185mm×260mm　　印　张:14.5　　字　数:330 千字
版　　次:2024 年 12 月第 1 版　　印　次:2024 年 12 月第 1 次印刷
定　　价:49.00 元

产品编号:104909-01

前 言

党的二十大报告指出,要统筹职业教育、高等教育、继续教育协同创新,推进职普融通、产教融合、科教融汇,优化职业教育类型定位。产教融合的形式多种多样,其中之一是学校教师与企业人员共同编写高质量教材。本书的最大特点在于编写人员大多是来自行业一线的工作人员,所编写的内容具有高度的实操性,能够很好地适应高等职业院校学生的需求。

本书共十六个项目,可分为三大部分:第一部分为物业管理概述、物业管理招标与投标、早期介入、物业承接查验、入住服务与装修管理,该部分可以理解为业主入住之前的管理。第二部分为客户服务管理、物业环境管理、物业公共秩序管理、房屋建筑工程的物业管理、物业设施设备管理,该部分可以看作业主入住之后的日常物业管理。第三部分为物业多种经营管理、物业财务管理、物业档案管理、物业服务质量管理、物业智能化管理与智慧化运用、物业管理风险防范与应急预案等,该部分可以理解为当代物业管理的新发展。

本书的编写人员如下。

项目一:合肥湖滨物业公司沈焕明。

项目二:合肥湖滨物业公司崔媛媛。

项目三~项目五:合肥湖滨物业公司刘登伟。

项目六~项目八:安徽水利水电职业技术学院黄如跃。

项目九、项目十:中铁四局熊明祥。

项目十一:合肥湖滨物业公司马千里。

项目十二:合肥湖滨物业公司李素珍。

项目十三:安徽水利水电职业技术学院庞鑫。

项目十四:合肥湖滨物业公司朱文雅。

项目十五、项目十六:合肥湖滨物业公司张鑫。

合肥湖滨物业公司沈焕明总经理指导了整本书的构架设计与章节安排。湖滨物业公司品质部门负责人朱文雅主要负责在编写过程中收集稿件、对接相关人员。安徽水利水电职业技术学院人事处负责人庞鑫参与了整本书稿的审订工作。

本书既可以作为高等职业院校现代物业管理专业的教材,也可以作为对物业管理有兴趣的人员的学习材料。由于编者水平有限,书中难免有不妥、疏漏之处,敬请广大读者批评、指正。

编 者

2024 年 9 月

目 录

项目一　物业管理概述 …………………………………………… 1
　任务一　物业管理的概念及内容 ………………………………… 1
　任务二　物业管理的产生与发展 ………………………………… 4
　任务三　物业管理行业的现状及发展趋势 ……………………… 9
　任务四　物业服务企业设立 ……………………………………… 11

项目二　物业管理招标与投标 …………………………………… 15
　任务一　招投标的内容与形式 …………………………………… 15
　任务二　投标的策划与实施以及方案的制订 …………………… 18
　任务三　投标过程三"做好" …………………………………… 24
　任务四　合同的签订与履行 ……………………………………… 25

项目三　早期介入 ………………………………………………… 31
　任务一　早期介入概述 …………………………………………… 31
　任务二　早期介入的主要阶段 …………………………………… 33
　任务三　早期介入的重点与难点 ………………………………… 36

项目四　物业承接查验 …………………………………………… 38
　任务一　物业承接查验的目的与概念 …………………………… 38
　任务二　物业承接查验的作用和原则 …………………………… 39
　任务三　物业承接查验与移交 …………………………………… 40
　任务四　物业承接查验问题的解决与保修责任 ………………… 44

项目五　入住服务与装修管理 …………………………………… 50
　任务一　入住服务 ………………………………………………… 50
　任务二　装修管理 ………………………………………………… 55

项目六　客户服务管理 …………………………………………… 61
　任务一　物业客户服务理念 ……………………………………… 61
　任务二　日常物业客户服务 ……………………………………… 67
　任务三　社区文化服务 …………………………………………… 72
　任务四　物业客户投诉处理 ……………………………………… 76

任务五　物业客户服务质量管理 …………………………………… 82

项目七　物业环境管理 ……………………………………………… 88
　　任务一　物业环境管理的基本概念 …………………………………… 88
　　任务二　物业环境管理的特征、内容和目标 ………………………… 90
　　任务三　物业环境污染的治理 ………………………………………… 93
　　任务四　物业环境卫生管理基本理论 ………………………………… 97
　　任务五　物业环境绿化管理 …………………………………………… 101

项目八　物业公共秩序管理 ………………………………………… 104
　　任务一　物业治安管理 ………………………………………………… 104
　　任务二　物业消防管理 ………………………………………………… 109
　　任务三　物业车辆交通管理 …………………………………………… 117

项目九　房屋建筑工程的物业管理 ………………………………… 122
　　任务一　房屋的质量管理 ……………………………………………… 122
　　任务二　房屋维修管理 ………………………………………………… 128
　　任务三　房屋日常养护 ………………………………………………… 133

项目十　物业设施设备管理 ………………………………………… 137
　　任务一　物业设施设备概述 …………………………………………… 137
　　任务二　物业设施设备的管理办法 …………………………………… 143
　　任务三　物业设施设备维修养护计划与实施 ………………………… 146

项目十一　物业多种经营管理 ……………………………………… 157
　　任务一　物业多种经营的发展现状 …………………………………… 157
　　任务二　物业多种经营的发展动力 …………………………………… 159
　　任务三　物业多种经营存在的问题 …………………………………… 161
　　任务四　物业多种经营的发展前景 …………………………………… 162

项目十二　物业财务管理 …………………………………………… 164
　　任务一　物业服务企业财务管理 ……………………………………… 164
　　任务二　物业管理项目财务管理 ……………………………………… 171
　　任务三　酬金制、包干制与物业服务费的测算编制 ………………… 173

项目十三　物业档案管理 …………………………………………… 175
　　任务一　物业档案概述 ………………………………………………… 175
　　任务二　物业档案管理的内容 ………………………………………… 179

任务三　物业档案的电子化 ·· 183

项目十四　物业服务质量管理 ·· 187
　　任务一　物业服务质量管理概述 ·· 187
　　任务二　建立质量管理体系 ··· 190
　　任务三　物业服务质量管理的应用 ··· 194

项目十五　物业智能化管理与智慧化运用 ······································ 201
　　任务一　现代物业服务企业信息化管理发展 ···························· 201
　　任务二　物业管理服务系统未来发展趋势 ······························· 208

项目十六　物业管理风险防范与应急预案 ······································ 211
　　任务一　物业管理风险的内容及防范 ······································ 211
　　任务二　物业管理的应急预案 ·· 216

参考文献 ··· 223

项目一　物业管理概述

学习目标

（1）理解物业管理的概念与特点。
（2）了解物业管理行业的发展过程及前景。
（3）熟悉物业服务企业的设立及组织机构。

素质目标

（1）树立现代物业管理理念。
（2）正确认识物业管理行业的价值。

能力目标

（1）了解物业管理的具体内容。
（2）熟悉物业公司设立的流程。

任务一　物业管理的概念及内容

学习准备

收集资料，了解物业管理的内容，物业服务企业与业主的责任和权利，并思考如何做好物业管理等问题。

相关知识

一、物业管理的概念与特点

1. 物业管理的概念

物业管理是指业主通过选聘物业服务企业，由业主和物业服务企业按照物业服务合同的约定，对房屋及配套的设施设备和相关场地进行维修、养护、管理，以及维护相关区域内的环境卫生和秩序的活动。

对物业管理概念中的关键性词语,可以有以下理解。

(1) 业主,是房屋的所有权人,有别于房屋的使用人。

(2) 选聘,是通过公开、公平、公正的市场竞争机制选择物业服务企业。

(3) 物业服务合同,是指物业服务人在物业服务区域内,为业主提供建筑物及其附属设施的维修养护、环境卫生和相关秩序的管理维护等物业服务,业主支付物业费的合同。

(4) 物业服务人,包括物业服务企业和其他管理人。

2. 物业服务合同的内容

物业服务合同的内容一般包括服务事项、服务质量、服务费用的标准和收取办法、维修资金的使用、服务用房的管理和使用、服务期限、资料交接等条款。物业服务人公开作出的有利于业主的服务承诺,为物业服务合同的组成部分。物业服务合同分为前期物业服务合同(业委会成立前,由建设单位和物业服务企业签订)和物业服务合同(业委会成立并选聘了物业服务企业,由业主委员会和物业服务企业签订),物业服务合同应当采用书面形式。前期物业服务合同可以约定期限;如果期限未满,但业主委员会与新的物业服务企业签订的物业服务合同生效的,前期物业服务合同自动终止。

3. 业主的主要权利和义务

业主的主要权利和义务在《中华人民共和国民法典》(以下简称《民法典》)中作出了明确的规定。

(1) 业主对建筑物内的住宅、经营性用房等专有部分享有所有权,对专有部分以外的共有部分享有共有和共同管理的权利(《民法典》第二百七十一条)。

(2) 业主对其建筑物专有部分享有占有、使用、收益和处分的权利。业主行使权利不得危及建筑物的安全,不得损害其他业主的合法权益(《民法典》第二百七十二条)。

(3) 业主对建筑物专有部分以外的共有部分,享有权利,承担义务;不得以放弃权利为由不履行义务。业主转让建筑物内的住宅、经营性用房,其对共有部分享有的共有和共同管理的权利一并转让(《民法典》第二百七十三条)。

(4) 业主可以自行管理建筑物及其附属设施,也可以委托物业服务企业或者其他管理人管理(《民法典》第二百八十四条)。

4. 物业管理的特点

(1) 物业管理的主体必须是专门机构(物业服务企业或其他管理人)和人员。

(2) 物业服务人根据物业所有者的委托,遵守国家的法律法规,按照合同或契约行使对特定物业的管理权,专业化程度要求较高。

(3) 物业管理的对象正常为已经竣工验收并投入使用的各类建筑物及其附属配套的设备设施和相关场地,包括物业区域内的环境卫生、绿化、公共秩序与安全、车辆停放及交通等。

(4) 物业管理是市场化的经济行为,双向选择和等价有偿是物业管理市场化的集中体现。由合同双方按照相关合同的约定,根据质价相符的原则,实施遵循市场规律的专业化服务。

(5) 物业服务人宜通过多种经营和科技化管理手段,充分满足业主的合法需求,并在日常生活所需、健康产业、老幼照料等新的领域发力,持续提高服务的宽度和深度。

(6)物业管理的目的是为业主和使用者提供一个整洁、文明、安全、舒适的生活或工作环境,最终目标是物业资产管理,保持并提高所服务的物业的使用价值和经济价值。

二、物业管理的内容

1. 基本内容

(1)日常养护。日常养护主要是指对各类建筑物、配套设施设备的维修养护,具体包括房屋、照明系统、供配电系统、给排水系统、供暖系统、空调系统、电梯系统等的维修养护。

(2)公共秩序维护。公共秩序维护是为保障物业的正常工作、生活秩序而进行的管理与服务,包括区域内的安全、保卫、警戒,以及对排除各种干扰的管理。物业服务人应当按照约定和物业的使用性质,妥善维修、养护、清洁、绿化和经营管理物业服务区域内的业主共有部分,维护物业服务区域内的基本秩序,采取合理措施保护业主的人身、财产安全。

(3)清洁绿化服务。清洁绿化服务是为了净化和美化物业环境而进行的服务,是体现物业服务基础水平的一项重要标志。物业服务人员应当做好清洁保养的工作计划、检查监督等管理工作,如垃圾分类、废物、污水、雨水的处理,防鼠灭虫,外墙清洗等;也应当做好草地和花木的养护工作,定期修剪、施肥、浇水、防治病虫害等。

(4)消防管理。消防管理是物业管理工作中的一项重点内容,其目的是预防物业火灾发生,最大限度地减少火灾损失,明确火灾发生时的应急措施。消防管理工作包括灭火和防火、配备专职人员、培训专兼职队伍、制定消防制度、保证消防设备处于良好备用状态等。消防管理工作的重点是防患于未然,既要加强防范措施,又要让业主和租户具有防火及自救的意识。

(5)车辆和交通管理。随着人们生活水平的提高,汽车拥有量也在逐渐增加。很多项目在前期规划设计时,未充分考虑车位配比,造成很多小区或商业建筑停车位不足。这也是物业管理中的一个难点和矛盾点。对于小区内车位的归属与使用,《民法典》作出了明确的规定。

《民法典》第二百七十五条规定:建筑区划内,规划用于停放汽车的车位、车库的归属,由当事人通过出售、附赠或者出租等方式约定。占用业主共有的道路或者其他场地用于停放汽车的车位,属于业主共有。

《民法典》第二百七十六条规定:建筑区划内,规划用于停放汽车的车位、车库应当首先满足业主的需要。

(6)客户服务。负责客户接待、投诉处理、满意度调查、业主委托服务、业户档案建立、费用收缴等。

2. 多种经营服务

多种经营服务主要是指物业服务企业在征得相关主体同意后,依托物业管理区域特有的市场资源所开展的各类有偿服务,特别是针对某些用户的特定需要而提供的有针对性的有偿服务。物业多种经营不仅可以增强物业企业的竞争优势和品牌影响力,还可以提升社区生活品质和经济活力。

多种经营服务包括非业主增值服务及社区增值服务。非业主增值服务主要包括案场管理服务、交付前保养和维修服务以及其他服务及活动等；社区增值服务主要包括社区生活服务、空间运营和社区媒体服务、美居服务及其他社区增值服务。

  物业管理作为连接千家万户的重要民生行业，提供高品质和多样化的服务，不断满足人们日益增长的美好生活需要，是其发展的不竭动力。近年来，随着经济的发展及居民服务消费意识的增强，多样化、多层次的社区消费需求不断被激发，物业服务也逐渐与居民消费、安居乐业紧紧联系在一起。采用传统服务方式已经不能使物业服务企业长久地保持竞争力，如何以良好的基础服务为支点，创造可持续增长的经营商机，为业主提供更多便捷的服务，是物业服务企业近年不断探索和研究的课题之一。物业服务企业应本着"扎实做服务、大胆做经营"的工作思路开展社区增值服务，围绕社区资产运营，提供多元化增值服务，不断满足居民的延展需求，积极开展如房产经纪、社区电商、养老服务、新能源汽车服务等业务。

  良好的基础服务保障能力是实现多种经营的前提，只有赢得业主的信任，物业服务企业的多种经营才能有生存的空间。物业多种经营要契合社区特点和业主需求。不同的社区有不同的规模、位置、人口结构、消费水平等因素，影响着业主对于生活服务的偏好和需求。物业企业要根据自身管理的社区特点，进行市场调研和分析，找出适合自己的经营项目和组合，并且要持续跟踪反馈和评价，调整并优化服务内容和质量。

  物业多种经营要有专业化和创新性。物业企业在开展多种经营时，要注意与其他行业或竞争者的差异化竞争，不能简单地跟风或复制别人的模式，而是要发挥自身在社区管理方面的专长和优势，在某些环节或领域提供更有价值或更有特色的解决方案。同时，也要注重引入新技术、新理念、新模式等创新元素，提升服务效率和体验。

  物业多种经营要有市场化和规范化的机制。物业企业在开展多种经营时，要遵循相关法律法规和行业标准，在保证安全、合法、合规的前提下进行市场化运作。要建立完善的财务核算、风险控制、人员管理等制度，并且与外部合作伙伴建立良好的沟通协作机制。同时，也要注重与主营物业管理服务相互支持、相互促进，并且保持适度平衡。

三、物业收费方式

  物业服务费的收费方式主要有两种，分别是包干制和酬金制。包干制是指由业主向物业服务企业支付固定物业服务费用，盈余或者亏损均由物业服务企业享有或承担。酬金制是指在预收的物业服务资金中，按约定比例或者约定数额，提取酬金支付给物业管理企业，其余全部用于物业服务合同约定的支出，结余或者不足均由业主享有或者承担。按包干制收取物业管理费是中国住宅物业及非住宅物业管理服务市场的主导模式。

任务二　物业管理的产生与发展

学习准备

  收集相关资料，了解物业管理的产生与发展、中国物业管理的发展历程等。

相关知识

一、物业管理的产生与发展

1. 物业管理的产生

一般认为,物业管理作为一种有效的房屋管理模式,起源于19世纪60年代的英国。当时英国正处于工业快速发展的阶段,大量农村人口涌入城市,造成城市房屋的空前紧张,一些房地产开发商相继修建了简易住宅并廉价出租给工人家庭。由于住宅设施简陋,环境条件差,而且时常发生人为破坏房屋设备、设施的现象,工人们又经常拖欠租金,业主的经济收益难以得到保障。在这种情况下,一位名叫奥克塔维亚·希尔(Octavia Hill)的女士为其名下出租的物业制定了一套行之有效的管理措施,要求承租者严格遵守,这不仅保证了自己的收益,也使租户感到比较满意。希尔的做法引起了英国政府的重视,并很快在英国推广起来。一种新型的房屋管理模式就这样诞生了,这就是物业管理的雏形。

物业管理虽然最早起源于英国,但真正意义上的现代化物业管理形成于19世纪末期的美国。19世纪末,美国经济正处于迅速发展的时期,随着建筑技术的不断进步,一幢幢高楼大厦拔地而起。在这种情况下,大厦管理问题越来越突出。于是,专业物业管理机构开始出现并迅速增加,物业管理行业组织也逐渐形成。

2. 物业管理的发展

1)英国的物业管理

英国不仅是物业管理的发源地,而且其物业管理水平也是世界一流,很多国家和地区房地产及物业管理的发展都借鉴了英国的经验。英国物业管理服务的内容非常广泛,除了传统意义上的楼宇维修、养护、清洁、保安,还延展至工程咨询、物业功能布局和规划、市场行情调研与预测、目标客户群认定、物业租售推广代理、通信及旅行安排、智能系统化服务、专业性社会保障服务等全方位服务。

英国物业管理的最大特色是依法管理,有关房地产开发管理的法律法规就有50多种。城乡规划及土地开发许可制度对土地的取得、处置、征用、开发等作了具体的规定,要求房地产开发必须符合城市规划、保护环境的要求,不与公共利益相抵触。同时,英国有较为丰富的古建筑与历史遗址,政府特别注意这些古迹的保护,专门制定了法律、政策和法规进行管理。这些法案对古建筑、古遗址保护的职责、措施、处罚等作出了强制性规定,在控制发展的区域内禁止建设新的房屋。

2)美国的物业管理

美国物业管理的基本模式主要是运用现代化的管理工具和方法,以保护和提高业主财产价值、增加业主收入为目标,全方位地满足住用人各层次的需求,并实现物业服务企业自身的发展目标。

(1)严格资质管理,确保物业管理质量。20世纪30年代初,美国各地纷纷成立物业管理公司。美国借鉴英国的经验,强化政府在住房管理中的角色,帮助业主选择有能力、有资质的管理企业及管理人员成为政府的一项任务。承担这项任务的是1929年成立的美国房地产经纪人协会物业管理学会(IREM)。

IREM一直致力于物业管理的教育培训和资格认证工作,其认证分为两类:对单位的认证,即合格管理机构(accredited management organization,AMO)证书;对个人的认证,即注册物业管理师(certified property manager,CPM)证书。AMO是颁发给合格房地产管理公司的证书,获得该证书的公司至少拥有一名CPM。

CPM证书是颁发给在经验、教育和职业道德规范方面有杰出表现的专业物业管理者的。要获得CPM执照,必须经过候选和正式获取两个阶段。取得正式证书必须符合五个条件:一定年限的管理经验;通过至少几门专业课考试;超过1年全职进行有效的物业管理计划、决策和组织;接受有关职业道德教育;获得分会和总会的批准。此外,CPM的资格并非终身制,如果违反IREM的职业道德条款,物业管理人员将被取消CPM资格。

(2) 实施专业服务,提高服务效率。在美国房地产发展的初期,物业管理大多是内部管理,即由业主自己管理。然而,这种形式的管理受业主的精力和专业知识的限制,弊端越来越明显,因此后来逐步转向承包管理,即聘请专业物业管理公司和专业人员管理。美国的专业物业管理公司并非独自完成所有的服务项目,而是将保安、清洁、工程维修、绿化等工作承包给专业公司。这既为物业管理公司开展全面服务创造了条件,又提高了工作效率和服务质量。

(3) 重视法规建设,规范物业管理行为。美国是一个法治国家,法律法规十分健全,在物业管理方面也是如此。例如,美国相关法律中规定,各物业管理公司所管的楼宇和公共场所、娱乐场所必须设有残疾人专用的停车位、轮椅通道,电话、饮水管、电梯的按钮必须方便坐轮椅者使用,还必须设有把手、残疾人专用卫生间等。在美国这个典型的契约社会中,业主与物业管理公司、物业管理公司与专业服务公司均通过合同契约形式建立了广泛的联系,并将契约作为实施权利、履行义务的依据。政府经常采用"微服私访"的方式检查有关法规的执行情况,对违法者及时给予审查和惩罚。这些法律法规的最终实施都是通过建筑设计、施工准则及政府的批准手续、监督得以落实,为物业管理公司实施管理打下了良好的基础。

(4) 设施齐全,服务到位。配套设备、设施是否齐全直接关系物业管理服务质量的好坏。美国的市政设施设备配套水平较高,政府要求所有的建筑工程都应配有必要的公共设施,否则不得动工兴建,并要求对给排水系统、污水处理系统、道路系统、通信、供变电等系统及公园绿地和企业公共设施进行必要的投资。在公共设施方面,美国特别注重车库的建设和管理,几乎所有楼宇都建有地下车库,不少建筑物将第三层、第四层甚至第五层、第六层都建为车库,以满足停放大量汽车的要求。

二、我国物业管理的产生与发展

1. 物业管理在我国的发展历程

我国物业管理行业大致经过三个发展阶段,分别是萌芽阶段(1981—2003年)、传统服务阶段(2004—2013年),以及转型探索阶段(2014年至今),如图1-1所示。

我国内地最早开始物业管理模式探索与尝试的,是当时被列为沿海开放城市和经济

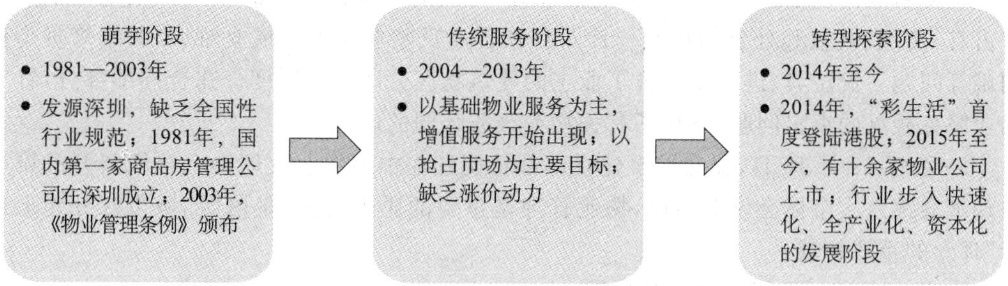

```
┌─────────────────────┐     ┌─────────────────────┐     ┌─────────────────────┐
│ 萌芽阶段             │     │ 传统服务阶段         │     │ 转型探索阶段         │
│ ● 1981—2003 年      │ ──▶ │ ● 2004—2013 年      │ ──▶ │ ● 2014 年至今        │
│ ● 发源深圳,缺乏全国性 │     │ ● 以基础物业服务为主, │     │ ● 2014 年,"彩生活"首 │
│   行业规范;1981 年,  │     │   增值服务开始出现;以 │     │   度登陆港股;2015年至│
│   国内第一家商品房管 │     │   抢占市场为主要目标; │     │   今,有十余家物业公司│
│   理公司在深圳成立;  │     │   缺乏涨价动力       │     │   上市;行业步入快速 │
│   2003 年,《物业管理 │     │                     │     │   化、全产业化、资本化│
│   条例》颁布         │     │                     │     │   的发展阶段         │
└─────────────────────┘     └─────────────────────┘     └─────────────────────┘
```

图 1-1 我国物业管理行业三个发展阶段

特区的深圳。1981 年 3 月 10 日,深圳市第一家涉外商品房管理的专业公司深圳市物业管理公司正式成立,标志着内地的物业管理迈出了第一步,也宣告了这一新兴行业在内地的诞生。1985 年年底,深圳市房地产管理局成立,对全市住宅区进行调查研究,肯定了物业管理公司专业化、社会化、企业化的管理经验,并在全市推广。1988 年由企业实施管理,由房管局实施业务指导和监督的住宅管理体制基本形成。到 1993 年深圳市专业性物业管理公司和内设物业管理专业机构的单位超过百家,6 月又成立了全国首家物业管理协会——深圳市物业管理协会。广州市于 1981 年开始在新建住宅小区东湖新村试点新型的管理办法。1984 年,广州市房地产经济研究会通过考察东湖新村编写了《城市住宅管理向多层次的综合服务与经营类型的发展》,这篇论文在提交给中国城市住宅研究会 1984 年年会进行交流时受到了肯定。1986 年 10 月,广州市房地产经济研究团体和行业协会与市房地产管理局联合召开了广州住宅小区管理和服务专题研讨会。此后,住宅小区管理被市政府提上议事日程,有关部门不断组织讲演交流,推动这项工作的开展。

1994 年 3 月,原国家建设部在沿海开放城市物业管理试点经验的基础上,发布了《城市新建住宅小区管理办法》,明确指出:"住宅小区应当逐步推行社会化、专业化的管理模式。由物业管理公司统一实施专业化管理。"该办法正式确立了我国物业管理的新体制,为房屋管理体制的改革指明了方向,并提供了法律依据。

1992 年 2 月,原国家计划委员会、建设部联合颁布《城市住宅小区物业管理服务收费暂行办法》,以规范物业管理服务的收费行为,维护国家利益和物业管理单位及物业产权人、使用人的合法权益,促进物业管理事业的健康发展。1996 年 9 月,原建设部人事劳动教育司和房地产业司联合发布了《关于实行物业服务企业经理、部门经理、管理员岗位培训持证上岗制度的通知》,为全面提高物业管理人员素质,规范物业管理行为提供了保证。

2003 年 9 月 1 日起施行的由国务院第 9 次常务会议通过的《物业管理条例》对规范和指导我国物业管理的健康、规范、高效发展起到了重要作用。《中华人民共和国物权法》(以下简称《物权法》)于 2007 年 10 月 1 日起施行,《物业管理条例》也根据其立法宗旨及相关条例进行了修订。按照《物权法》的有关精神及修订后的《物业管理条例》的有关条款,各级地方政府及相关职能部门又相继修订和完善了一系列的物业管理法规,为物业管理行业的发展奠定了法律基础。

2021 年 1 月 1 日实施的《民法典》中有关物权、所有权、建筑物区分所有权、相邻关系、物业服务合同等的条款,在原《物权法》的基础上进一步完善了物权法律制度,规定了物权制度基础性规范。所有权是物权的基础,是所有权人对自己的不动产或动产依法享有占有、使用、收益和处分的权利。针对群众普遍反映业主大会成立难、公共维修资金使用难等问题,《民法典》进一步完善了业主的建筑物区分所有权制度。在合同编部分,针对物业服务领域的突出问题,增加了有关物业服务合同的内容。

2022年12月15日,住房城乡建设部部长倪虹在中国物业管理协会组织召开的第五届理事会第六次全体会议上强调,物业管理是重要的民生行业,是落实"城市三分建七分管"理念的重要领域。

2. 物业管理行业形成并逐渐成熟

物业管理行业是由以提供物业管理服务为主要业务内容的相关企业组成的群体。近些年,我国物业管理成为一个相对独立的行业,并得到全社会的认可。这主要是由于物业管理在我国从诞生起就一直保持着高速的发展,并取得了较好的经济效益、社会效益和环境效益,是被实践证明了的适应我国住房体制改革的一种较好的房屋管理模式。作为一个全新的行业,物业管理行业正在逐步成熟和健全。

(1) 物业管理从业人员队伍及物业管理规模逐步增大。截至2022年年底,我国物业服务企业总数约24万家,管理的各类物业总面积达353亿平方米,经营总收入约12 437亿元,从业人员约1 000万人。

(2) 物业管理行业协会逐步健全。一个行业是否成熟健全的一个重要标志就是该行业的行业协会是否健全。1993年深圳市物业管理协会成立,2000年10月全国性的物业管理协会——中国物业管理协会成立,时至今日,全国各省(市)都成立了自己的物业管理行业协会。

(3) 物业管理范围不断扩大。我国的物业管理首先是从住宅小区管理开始,逐步扩展到各类办公楼宇、商业设施、宾馆饭店、工业厂房、机场、码头、火车站、工业园区等。除了新建物业要实行物业管理,原有物业(包括各类公有产权物业)也已逐步实行市场化、经营型的管理模式。

(4) 物业管理人员的专业化教育和培训逐步得到加强。新兴的行业需要新型的专业人才,我国物业管理是新兴行业,其实践发展迅速,市场化程度、竞争强度日益激烈,促使物业服务企业逐步加大对物业管理专业人才的引进和培训工作的投入。

3. 物业管理与房地产业

物业管理是整个房地产业的一个重要组成部分或重要环节。房地产业是一个横跨生产、流通和消费三大领域的产业,而物业管理与房地产业的流通消费环节,特别是消费环节有着密切的联系,是房地产开发建设的完善和延续。物业管理通过对建成并投入使用的物业进行管理和服务,使物业发挥最大的综合效益,并且不断延长使用寿命,使巨额投资建成的各类房屋能够保值、增值,从而最大限度地提高房地产的综合效益。两者的关系具体体现在以下几点。

(1) 良好的物业管理有利于房地产的销售推广。随着人们生活水平的不断提高,人们对工作环境和居住环境越来越关注。良好的物业管理可以给人们带来舒适、优美、安全的工作和居住环境,从而可以提升房屋的住用品质,促进房屋的销售和推广。

(2) 良好的物业管理有利于实现房屋的保值升值。从财富积累的角度来看,良好的物业管理可以延长房屋的使用寿命，充分发挥房屋的使用价值。如果没有良好的物业管理，可能导致房屋内部设施运行不良，加速房屋的物理损耗，使房屋的使用价值超前消耗，造成财富的巨大浪费。

（3）良好的物业管理有利于房地产市场的发展和完善。物业管理的社会化和专业化的良性发展，是与房地产综合开发的经济体制改革相适应的，它使房地产开发、经营与服务有机地结合起来，具有繁荣和完善房地产市场的作用。

（4）良好的物业管理有利于提高房地产开发企业的声誉和品牌价值。良好的物业管理能充分发挥房屋设施及其环境效益的整体功能，促进人居环境的改善，有助于人际关系的融洽。优质的物业管理可以免除业主和租用户的后顾之忧，增强他们对房地产开发企业的信心，帮助房地产综合开发企业在公众心目中树立良好的形象。这本身也是企业最形象、最有效的广告，能够提高房地产开发企业的声誉。

任务三　物业管理行业的现状及发展趋势

学习准备

收集物业管理行业的现状及未来发展前景的相关资料，了解物业管理行业的现状及未来的发展前景。

相关知识

一、物业管理行业的现状

随着国家房地产政策的调整，物业服务行业逐渐成为投资风口，国内很多优质企业纷纷进军资本市场。截至2023年4月，共有63家上市物业企业，总市值为3 621.7亿元，市盈率PE(TTM)均值12.3（剔除异常值），市盈率PE(LYR)均值为12.3倍。63家上市物业管理企业（以下简称"物企"）分布在全国12个省、直辖市，共计17个城市。其中，广东省仍是上市物企最多的省份，有22家上市物企，占上市企业总数的34.9%。北京、上海、广州、深圳四个一线城市上市物企共有34家，占比超五成（54.0%）。其中，深圳为上市物企数量最多的城市，达10家，占比15.9%；广州、上海和北京则分别有9家、8家和7家，占比分别为14.3%、12.7%和11.1%。

二、物业管理行业的发展趋势

目前，城市服务、综合设施管理（IFM）、商业运营管理、智能科技服务等创新型服务为物业行业打开了更大的市场空间。

城市服务是突破传统物业范畴，转为"大物业""城市管理"的全新定位，服务内容一般包括物业管理、绿化管养、市政养护、环卫保洁等，近几年发展非常迅速，项目标的额普遍较大。

IFM是突破传统服务对象和服务理念的全新探索，是通过围绕多种专业人员、场所、流程和技术以确保其所管理的场所发挥其应有功能的专业领域，或将成为物业管理行业价值增长的新引擎。根据国际研究机构PMR的调查分析：2021年全球IFM服务市场规模达7 300亿美元，并将在2021—2031年以4.2%左右的年增长率保持稳定增长（2031年超万亿美元）。经预测，国内IFM市场规模在万亿元，发展空间广阔。目前，该领域尚处于探索阶段，企业参与度不高，业务渗透率较低。目前有很多头部企业陆续开始重视IFM赛道，并通过为企业、学校、医院等单位提供服务来提升服务密度，主要业务聚焦于餐饮服务、综合服务及设备管理等，发展潜力突出。

商业运营管理是聚焦商办物业管理的企业特有的业务板块，呈现出专业性强、利润率高等特征。近年来，部分以住宅为主的头部物企开始布局这一领域，并逐步形成专门的业务板块。

智能科技服务是物业企业的发展方向，随着中国老年社会的到来，一线用工短缺、高素养人才缺少将成为物业企业的一大问题。通过智能化服务，能极大地提高服务品质，减少人工，提升响应速度，提高客户满意度。物管企业在平台打造上应循序渐进，一般分为三个阶段：第一阶段为基础阶段，管辖项目全覆盖，主要内容是工作管理和项目数据监控与分析，关注工作质量与人员效率；第二阶段为进阶阶段，自管高价值项目，主要内容是工作管理、设施物联监测、数据监控与分析，增加物业设施设备的物联监测内容；第三阶段为高阶阶段，物联项目拓展至其他项目，在上述基础上，针对数据分析进行深度定制化服务。

另外，国内物业服务企业继续在多种经营领域进行探索。超过一半的上市公司，其非业主增值服务收入占总收入的比例超过20%。这里需要注意的是，并非所有企业都能开展增值类服务，而是需要根据自身的资源条件，探索基于自身核心优势的多元化服务。企业应系统梳理和分析客户及业主的真实需求，根据自身资源和优势进行选择性的布局，对毛利率较高的业务，应强调通过自营做大规模、做深做透；对毛利润较低的业务，应更多地通过打造平台和开展平台输出，导入更多的服务资源和客户资源，增加成交频次，从而实现发展。

市场倒逼物业服务企业提供质优价廉的服务，提升服务密度是实现这一目标的重要途径。由于物业服务费刚性强、提价难，存量合约项目流转度低，随着企业竞争加剧，物业服务企业必须提供质优价廉的服务才能赢得市场。从目前企业的实践情况来看，提升服务密度是实现质优价廉服务的重要途径，因为随着服务密度提升，物业服务企业可进行科技化改造，以实现人效提升、人力节约，起到托举基础物业管理利润率的效果。此外，基于密度可以更好地开展合适的增值服务，强化企业竞争力。

加快完善服务标准化体系建设，加强专业能力建设，提升服务品质。面对日趋激烈的竞争，物业服务企业在扩张规模的同时，应更加聚焦提升服务品质，着力构建以客户为中心的标准化服务体系，稳步提升服务质量，牢筑企业运营根基。当前，越来越多的企业着力于精细化发展，通过发掘并满足客户需求，打造规范化、市场化的物业服务标准体系。由于不同项目业主群体的服务需求和关注点不尽相同，企业应关注具有广泛共性、普遍存在的问题,并持续强化自身标准化服务能力,使其成为守住优质服务底线的关键。

未来,物业服务企业要加快推进品牌"四化"建设:服务标准化、标准产品化、产品品牌化、品牌价值化,并以此引领服务效率和服务品质。聚焦服务品质,通过建立标准化管理制度、运用智能化手段和引进专业人才等举措,推动服务标准化和标准产品化建设。积极延伸服务链条,形成多元品牌组合,将产品形成品牌概念,增强品牌市场竞争力。积极响应客户物质层面及精神层面的诉求,升华品牌价值。

任务四　物业服务企业设立

学习准备

收集物业服务企业设立流程的相关资料,了解物业服务企业设立的流程。

相关知识

一、设立物业服务企业的流程

新设物业服务企业需要到当地的市场监督管理部门办理登记注册手续,待取得证照后即可对外开展经营活动。工商注册登记的内容包括企业名称的预先审核、企业地址、注册资本、股东人数和法定代表人、企业人员及企业章程。具体流程如下。

(1) 根据物业服务企业成立的条件,准备材料和文件。

(2) 向所在地市场监管部门申请企业名称登记、法人注册登记和开业登记。

(3) 到税务部门进行税务登记。

(4) 到公安机关指定的单位进行公章登记和刻制,并办理银行开户等手续。

二、企业组织机构设计

1. 组织机构设计的含义

组织机构是企业为了实现战略目标,在组织中正式确定的使工作任务得以分解、组合和协调的框架体系,主要的组织机构类型有直线制、职能制、直线职能制和事业部制等。

组织机构设计是为了实现各项组织目标而对组织机构这一框架体系进行设计、发展和变革。其工作内容主要包括确定组织中的各个构成要素并按一定的原则和规律对其进行排列、组合,明确管理层次和管理幅度,分清各构成要素的职责及相互间的协作关系等。

2. 组织机构设计的要求

(1) 按照规模、任务设置。物业服务企业在设置组织机构时,一方面,应考虑管理的规模,一般而言,管理范围越大,员工越多,划分的管理层次就越多,部门和职能设置就越全面,分工越精细;另一方面,在保证关键职能的基础上,又应适当减少部门划分,或者将几个相关的部门合并成一个综合部门,采用一专多能、一职多能的组织机构设置方式。

(2)统一领导、分层管理。物业服务企业各部门应有明确的分工,把企业的任务和目标进行层层分解,落实到每个职能部门上面。物业服务企业无论进行哪种组织机构设置,都要服从统一指挥的原则,即企业的各个机构在总体发展战略和方针的指导下,服从上级的命令和指挥,这样才能避免多头领导,提高工作效率。

(3)分工协作。在物业服务企业中,应加强上下级之间的纵向协作,改善各职能部门、各岗位之间的横向协作关系。物业服务企业组织机构的划分包括管理层次的划分、部门的划分和职权的划分。各层级、部门和职位之间要有专业的人员来管理和负责,各部门和人员之间又应该保持相互协作的关系。

(4)精简、高效、灵活。物业服务企业组织机构在精简、高效的同时,还应根据企业外部环境的变化和企业内部业势发展的需要,及时灵活地做出必要的调整。

三、物业服务企业机构介绍

当物业服务企业规模较大且管理的物业项目较多时,企业的总体组织机构可分为企业总部和各项目管理机构(也称管理处、服务中心)两级。在企业总部可以设若干职能部门,分管各项目管理机构的不同业务,各项目管理机构负责管理本项目的具体服务事务。一般情况下,企业职能机构及其职责主要包括以下内容。

1. 总经理室

总经理室一般设总经理,部分企业还设有总经理助理,总经理和若干副总经理及"三师"(总会计师、总经济师、总工程师)共同构成企业的决策层,对企业的重大问题做出决策。

2. 人力资源部

人力资源部的主要职责包括制定企业各项人力资源管理制度;编制人力资源发展和培训计划;优化人力资源结构与配置;设计实施薪酬管理方案;完成人员招募、任免、调配、考核、奖励、培训、解聘、辞退等工作。

3. 行政管理部

行政管理部的主要职责包括编制实施行政管理、企业文化建设品牌管理、信息化建设的规划与预算;建立相关规章制度与管理标准;完成企业日常行政管理品牌策划、后勤保障、内部信息管理、信息化建设、对外事务的联络等工作。

4. 财务部

财务部的主要职责包括遵守财务规章制度;编制财务计划;做好财务核算;完成成本控制、预算和决算管理;进行财务分析;督促检查各项目的财务收支情况;监督资金和资产的安全运作;增收节支;定期向总经理汇报财务收支情况。

5. 品质管理部

品质管理部的主要职责包括企业质量管理体系运行和维护;各物业项目服务品质监督;客户满意度评价及监督;管理评审;协助新物业项目建立质量管理系统;外部质量审核的协调;内部服务品质审核的组织和协调;客户服务监督管理、客户关系管理、客户投诉管理、客户满意度评价等。

6. 市场拓展部

市场拓展部的主要职责包括物业管理市场调查研究与市场拓展；物业项目可行性研究分析；制作标书与投标管理；新接物业项目前期介入管理的组织和协调；顾问项目的管理与协调。

7. 经营管理部

经营管理部的主要职责包括建立制度和分解企业经营计划及经营目标；制定物业项目考核体系、考核指标和标准；组织对各建立物业项目进行目标考核；开展多种经营增值服务等。

8. 工程管理部

工程管理部的主要职责包括工程维修和运行保障；合格工程维修分包商评审；各项维修保养工程和工程改造项目招投标、预算审价及合同评审；为各物业项目提供工程技术支持、工程设备运行和维修评审；支持新项目，做好新接管物业的移交验收和工程管理；负责或参与有关工程设备管理文件的编制等。

9. 安全管理部

安全管理部的主要职责包括各物业项目安全管理监督控制、安全管理指导的统筹安排、安全检查的统筹安排、安全管理评审；新项目安全管理支持和协助；负责企业安全管理制度及工作计划的制订与实施，并监督、指导、协调和考核各项目的执行情况；完成安全巡查、安全投诉处理、定期消防安全检查；协助物业项目重大安全事故或突发事件的调查和处理。

10. 环境管理部

环境管理部的主要职责包括负责清洁与绿化管理、租摆服务；对清洁和绿化分包方进行监管和考核；指导、监督各物业项目的清洁绿化及日常维护保养工作；制定公共环境卫生防护的各类管理措施；组织编制并实施项目清洁绿化的大、中型维护保养计划。

四、物业服务企业的权利和义务

《民法典》对物业服务企业的权利和义务作出了明确的规定，主要体现在以下方面。

第九百四十一条规定：物业服务人将物业服务区域内的部分专项服务事项委托给专业性服务组织或者其他第三人的，应当就该部分专项服务事项向业主负责。物业服务人不得将其应当提供的全部物业服务转委托给第三人，或者将全部物业服务分解后分别转委托给第三人。

此条突出强调了物业服务企业可以把物业服务的事项委托给他人，但不能全部委托。另外，物业服务企业应承担的义务不能委托。

第九百四十二条规定：物业服务人应当按照约定和物业的使用性质，妥善维修、养护、清洁、绿化和经营管理物业服务区域内的业主共有部分，维护物业服务区域内的基本秩序，采取合理措施保护业主的人身、财产安全。对物业服务区域内违反有关治安、环保、消防等法律法规的行为，物业服务人应当及时采取合理措施制止、向有关行政主管部门报告并协助处理。

此条明确指出了物业服务企业的义务,为物业服务区域内的业主提供符合合同的秩序维护、保洁、绿化等服务,对业主的人身、财产安全采取合理的保护措施。

第九百四十三条规定:物业服务人应当定期将服务的事项、负责人员、质量要求、收费项目、收费标准、履行情况,以及维修资金使用情况、业主共有部分的经营与收益情况等以合理方式向业主公开并向业主大会、业主委员会报告。

此条明确指出物业服务企业对相关事项的公示、告知义务。

第九百四十四条规定:业主应当按照约定向物业服务人支付物业费。物业服务人已经按照约定和有关规定提供服务的,业主不得以未接受或者无须接受相关物业服务为由拒绝支付物业费。业主违反约定逾期不支付物业费的,物业服务人可以催告其在合理期限内支付;合理期限届满仍不支付的,物业服务人可以提起诉讼或者申请仲裁。物业服务人不得采取停止供电、供水、供热、供燃气等方式催交物业费。

此条赋予了物业服务企业在提供物业服务之后收取服务费的权利,也明确了在行使权利时的注意事项。

第九百四十五条规定:业主装饰装修房屋的,应当事先告知物业服务人,遵守物业服务人提示的合理注意事项,并配合其进行必要的现场检查。

此条对物业服务企业来说,既是权利,也是义务。装修业主需要配合物业的检查,物业服务企业也有必要进行装修的现场检查。

项目二　物业管理招标与投标

学习目标

（1）了解招投标的内容与形式。

（2）熟悉投标的全过程及要点。

素质目标

（1）培养市场经济条件下遵守市场规则的意识。

（2）培养遵纪守法的意识。

能力目标

（1）掌握招投标的实际工作方法。

（2）能够根据招标文件要求进行简单的投标文件编写。

任务一　招投标的内容与形式

学习准备

收集招投标的相关资料，了解物业招投标的基本情况。

相关知识

一、物业管理招标的概念及主体

1. 物业管理招标的概念

物业管理招标是物业管理服务产品预购的一种交易方式，是由物业的建设单位、业主大会或物业所有权人（简称招标人）根据物业服务内容，编制符合其服务要求和标准的招标文件，由多家物业服务企业或专业管理公司参与竞投，从中选择最符合条件的竞投者，并与之订立物业服务合同的一种交易行为。

2. 物业管理招标的主体

物业管理招标的主体一般是物业的建设单位、业主大会（这里是单一业主）、物业产权人（政府机关或物业产权部门），招标主体主要负责招标工作。

二、物业管理投标的概念及主体

1. 物业管理投标的概念

物业管理投标是对物业管理招标的响应，是指符合招标条件的物业服务企业，根据招标文件确定的各项管理服务要求与标准，编制投标文件，参与投标竞争的行为。

2. 物业管理投标的主体

物业管理投标的主体即投标人，一般是符合招标条件的物业服务企业或专业管理公司。

三、物业管理招标的类型

(1) 按物业类型划分，可分为住宅项目招标和非住宅项目招标，其中非住宅项目包括商业、写字楼、工业区、共用基础设施（机场、医院、地铁、学校、码头、步行街等）。

(2) 按项目服务内容划分，可分为整体物业管理项目的招标、单项服务项目的招标和分阶段项目的招标等类型。

(3) 按招标主体的类型划分，可以分为物业的建设单位为主体的招标、业主大会（或单一业主）为主体的招标、物业产权人为主体的招标等类型。

(4) 按项目服务的方式划分，可分为全权管理项目招标、顾问项目招标等类型。

四、物业管理招标投标的特点

1. 综合性

物业管理是综合性的服务，服务内容涵盖范围和领域较广，甚至在一个项目中有时会出现几种不同类型的物业，并要求投标人提供综合性的管理服务。因此，物业管理招标投标具有明显的综合性。

2. 差异性

不同地区的人们对物业管理的认知水平、消费观念、需求标准存在较大差异；同时由于物业类型的不同，招标人对项目招标的条件和对投标人的要求不同，投标人在分析和策划投标活动时采取的方式和策略也会有差异。

五、物业管理招标的方式

1. 公开招标

公开招标是指招标人通过公共媒介发布招标公告，邀请所有符合投标条件的物业服务企业参加投标的招标方式。公开招标的主要特点是招标人以公开的方式邀请不确定的法人组织参与投标，招标程序和中标结果是公开的，评选条件及程序是预先设定的，并且不允许在程序启动后单方面变更。

2. 邀请招标

邀请招标也称有限竞争性招标和选择性招标，是指招标人预先选择若干家有能力的企业，直接向其发出投标邀请的招标方式。邀请招标的主要特点是招标不使用公开的公告方式，投标人是特定的，即接受邀请的企业才是合格的投标人，投标人的数量有限。

3. 竞争性谈判

竞争性谈判是指招标人和多个潜在供应商之间进行谈判，以解决采购项目的重大问题，最终选出一个合适的合作方。

4. 直接委托

直接委托是指招标人为了采购工作的方便而不进行招标，直接向可靠供应商或承包商委托完成采购工作。这种方式通常用于紧急情况或小额采购。

5. 单一来源采购

单一来源采购是指招标人认定某一个供应商或承包商具备行业内独有的资格或技术能力，只能从该供应商或承包商处进行采购。

六、前期物业管理阶段的招标

前期物业管理阶段是指从入住到业主大会聘请物业服务企业承担日常管理前的阶段。招标要求前期物业管理阶段的投标物业服务企业提供的相应物业管理服务主要有以下方面。

（1）对投标物业的规划设计提供专业的合理化建议。

（2）对投标物业设施配备的合理性及建筑材料的选用提供专业意见。

（3）对投标物业的建筑设计、施工是否符合后期物业管理的需要提供专业意见，对现场进行必要的监督管理。

（4）提出投标物业的其他管理建议。

（5）参与物业的竣工验收，并提出相应的整改意见。

（6）设计物业管理模式，制订员工培训计划。

（7）对经营性物业进行经营策划，制订租赁策略方案和宣传推广方案。

（8）建立服务系统和服务网络，制订物业管理方案。

（9）办理移交接管，对业主入住、装修实施管理和服务。

七、常规物业管理招标的内容

招标要求常规物业管理阶段的投标物业服务企业提供的相应物业管理服务主要有以下方面。

（1）项目机构的建立与日常运作机制的建立，包括机构设置、岗位安排、管理制度等。

(2) 房屋及公用设备设施的管理。
(3) 环境与公共秩序的管理,包括卫生清洁、绿化养护、停车场管理及安全防范等。
(4) 客户管理、客户服务和便民措施。
(5) 精神文明建设。
(6) 物业的租赁经营。
(7) 财务管理,包括对物业服务费和专项维修资金的使用和管理。

任务二　投标的策划与实施以及方案的制订

学习准备

收集制订投标方案的有关资料,了解物业投标的基本操作程序。

相关知识

一、物业管理投标的原则

1. 集中实力,重点突破

在众多的招标物业中,物业服务企业不可能每个项目都参加,因此物业服务企业应当寻找符合自身经营目标的物业进行投标。

2. 客观分析,趋利避害

企业在投标前必须对所投标的物业进行详细而客观的分析,考虑自己是否能够满足招标文件提出的方案、计划及技术要求。并及时要求招标方进行澄清。需要注意可能出现的差错或不够明确的地方。物业服务企业在承接物业项目时,也会承担风险。如果预计风险大于可能获得的利润,物业服务企业应该放弃参加该项物业投标。

3. 精益求精,合理估算

拟投标的企业对成本的估算应尽可能细致、准确,但实际上很难做到这一点。标价估算过高会导致竞标失利;估算过低又可能导致利润减少,甚至无利可图。因此,投标企业应该按照严密的组织计划计算标价,做到不漏项、不出错。

4. 适当加价,灵活报价

标价的确定是投标过程中至关重要的一步,而在成本上加价多少也是估价人员最难把握的。当企业在某项特殊服务上具有较大优势或竞争者较少时,可以适当地提高加价幅度;反之,则应该谨慎从事。对于同一项目报价中的单价高低,应视具体情况而定。此外,物业管理投标报价还应注意以下几个方面。

(1) 以价格取胜。以价格取胜是指分析出竞争对手的价格,然后以低于对方的价格报价,这种报价是相对低价,有一定取胜的可能,但也有一定的风险。

(2) 以服务质量取胜。消费者在选择商品时主要看质量价格比,在价格相同的条件下，质优者必然获胜，企业可以在投标文件中宣讲自身的优势，以取得评委的信任。

（3）以特色取胜。这里所说的特色是要有针对性，由于不同的物业有不同的客观条件，投标人应根据物业的具体情况，提出具有针对性的管理和服务的特色。

（4）以资信取胜。资信程度也是评标的一个重要因素。资信程度主要通过企业的业绩、获优项目数量和投诉率等方面来体现。

（5）以优惠条件取胜。业主和评委关注的另一个问题是投标人提出的优惠条件。投标人经常提到的优惠条件有增加履约保证金、设置免费服务项目及改善某些设施等。此外，投标企业还应做好与报价有关的工作，并清楚地认识到投标报价并非纯技术性问题，而是集合了技术与信息等多方面的商业活动。

5. 加强调查，了解市场

客观分析市场竞争形势，有利于物业服务企业选择投标项目，确定报价。投标企业必须通过各种途径尽可能多地了解信息，争取在激烈的竞争中得到更多的机会。从企业的长远经营目标来看，这样的调查分析有利于内部资源的优化配置，进而获得丰厚的回报。

二、投标的组织策划与实施

物业管理企业在获取招标信息后，应组织相关人员组成投标小组。一般来说，这些信息可以在各大招标网站（如优质采、公共资源交易中心网站、招投标网等）获取。政府采购通常是在公共交易信息平台，例如安徽省合肥市的公共交易平台（ggzy.hefei.gov.cn）。投标小组对投标活动进行策划实施，其主要任务是项目分析评估、编制标书、确定投标策略、参与现场踏勘、开标、评标、现场答辩、签约谈判等。

1. 投标的组织策划

（1）根据招标物业项目的情况选择企业骨干力量组成投标小组，投标小组成员的选择、配备，尤其是项目负责人的选择，是确保投标活动的质量和效率的基础。

（2）对招标方、招标物业基本情况和竞争对手要进行深入细致的调查，正确评估，预测并降低投标的风险。

（3）正确编制标书。根据招标文件的要求进行，在透彻掌握招标文件内容和进行细致深入的市场调查基础上，确定管理项目的整体思路（包括物业管理工作重点、服务特色、管理目标、管理方式及实施措施等），制订物业管理方案。

（4）在科学分析和准确计算的前提下测算管理服务成本并合理报价。

（5）灵活运用公共关系，多渠道获取相关信息，确保报价的合理性。

（6）选择最能体现企业优势的物业作为招标方考察的对象。

（7）加强与招标方的沟通，了解招标方的需求，及时掌握投标过程中出现的变化情况并采取相应的应对措施。

（8）周密安排招标方的资格预选和评标过程中的现场答辩活动。

2. 项目的现场踏勘

在现场踏勘过程中，招标人还会就投标公司代表提出的问题作出口头回答，但这种口头答复并不具备法律效力，只有在投标者以书面形式提出问题并由招标人作出书面答复时,才能产生法律约束力。投标人应对现场物业进行详细的踏勘,查勘现场物业与投标报价是否存在外在风险条件。

3. 投标文件的编写

物业管理投标文件除了按规定格式要求响应招标文件,最主要的内容是介绍物业管理要点和物业管理服务内容、服务形式和费用。

4. 投标报价的策略和技巧

(1) 对项目运作的经营管理成本进行准确测算,确定项目运作的盈亏平衡点和利润空间,在此基础上预测标底和竞争对手的报价范围。

(2) 密切关注、正确分析竞争对手的报价。

(3) 补充一些投标人有能力承担的优惠条件作为报价的附加条款。

5. 投标

在投标阶段主要注意纸质标书的制作、装订与现场答辩的技巧。

1) 纸质标书的制作、装订

应提前对标书进行排版、打印、装订及密封,密封应按照采购方及标书要求,在密封带上盖上投标供应商的有效公章,由专门的投标人员带着标书在开标时间半小时前到达开标地点,进行签到、递交投标文件。

2) 现场答辩的技巧

(1) 应选择经验丰富、性格沉稳、对项目情况熟悉的答辩人。在开标前应对答辩人员进行模拟演练,以确保他们正确把握招标文件的要点、投标文件的重点内容、对项目的熟悉程度等,并针对重点问题、难点问题、普遍性的问题,准备相应的答辩要点。

(2) 开标前,答辩人员应该保持良好的精神状态。

(3) 在正式开标时,一般要求投标方在规定的时间内完整地将标书的主要内容、特点进行概要性介绍。答辩人员应当围绕招标方和评委普遍关注的问题集中阐述,重点突出,将难点讲解清晰,特色鲜明,从而体现投标企业的信心和实力,以此感染并打动招标方和评委。在现场发挥时要果断、明确,避免匆忙回答或含糊其词。

6. 签约谈判的技巧

(1) 在签约谈判时,要准确把握对方的真实意图,准确判断对方履行合同的诚意和能力,对进驻物业和实施常规物业管理必备的条件应明确约定。

(2) 慎重考虑物业管理目标、前期投入费用及奖罚条件等方面的任何承诺。例如,对管辖区域刑事案件、业主(或物业使用人)人身和财产安全损失等的承诺。

(3) 预测承接物业后可能出现的各种风险,将其列入相应的合同条款中加以规定。

三、物业管理投标书的组成

1. 开标一览表

开标一览表实际上是投标者的正式报价信,其主要内容包括:采购项目编号、项目名称、投标范围、投标报价、投标电子签章及其他。值得注意的是,开标一览表的内容必须准确并且与投标书的相关内容一致,否则会导致投标无效,判定为废标。

2. 投标函

投标函是指投标人按照招标文件的条件和要求，向招标人提交的有关报价、质量目标等承诺和说明的函件，是投标人为响应招标文件要求所做的概括性说明和承诺的函件。

3. 无重大违法违纪声明函、无不良信用记录声明函

招标人根据《中华人民共和国政府采购法》及《中华人民共和国政府采购法实施条例》的规定，要求投标单位在参加政府采购活动前三年内，在经营活动中没有重大违法记录，没有因违法经营受到刑事处罚或者责令停业、吊销许可证或者执照、较大数额罚款等行政处罚，且未在被禁止参加政府采购活动的处罚期限内。同时，投标单位无不良信用记录情形，未被所在市及其所辖县（市）、区（开发区）公共资源交易监督管理部门记不良行为，并要求投标单位对上述声明的真实性负责。如有虚假，将依法承担相应的责任。

4. 授权书

由投标单位授权某一在职员工代表本公司参加投标活动。

5. 诚信履约承诺函

在合同签订及履约过程中严格执行《中华人民共和国政府采购法》及《中华人民共和国政府采购法实施条例》中关于合同签订及履约的相关规定。

6. 投标响应表

相应招标文件中履约时间、地点、服务内容等相关信息。

7. 人员配备

根据招标文件中人员配备的相关要求，提供人员的相应证件及社保证明材料。特别需要注意的是，不同类型的项目会对人员的年龄、性别及专业有不同的资质审查要求，因此必须提供相应的证件，否则会被判定无效投标。

8. 服务方案

根据项目类型、招标文件服务内容及范围等要求，结合项目实际情况、公司实力等，对方案组成分值进行界定，并制订适合投标项目的具体服务方案。

9. 投标业绩承诺函

投标人承诺投标文件中提供的业绩证明材料真实有效。

10. 服务承诺

投标人响应招标人关于设备、人员配备及服务效果方面的承诺。

11. 主要中标标的承诺函

承诺在中标后，完全响应招标文件中的服务地点、服务内容、服务期限等要求。

12. 中小企业声明函

对于招标文件中的大、中、小型企业要求进行说明，提供投标单位的企业人员、收入等情况，响应国家的扶持和市场政策。

13. 残疾人福利性单位

投标单位提供是否是残疾人福利性单位的说明和证明文件。

14. 分包意向协议

根据招标文件要求及政府规定，大型企业需要按照相应比例分包服务金额，而中小微企业则无须进行分包。

15. 其他相关证明文件

招标文件要求提供的资质审查、评分文件等其他相应文件都放置在这个文件中,方便评审专家统一判定评分。

四、物业管理投标服务方案的制订

1. 介绍投标企业概况和实力

物业管理投标服务方案应介绍企业概况,以及以前管理过或正在管理的物业名称、地址、类型、数量,指出与此次招标物业类似的管理经验和成果,并介绍主要负责人的专业、物业管理经历和经验等。

2. 分析招标物业的管理要点

物业管理投标服务方案应指出此次招标物业的特点及日后管理上的重点、难点,分析租用户对此类物业及其管理的期望、要求等。

1) 多层住宅小区

对于住宅小区,舒适便捷是业主最起码的要求,高档次的优质服务则是其更高的享受追求,因此住宅小区的物业管理应突出以下几点。

(1) 环境管理。应维护规划建设的严肃性,定期进行检查维修,禁止乱凿洞、乱开门窗等破坏性行为,禁止随意改动房屋结构或乱搭建行为,以保障业主的居住环境。

(2) 卫生绿化管理。定时对小区公共场所进行清扫保洁,及时清运垃圾,并对卫生用具进行清洁消毒。加强小区的绿化养护,派专人管理绿化带、花草树木,禁止人为破坏。

(3) 治安管理。成立保卫处,负责小区内的治安巡逻与防范,确保住户的人身和财产安全。

(4) 公共设施设备管理。包括给排水管道、电线、天然气管道与消防等公共设施的管理、维修,保障公共设施设备的正常使用。

(5) 便利服务。为特殊住户提供的各种专业有偿服务和特需服务等。

2) 高层住宅

相对于多层住宅小区,高层住宅的特点是建筑规模大、机电设备多、住户集中等。因此,高层住宅的物业管理重点应放在以下几个方面。

(1) 机电设备管理。例如,发电机、中央空调、供水、消防、通信设备的维修、养护与管理等。这些机电设备一旦发生问题,必将严重影响住户的生活和工作,因此物业服务企业必须配备技术熟练的专业人员,并做好管理人员的培训,健全各项管理制度,保证及时排除故障。

(2) 治安保卫管理。应设保安班,24小时值班守卫,建立来访人员登记制度,公共场所安装闭路电视监控系统等。

(3) 卫生清洁管理。坚持早上清扫楼梯、走廊通道、电梯间等,及时收集各楼垃圾,清洁卫生用具,保持大楼清洁卫生等。

(4) 保养维护。主要是对公用设施、器材进行定期检查、维修与养护等。

3）写字楼

写字楼作为办公场所，要求环境保持安静、清洁、安全，其物业管理的重点应放以下几个方面。

（1）安全保卫工作。保证防盗及安全设施运作良好，坚持出入登记制度，24小时值班。

（2）电梯、中央空调、水电设施维护。确保上述设备在工作时间能够正常工作，不允许在工作时间出现故障。

（3）清洁卫生服务。与高层住宅类似，但要求更高，应当勤擦洗门窗，清扫走廊，做到无杂物、无灰尘，同时确保上班时间的开水供应等。

4）商业大厦

在商业大厦管理中，企业形象、居民购物方便程度是首要的考虑因素，其管理的重点应放在以下几个方面。

（1）安全保卫工作。商业大厦的客流量通常较大，容易发生安全问题，应保证24小时专人值班巡逻。

（2）消防工作。管理维护消防设施设备，制定严格的消防制度，保证消防通道畅通。

（3）清洁卫生工作。由专职人员负责场内巡回保洁、垃圾清扫，随时保持环境卫生。

（4）空调和供热设备管理。设立专职操作及维修人员，保证设备的正常运转等。

以上是针对各类型物业列举其物业管理中普遍的重点和难点，但在具体编写投标书时，投标企业应针对物业的具体性质与业主情况，就最突出的问题进行详细分析。

3. 介绍本企业将提供的管理服务内容

1）开发设计建设期间的管理服务内容

对招标物业的设计图纸提供专业意见，投标企业应从物业建成后便于管理的角度出发提供建议；对招标物业的设施提供专业意见，投标企业应从使用者的角度考虑设施的配置是否满足住户的普遍需求；对招标物业的建筑施工提供专业意见，并进行监督，包括参与开发商重大修改会议，向业主提供设备保养维修等方面的建议等；向招标物业提供管理建议，主要是就先前分析的管理难点有针对性地提出施工建议，以利于日后管理等。

2）物业竣工验收前的管理服务内容

制订员工培训计划，详细说明员工培训的内容及培训后员工应具备的素质；制定租约条款、管理制度，编写租用户手册等；列出财务预算方案，说明日常运作费用支出，确定日后收费基础等。

3）用户入住及装修期间的管理服务内容

用户入住办理移交手续的管理服务，说明物业服务企业在用户入住期间应向用户解释的事项及应当承办的工作；用户装修工程及物料运送的管理服务，规定用户装修时应注意的问题及应提交的文件等；迁入与安全管理服务，说明物业服务企业应采取的措施，规定用户应遵守的规章制度等。

4）日常管理服务的内容

（1）物业管理人员安排，编制物业管理组织运作图，说明各物业部门的职责及关系。

（2）保安服务，包括为聘任与培训员工、设立与实施保安制度等。

（3）清洁服务,包括制定清洁标准、分包清洁工作等措施,监督清洁工作,以及保证清洁工作的其他措施。

（4）维修保养服务,制订维修计划,安排技术工程师,监督保养工作的实施等。

（5）财务管理服务,包括编制预算案、代收管理费、处理收支项目、管理账户等。

（6）绿化园艺管理服务,包括配置园艺工、布置盆栽、实施节日装饰工程等。

（7）租赁管理服务,针对承租用户的管理工作,包括收取租金、提供租约、监督租户遵守规章制度等。

（8）与租户联系及管理报告,主要包括通告、拜访用户、了解情况,并定期向业主大会报告管理情况等。

（9）其他管理服务内容,补充说明招标物业或业主的特殊要求及其他特定服务等。

4. 服务形式、费用或期限

列明将提供的服务形式、费用收取标准,以及服务的期限。

任务三　投标过程三"做好"

学习准备

收集投标工作的要点及成功投标方法的相关资料,了解如何投标成功。

相关知识

一、做好招标项目选择,专心阅读招标文件

物业企业在获悉物业项目的招标信息后,要尽快组织相关人员对该项目进行了解,认真阅读招标文件,准确把握与招标紧密相关的信息,例如,招标主体是开发商还是业主委员会,物业服务费竞价模式是低价中标还是均价中标,物业服务收费标准的上限和下限是什么。尤其要留意收集招标文件中未包含的相关信息,特别是业主委员会组织的招标项目,有须报主管部门批准后方可公开招标的,也有业主委员会自行组织的。对于业主委员会自行组织的招标,尤其要留意业主委员会与原物业公司关系是否厘清。物业企业要充分了解招标文件未包含的相关项目信息,避免因招投标信息不对称给企业造成损失。

二、做好项目负责人推荐

优秀的项目经理已成为行业的稀缺资源,可以说,一个项目经理的称职与否将直接决定一个项目的成败。目前对项目经理的评价,不仅注重学历、职称证书、职业资格证书等显性条件,更注重实务操作能力,重视其同类项目服务经验与服务业绩。由于多种原因,许多物业企业无法持续地供应既有学历又有专业能力的项目经理,在推荐投标项目经理

时,如果不能兼顾两者,应优先考虑具有同类项目服务经验的员工。因为许多招标人已经意识到项目经理的同类项目服务经验比学历更重要。这也要求企业平常要加强对项目经理的培育与指导,尤其是实务操作能力的提升。

三、做好标书的编制工作,积极响应标书要求

如果物业企业的投标文件不能响应招标要求,就有可能被判定为废标。目前,对投标文件的评定有两种方式,一种是明标暗评,即投标企业的标书中不能出现有可能泄露企业信息的任何行为,标书严格根据规定的格式进行编制,包括排版格式、行数、页数、字体等;另一种是明标明评,对标书格式不强求统一,只要投标文件内容响应招标文件要求,不出现废标条件即可。对此,企业要认真区分两种评标方式,以免因混淆而出现废标。

任务四 合同的签订与履行

学习准备

收集合同制订的相关资料,思考如何签订一份物业服务合同。

相关知识

一、物业服务合同的概念

物业服务合同是指物业服务企业与业主委员会订立的,规定由物业服务企业提供对房屋及其配套设备、设施和相关场地进行专业化维修、养护、管理及维护相关区域内环境卫生和公共秩序,由业主支付报酬的服务合同。

二、物业服务合同的特征

(1) 物业服务合同是建立在平等、自愿基础上的民事合同。习惯上,物业服务合同又被称为物业管理合同,但它与行政机关为实现行政管理职权而与相关单位签订的行政合同具有本质的不同。

(2) 物业服务合同是一种特殊的委托合同。签订物业服务合同的基础是业主大会、业主委员会的委托,但其与一般的委托合同又存在差异。根据《民法典》第九百一十九条的规定:"委托合同是委托人和受托人约定,由受托人处理委托人事务的合同。"委托合同是建立在当事人之间相互信任的基础上,委托合同的任何一方失去对对方的信任,都可以随时解除委托关系。

(3) 物业服务合同是以劳务为标的的合同。物业服务企业的义务是提供合同约定的

劳务服务,例如房屋维修、设备保养、治安保卫、清洁卫生、园林绿化等。物业服务企业在完成了约定义务以后,有权获得报酬。

(4) 物业服务合同是诺成合同、有偿合同、双务合同、要式合同。物业服务合同自业主委员会与物业服务企业就合同条款达成一致意见即告成立,无须以物业的实际交付为要件。物业服务企业是取得工商营业执照,参与市场竞争,自主经营、自负盈亏的以营利为目的的企业法人,没有无偿的物业服务,因此物业服务合同是有偿合同。根据物业服务合同的内容,业主、业主大会、业主委员会、物业服务企业都既享有权利,又履行义务,因此物业服务合同是双务合同。物业服务合同中的服务综合事务涉及面广且利益关系重大,《民法典》第九百三十八条明确要求,物业服务合同应当采用书面形式。

三、物业服务合同的内容

物业服务合同是规范物业管理各当事人之间权利和义务关系的文件。通常,物业服务合同的内容主要包括以下几点。

1. 总则

总则是对物业服务合同的总的说明。总则中,一般应当载明下列主要内容。

(1) 合同当事人,包括委托方(一般简称为甲方)和受托方(一般简称为乙方)的名称、住所和其他简要情况介绍。

(2) 签订本物业服务合同的依据,即主要依据哪些法律法规和政策规定。

(3) 委托物业的基本情况,包括物业的建成年月、类型、功能布局、坐落、四至、占地面积和建筑面积概况等。

2. 委托管理事项

委托管理事项也就是物业服务企业具体负责哪些事务,完成哪些管理任务等。委托管理事项主要阐述管理项目的性质、管理项目由哪几部分组成等。一般来说,物业委托管理事项应主要有以下内容。

(1) 建筑物本身的维修养护与更新改造。

(2) 物业公用设备设施,如公用照明、中央空调的使用管理、维修、养护和更新。

(3) 物业区域内市政公用设施和附属建筑物、构筑物的使用管理、维修、养护与更新。

(4) 附属配套建筑和设施,包括商业网点等的维修、养护与管理。

(5) 环境卫生管理与服务。

(6) 安全管理与服务,如治安管理、消防管理和车辆道路安全管理等。

(7) 物业档案资料管理。

(8) 环境的美化与绿化管理,如公共绿地、花木、建筑小品等的养护、营造与管理。

(9) 社区文化建设。

3. 管理服务费用

物业服务合同中的管理服务费用应主要包括以下内容。

(1) 管理费用的构成,即物业管理服务费用包括哪些项目。

(2) 管理费用的标准,即每个收费项目收费的标准。

(3) 管理费用的总额,即合计每建筑面积或每户每月(或每年)应缴纳的费用总计。

(4) 管理费用的缴纳方式与时间,即按年缴纳,按季缴纳,还是按月缴纳;分别缴纳还是汇总缴纳;缴纳的日期等。

(5) 管理费用的结算,即缴纳的费用是以人民币结算,还是以某一种外币结算。

(6) 管理费标准的调整规定,即管理费调整的办法与依据等。

(7) 逾期缴纳管理费用的处理办法,如处罚标准与额度等。

(8) 专项服务和特约服务收费的标准。

(9) 公共设备维修基金的管理办法等。

4. 合同双方的权利与义务

不同的物业,其物业管理的项目和具体内容也不同,物业管理服务的需求和双方的权利与义务也不可能完全一致。因此,对于不同类型的物业,合同双方都要根据该物业的性质和特点,在物业服务合同中约定有针对性的、适宜的权利与义务关系。

5. 管理服务质量

明确物业管理服务的要求和标准,对于合同双方来说都是有益无害的。它既有利于物业管理企业提高管理效率和管理水平,从而增强市场竞争力,也有利于业主做到心中有数,以明确的监督参考标准对物业管理企业进行监督、检查。

6. 合同期限

合同期限是指当事人履行合同和接受履行的时间。物业服务合同的期限一般根据实践经验及实际情况来确定,但一定要明确合同的起始和终止时间。在确定起始和终止时间时,应具体到某日的 24 时。另外,还要规定管理合同终止时物业及物业资料的交接方式等问题。

7. 违约责任

违约责任是指合同一方或双方当事人违反合同规定的义务,依照法律规定或合同约定由过错一方当事人所应承担的以经济补偿为内容的责任。违约责任应尽可能明确。

8. 附则

附则一般记录合同双方对合同生效、变更、续约和解除的约定,通常包含以下内容。

(1) 合同何时生效,即合同的生效日期。

(2) 合同期满后,是否续约的约定。

(3) 对合同变更的约定。

(4) 合同争议解决办法的约定。

(5) 当事人双方约定的其他事项。

四、合同主体

物业服务合同主体是指物业服务合同权利的享有者和义务的承担者。物业服务合同主体包括建设单位、业主委员会、物业服务企业。

1. 建设单位

建设单位即有关物业的开发单位,根据有关法律规定,建设单位应当在销售物业之前选聘具有相应资质等级的物业服务企业,承担该物业管理区域内的服务活动。

2. 业主委员会

业主委员会是经业主代表大会选举产生的,是业主大会的执行机构。它代表业主利益,维护业主合法权益。业主委员会经政府有关管理机关依法核准登记后,取得合法资格。业主委员会有权代表业主与物业服务企业签订物业服务合同,并有权监督物业服务企业保持服务水准、执行服务合同、收取并使用物业管理服务费用。

3. 物业服务企业

物业服务企业是指取得物业服务企业资质证书和工商营业执照,接受业主或者业主大会的委托,根据物业服务合同进行专业管理,实行有偿服务的企业。物业服务企业有权依照物业管理办法和物业服务合同对物业实施管理,有权依照物业服务合同收取管理费,有权选聘专业服务公司承担物业管理区域内的专项服务业务,但不得将整项服务业务委托他人。对于新竣工的物业而言,一般先由房地产开发商与物业服务企业签订前期委托管理合同,在成立业主委员会后,由业主委员会与物业服务企业签订物业服务合同。如果业主大会决定选聘新的物业服务企业,业主委员会就不会与前期介入的物业服务企业续签委托合同。即使业主大会同意与原来的由房地产开发商选聘的、前期已介入的物业服务企业续签委托管理合同,也可能会对原委托管理合同作出一定的修改。由此可见,房地产开发商的最初委托只是一种临时性的安排,而业主大会的委托才是最终的决定。如果招标物业是已使用过的物业,则物业服务合同将直接由业主委员会与中标的物业服务企业签订。

五、不同类型的物业服务合同的签订程序

1. 整体物业服务合同的签订

按照惯例,物业服务合同的签订大致有以下程序。

(1) 招标人与中标的物业服务企业谈判,谈判重点为不清晰、不完备的条款,包括讨论中标企业的改进意见,变更局部条件,完善不规范条款,修改报价。

(2) 签订谅解备忘录。

(3) 发送中标函或签发意向书。

(4) 拟订并签订合同协议书。

2. 专项服务分包合同的签订

(1) 专项服务分包合同的内容。专项服务分包合同主要包括以下内容:企业类型、基本管理项目与内容、管理要求、专项管理要求、管理费用、双方权利义务、合同期限、违约责任及其他条款。

(2) 签订专项服务分包合同应注意的问题。对于投标企业而言,应注意分包价格确定、违约风险防范、部分风险转移及奖惩措施等问题。

六、合同履行的类型

1. 实际履行

实际履行是指按照合同规定的标的履行。按照实际履行的定义,如果一方发生违约,

其违约责任不能以其他财物或赔偿金代替。即使违约方支付了违约金或赔偿金,如果一方要求继续履行的,仍应继续履行合同。只有在实际履行已成为不可能或不必要时,才允许不实际履行。

2. 适当履行

适当履行是指履行物业服务合同时,在合同标的(物业服务)的种类、数量、质量及主体、时间、地点、方式等方面都必须适当。按照适当履行的定义,如果不履行或不适当履行,有过错的一方应及时向对方说明情况,以避免或减少损失,同时赔偿责任。当缔约一方只履行合同的部分义务时,另一方有权拒绝,并可就因一方部分义务导致其费用增加要求赔偿,但部分履行不损坏当事人利益的除外。当事人一方如果掌握另一方不能履行合同的确切证据时,可以暂时中止合同,但应立即通知另一方。如果另一方为履行合同提供了充分的保证,则应继续履行合同。

七、物业服务合同的变更

在物业管理企业接管物业之后,可能会由于业主的其他要求或环境的变化,导致合同部分内容不再符合实际,此时应由物业管理企业与业主委员会商议,对物业服务合同及时进行修改。

1. 物业服务合同变更的特点

(1)协商一致性。即合同的修改必须经双方当事人协商一致,并在原有合同基础上达成新的协议。

(2)局部变更性。物业服务合同的变更只能是对原有合同内容的局部修改和补充。

(3)相对消灭性。合同的变更意味着有新的内容产生,它的履行不能再按照原有合同进行,而应按变更后的权利和义务关系履行。

2. 物业服务合同变更的要点

要构成委托管理合同的变更,还必须具有以下一些形式要件。

(1)已存在合同关系。合同变更必须建立在已有合同的基础上,否则就不可能发生变更。

(2)具有法律依据或当事人约定。物业服务合同的变更可以依据法律规定产生,也可通过当事人双方协商产生。

(3)具备法定形式合同的变更。应当从形式和实质上符合法律规定。

(4)非实质性条款发生变化。非实质性条款是指不会导致原合同关系破灭和新合同关系产生的合同条款,即除合同标的之外的其他条款。

3. 物业服务合同变更的效力

物业服务合同的当事人应当就合同变更的内容作出明确的规定,如果变更内容不明确,则从法律上可推定为未变更。合同一旦发生变化,当事人就应当按照变更后的内容履行合同,任何一方违反变更后的合同内容都将构成违约。如果合同的变更对一方当事人造成了损害,则另一方当事人应承担相应的赔偿责任。

八、合同解除的原因

合同的解除是指发生法律规定或当事人约定的情况,使得当事人之间的权利和义务消灭,从而使合同终止法律效力。

导致物业服务合同解除的事项主要如下。

(1) 合同规定的期限届满。

(2) 当事人一方违约,经法院判决解除合同。

(3) 当事人一方侵害另一方权益,经协商或法院判决解除合同。

(4) 当事人双方商定解除合同。

无论是当事人双方协议解除还是依据法律规定解除,均须遵照一定程序。协议解除应在双方达成一致协议的基础上经过签约和承诺两个阶段,方可使解除行为具有效力。若法律规定了特别程序的,则应遵守特别程序规定。合同解除后,尚未履行的部分终止履行;已经履行完毕的部分,根据履行情况,当事人可以要求采取补救措施,并有权要求赔偿损失。

项目三　早期介入

学习目标

(1) 了解早期介入的概念和作用。
(2) 熟悉早期介入各个阶段的内容和方法。
(3) 掌握早期介入的重点和难点。

素质目标

(1) 培养"凡事预则立,不预则废"的思想。
(2) 培养抓住主要矛盾、抓住事情重点解决问题的能力。

能力目标

(1) 掌握物业早期介入阶段发现问题的方法。
(2) 能够制作早期介入表单。
(3) 能够在早期介入中发现问题,并有效地解决问题。

任务一　早期介入概述

学习准备

收集早期介入的相关资料,了解物业早期介入的基本情况。

相关知识

一、早期介入的概念

早期介入是指物业公司在接管项目之前的地产开发各个阶段(包括规划设计、营销策划、施工建设、竣工验收等)就参与介入,从物业管理运作和客户使用角度对物业的环境布局、功能规划、楼宇设计、材料选用、设备选型、配套设施、管线布置、施工质量、竣工验收等多方面提供有益的建设性意见,以确保物业设计和建造质量,为物业投入使用后的物业管理创造条件。同时,有效的前期介入可以减少接管验收时的返修工作量,为确保客户正常入住奠定基础。

二、早期介入的作用

早期介入除了对物业服务管理本身具有显著意义,还具有促进房地产开发成熟、健康、持续发展的辅助作用。具体来说,物业服务管理早期介入具有以下作用。
(1) 完善物业使用功能。
(2) 优化设计。
(3) 更好地监理施工质量。
(4) 提高房屋建造质量。
(5) 为竣工验收和承接查验打基础。
(6) 有利于以后的物业管理。

三、早期介入的内容

早期介入的内容主要是对规划总图、电气设备、给水排水工程、消防工程、门窗工程、装饰工程、筑砌工程、楼面屋面工程、回填土工程、地下室工程、绿化工程、景观工程等进行干预。

早期介入体现在房产开发的各个阶段,包括项目定位、规划设计、营销策划、竣工验收的不同阶段,它从物业服务管理与业主使用两个角度对物业的环境布局、功能规划、楼宇设计、材料选用、设备选型、配套设施、管线布置、施工质量、竣工验收等方面提出意见与建议。

四、早期介入的程序

1. 早期介入工作内容与沟通方式的确定

配合公司领导,与地产相关部门商讨、确定物业早期介入工作内容,以及日常联系、沟通方式。

2. 早期介入与项目筹备计划的制订

(1) 根据项目开发进度,配套制订相应的物业早期筹备与介入工作计划,上报公司审批。

(2) 工作计划或方案内容应包括早期介入与筹备事项明细、各项计划完成时间、主要责任部门、配合部门等。

3. 早期介入与筹备工作的实施

(1) 在早期介入与筹备工作中,正式书面材料应得到筹备工作组组长审批后方可发出。

(2) 公司各部门按照项目早期筹备与介入计划的内容和责任分工开展相关工作。

(3)物业公司与地产双方的协调研讨应形成书面资料,由综合发展部备案以备复查。对涉及物业利益的文件应由公司总经理确认,如物业管理费、物业管理合同、销售中涉及物业的承诺、设备设施合同中的售后服务等。

任务二　早期介入的主要阶段

学习准备

收集早期介入相关资料,思考早期介入的主要阶段。

相关知识

物业管理早期介入主要阶段可分为五个阶段:可行性研究阶段、规划设计阶段、施工建设阶段、销售阶段、竣工验收阶段。

一、可行性研究阶段

1. 可行性研究阶段介入需要完成的工作

(1)根据物业建设及目标客户群的定位确定物业的管理模式。
(2)根据规划和配套确定物业管理服务的基本内容。
(3)根据目标客户情况确定物业管理服务的总体服务质量标准。
(4)根据物业管理成本初步确定物业管理服务费的收费标准。
(5)设计与客户目标一致并具备合理性价比的物业管理框架。

2. 可行性研究阶段完成工作的主要方式

(1)组织物业管理人员向建设单位提供专业咨询意见,同时对未来的物业管理进行总体规划。
(2)除对物业档次定位外,还应考虑物业的使用成本。
(3)用知识面广、综合素质高、策划能力强的管理人员承担项目管理工作。

二、规划设计阶段

1. 规划设计阶段介入需要完成的工作

(1)根据物业的结构布局、功能方面提出改进建议。
(2)根据物业环境及配套设施的合理性及适应性提出意见或建议。
(3)提供设施设备的设置、选择及服务方面的改进意见。
(4)对物业管理用房、社区活动场所等公共配套建筑、设施、场地的设置提出意见。

2. 规划设计阶段介入完成工作的主要方式

(1)从目标客户的角度考虑问题,使业主、建设单位与物业管理企业的目标利益一致。

（2）贯彻可行性研究阶段所确定的物业管理总体规划的内容和思路,确保总体思路的一致性、连贯性和持续性。

（3）对于分期开发的物业项目,对共用配套设施设备和环境等方面的配置在各期之间的过渡性提供协调意见。

三、施工建设阶段

1. 施工建设介入阶段需要完成的工作

（1）与建设单位、施工单位商榷施工中发现的问题,及时提出并落实整改方案。

（2）配合设备安装,确保安装质量。

（3）对内外装修方式、用料及工艺等从物业管理的角度提出意见。

（4）熟悉并记录基础及隐蔽工程、管线的铺设情况,尤其注意在设计资料或常规竣工资料中未反映的内容。

2. 施工建设介入阶段完成工作的主要方式

（1）派出工程人员驻场,对工程进行观察、了解、记录,并就有关问题提出意见和建议。

（2）仔细做好现场记录,既为今后的物业管理提供资料,也为将来处理质量问题提供重要依据。

（3）物业管理企业不是建设监理单位,要注意介入的方式方法,既要对质量持认真的态度,又不能影响正常的施工、监理工作。

四、销售阶段

1. 销售阶段介入需要完成的工作

（1）完成物业管理方案及实施进度表。

（2）制定物业管理的公共管理制度。

（3）制定各项费用的收费标准及收费方法,必要时履行各种报批手续。

（4）对销售人员提供必要的物业管理基本知识培训。

（5）派出现场咨询人员,在售楼现场为客户提供物业管理咨询服务。

（6）将全部早期介入所形成的记录、方案、图纸等资料,整理后归入物业管理档案。

2. 销售阶段介入完成工作的主要方式

（1）准确全面展示未来物业管理的服务内容。

（2）有关物业管理的宣传及承诺,包括各类公共管理制度,一定要符合法律法规,同时要实事求是。

（3）应根据物业管理的整体规划和方案进行,不应为了促销而夸大其词,更不能作出不切实际的承诺。

（4）征询业主对物业管理服务需求意见,并进行整理,以此作为前期物业管理服务方案制订和修正的依据。

五、竣工验收阶段

1. 竣工验收阶段介入需要完成的工作

（1）在单项工程完工后,参与单项工程竣工验收。

（2）在分期工程完工后,参与分期工程竣工验收。

（3）在工程全面完工后,参与综合工程竣工验收。

2. 竣工验收阶段介入完成工作的主要方式

（1）物业管理企业要参与竣工验收,掌握验收情况,收集工程质量、功能配套及其他方面存在的遗留问题,为物业承接查验做准备。

（2）在验收过程中,应随同相关验收组观看验收过程,了解验收人员、专家给施工或建设单位的意见、建议和验收结论。

六、现场施工建设阶段物业管理早期介入实例

下面介绍一个现场施工建设阶段物业管理早期介入的实际方案,供学习参考。

××物业项目现场施工跟进方面物业早期介入建议报告

针对××物业项目,××物业服务有限公司从未来业主正常使用与物业服务管理工作顺利进行的角度出发,经过对××物业项目现场施工跟进,现提出如下建议报告。

（1）园林排水井盖周围需做好防护,防止泥土流失。

（2）林荫道与绿化相接处需做排水沟或做倾斜坡度,防止下雨时水流到林荫道上。

（3）林荫道两边需做排水沟进行引流,防止暴雨时排水不畅。

（4）绿化区域中间应当设排水井,绿化区域附近应当设置排水沟,加快下雨时排水速度及防止雨水破坏绿化。

（5）井盖位于绿地与铺装交接处时,应调整井的位置或者调整设计,避免产生交错。

（6）小区路面与路面接合处需做平整,防止老人和孩子绊倒、摔跤。

（7）园区景观排水沟及泳池排水沟井盖缝隙需均匀,井盖采用凹形大理石,方便排水。

（8）路面拐角处不宜做成90°,最好做成圆角或用鹅卵石硬化成三角形。林荫道排水沟井盖铺上鹅卵石或集中引流,防止杂物进入下排水管。

（9）路面与绿化连接处应用水泥硬化。

（10）绿化与围墙接合处应盖住围墙瓷片。

（11）路沿石边考虑观感效果及安全,建议做成45°角或弧度。

（12）人行路面应平整,避免产生积水。

（13）植被种植面标高应低于硬化地1cm,避免下雨时脏水倒灌进路面。

（14）园区通道护栏拐角处为直角有安全隐患,建议做成圆角。

（15）绿化自动喷淋需安装在绿化中心地带,附近最好没有其他遮挡物。

(16) 园林树木栽种过程中,支撑杆应当从 4 个角度进行规范支撑,美观且能防止树木歪斜。

任务三　早期介入的重点与难点

学习准备

调查了解关于物业管理早期介入的重点和难点。

相关知识

一、早期介入的重点

早期介入的重点主要有以下方面。
(1) 通过投标来接洽物业管理业务。
(2) 进行可行性、可靠性、盈利性分析。
(3) 具体测算物业管理费用。
(4) 投标竞争、洽谈、签订物业管理合同。
(5) 选派人员运作物业前期管理。
(6) 根据物业档次确定服务标准。
(7) 制订物业维修管理方案。
(8) 建立良好的业主或使用人的联系关系。
(9) 听取业主或使用人的希望与要求。
(10) 了解业主或使用人对物业使用的有关安排、打算。
(11) 参与售房部门同业主或使用人签约。
(12) 参与施工与设计,参与工程验收。
(13) 从管理角度分析物业建造的选料及安装方法。
(14) 在施工现场做好记录,对不妥之处提供改良意见。
(15) 草拟规章制度。
(16) 设置物业辖区的组织机构,明确招聘的人员数量与规格,拟订培训计划并培训上岗。
(17) 建立服务系统和服务网络,加强各部门进行联络、沟通。
(18) 制定移交接管办法,办理移交接管事宜。

二、早期介入的难点

1. 早期介入费用的承担

物业管理公司早期介入所产生费用应由开发商承担,原因如下。

(1) 早期介入的主要目的是协助开发商开展工作。

(2) 管理费用尚无收费来源,此期间物业公司的实际服务对象是开发商。

(3) 目前国家尚无统一立法,但可以参照各地政府明文执行。

2. 如何提出合理化建议,并让开发商接受

(1) 对确实不符合设计规范的意见,开发商应当尊重科学、尊重设计。

(2) 说服开发商和设计单位采纳合理建议,多为以后着想。

(3) 一些设计虽然符合规范要求,但落后于实际发展需要,应努力用事实依据来改变设计单位的想法。

项目四　物业承接查验

学习目标

(1) 了解物业承接查验的概念、依据和原则。
(2) 掌握物业承接查验与移交的有关内容。
(3) 熟悉物业承接查验中需注意的问题。

素质目标

(1) 培养学生做事一丝不苟的认真态度。
(2) 培养学生为业主服务、为他人服务的理念。

能力目标

(1) 能够制作物业前期验收中的各种表单。
(2) 能够在实际工作中熟练应用物业承接查验。
(3) 能够独立梳理物业承接查验的疑难点。

任务一　物业承接查验的目的与概念

学习准备

收集有关物业承接查验的相关资料,了解物业承接查验的目的。

相关知识

一、物业承接查验的目的

物业承接查验的对象可以是新建的物业项目,也可以是旧的物业项目。

承接查验物业项目,一方面,可以进一步清楚物业的实际状况,保证物业满足预期使用功能,及时发现、及时解决可能影响使用的问题,确保物业处于良好的状态,满足业主的使用要求;另一方面,可以发现和解决隐蔽问题,进一步保证后续物业管理的顺畅性和高效性。

二、物业承接查验的概念

2010 年 10 月 14 日由中华人民共和国住房和城乡建设部颁布,2011 年 1 月 1 日起开始正式实施的《物业承接查验办法》,是我国对物业管理承接查验工作进行指导、监督与管理的部门行政规章。

《物业承接查验办法》第二条明确了承接查验的概念:物业承接查验是指承接新建物业前,物业服务企业和建设单位按照国家有关规定和前期物业服务合同的约定,共同对物业共用部位、共用设施设备进行检查和验收的活动。

在条件具备或物业服务企业早期介入准备充足时,物业的承接查验也可以和建设工程竣工验收同步进行,以提高承接查验工作的效率和质量。

物业的承接查验并不局限于房屋建成之后,在房屋的建设过程中就应该为承接查验做准备。《物业承接查验办法》第四条规定:鼓励物业服务企业通过参与建设工程的设计、施工、分户验收和竣工验收等活动,向建设单位提供有关物业管理的建议,为实施物业承接查验创造有利条件。

为了确保在承接查验过程中有足够的时间发现问题,《物业承接查验办法》第十条规定:建设单位应当在物业交付使用 15 日前,与选聘的物业服务企业完成物业共用单位、共用设施设备的承接查验工作。

三、承接验收过程中的关键活动

（1）做好接管验收准备工作。
（2）物业资料接管验收。
（3）硬件设施接管验收。
（4）工程移交管理。
（5）缺陷责任验收管理。

任务二　物业承接查验的作用和原则

学习准备

收集与物业承接查验有关的表单,了解物业承接查验的基本原则。

相关知识

一、物业承接查验的作用

《物业管理条例》第十六条明确规定了物业服务企业承接物业时,应当对物业共用部位、共用设施设备进行现场检查和验收,并列明了需要查验的具体内容。

物业承接查验是物业服务的起始环节,对后续物业服务管理工作非常重要,是做好后期物业服务各项工作的基础。因此,一个成熟的房地产开发企业,一个专业的物业服务企业都会非常重视这项工作。

物业的承接查验工作如果处理不当,例如没有科学合理地解决开发商的遗留问题,将对后期的物业服务工作产生难以消除的负面影响。因此,对此项工作计划的具体设计规划,要采取严谨、科学与合理的态度。

二、物业承接查验的基本原则

《物业承接查验办法》第三条明确规定:物业承接查验应当遵循诚实信用、客观公正、权责分明以及保护业主共有财产的原则。

1. 诚实信用

《物业承接查验办法》第九条规定:建设单位应当按照国家有关规定和物业买卖合同的约定,移交权属明确、资料完整、质量合格、功能完备、配套齐全的物业。建设单位应遵循诚实信用原则,提供真实、安全、可靠的资料,不能弄虚作假,欺骗业主和物业服务企业。

2. 客观公正

《物业承接查验办法》第三十一条规定:物业承接查验可以邀请业主代表以及物业所在房地产行政主管部门参加,可以聘请相关专业机构协助进行,物业承接查验的过程和结果可以公证。由房地产行政主管部门的参与,相关专业机构的协助,保证了承接查验的客观公正。

3. 权责分明

《物业承接查验办法》第十九条规定:现场查验应当形成书面记录。查验记录应当包括查验时间、项目名称、查验范围、查验方法、存在问题、修复情况以及查验结论等内容,查验记录应当由建设单位和物业服务企业参加查验的人员签字确认。现场承接查验的记录应准确表明物业存在的问题。承接查验中发现的问题应该由开发商负责解决;之后出现的问题应该由物业服务企业负责解决。

4. 保护业主共有财产

《物业承接查验办法》第二十条规定:现场查验中,物业服务企业应当将物业共用部位、共用设施设备的数量和质量不符合约定或者规定的情形,书面通知建设单位,建设单位应当及时解决并组织物业服务企业复验。在承接查验过程中,物业服务企业应该站在业主的立场,维护业主的利益。当发现问题时,应及时与开发商协商,由开发商负责解决。不能对发现的问题视而不见,损害业主的利益,为以后的物业管理埋下隐患。

任务三　物业承接查验与移交

学习准备

查阅资料,了解承接查验的相关内容。

相关知识

一、物业承接查验应具备的条件

实施承接查验的物业,应当具备以下条件。

(1) 关于工程质量合格证和规划、消防、环保认可及准许使用文件的备案文件。

(2) 供水、供电、供气、供热等专业公司的供用合同与计量表具的相关文件。

(3) 教育、卫生等公共配套设施的竣工验收文件。

(4) 电梯、二次供水、高压供电、消防设施、压力容器、电子监控系统等共用设施设备取得使用合格证书。

(5) 物业使用、维护和管理的相关技术资料完整齐全。

(6) 物业买卖合同、临时管理规约等法规规定的必需的物业管理文件。

(7) 物业竣工图纸及竣工资料。

二、物业承接查验的依据

实施物业承接查验时,需依据下列文件。

(1) 物业买卖合同。

(2) 临时管理规约。

(3) 前期物业服务合同。

(4) 物业规划设计方案。

(5) 建设单位移交的图纸资料。

(6) 建设工程质量法规、政策、标准和规范。

(7) 建设单位制定的临时管理规约,应当对全体业主同意授权物业服务企业代为查验物业共用部位、共用设施设备的事项作出约定。

(8) 建设单位与物业服务企业签订的前期物业服务协议,应当包含物业承接查验的内容。对于内容没有约定或约定不明确的,《物业承接查验办法》第八条规定:前期物业服务合同就物业承接查验的内容没有约定或约定不明确的,建设单位与物业服务企业可以协议补充。不能达成补充协议的,按照国家标准、行业标准履行;没有国家标准、行业标准的,按照通常标准或者符合合同目的的特定标准履行。

三、物业承接查验的程序

物业承接查验应按照下列程序进行。

(1) 确定物业承接查验方案。

(2) 移交有关图纸资料。

(3) 查验物业共用部位、共用设施设备。

(4) 解决查验发现的问题。
(5) 确认现场查验结果。
(6) 签订物业承接查验协议。
(7) 办理物业交接手续。

四、确定物业承接查验的方案

1. 确定物业承接查验方案的程序

《物业承接查验办法》规定建设单位应当在物业交付使用 15 日前,与选聘的物业服务企业完成物业共用部位、共用设施设备的承接查验工作。在现场查验 20 日前,建设单位应当向物业服务企业移交规定的物业资料。

因此,建设单位应在物业交付使用前至少 50 日根据国家有关规定完成物业的竣工验收,取得质量合格证书,并完成备案,在完全达到物业交付使用的条件后,书面通知物业服务企业进行物业承接查验,并约定时间召开物业承接查验协调会议。

物业服务企业接到建设单位的书面通知后,应主动与建设单位联系,并查看物业承接查验应具备条件的相关文件。双方约定物业承接查验时间,共同制订物业承接查验方案。

2. 物业承接查验方案的内容

上述条件具备后,物业服务企业应及时作出书面回复,并约定双方召开物业承接查验首次协调会。双方根据有关规定和物业承接查验依据文件的约定,就物业共用部位、共用设施设备的承接查验进行协商,形成物业承接查验方案。其内容包括以下方面。

1) 组建物业承接查验小组

由物业服务企业和建设单位各抽调数名工程技术人员(包括土建与安装专业)及管理人员组成物业承接查验小组,建设单位也可指派工程施工总承包单位、主要设备供货厂家、工程监理单位参加,同时可以邀请业主代表和房地产行政主管部门参加。由建设单位和物业服务企业双方共同推选物业承接查验组长、副组长,明确各岗位职责与分工,规范物业承接查验工作。

2) 列出各专业工程实施查验的技术依据

(1) 物业项目设计文件引用的建筑与安装施工工程的国家、行业和地方标准与规范。
(2) 建设单位提交的物业与物业竣工图纸资料清单。
(3) 设施设备供货厂家安装、调试、维修及使用说明书。
(4) 物业买卖合同约定的物业共用部位、共用设施设备的配置标准。
(5) 建筑、安装工程施工与质量验收系列丛书。

3) 物业资料的查验与移交

现场查验 20 日前,建设单位应当向物业服务企业移交规定的物业资料。主要包括以下内容。

(1) 竣工总平面图,单体建筑、结构、设备竣工图,配套设施、地下管网工程竣工图等竣工验收资料。
(2) 共用设施设备清单及其安装、使用和维护保养等技术资料。

(3) 供水、供电、供气、供热、通信、有线电视等准许使用文件。

(4) 物业质量保修文件和物业使用说明文件。

(5) 承接查验所必需的其他资料。

4) 物业共用部位、共用设施设备的现场查验

在进行新建物业的现场查验时,物业服务企业应当对下列物业共用部位、共用设备、共用设施进行现场检查和验收。

(1) 共用部位:一般包括建筑物的基础、承重墙体、柱、梁、楼板、屋顶以及外墙、门厅、楼梯间、走廊、楼道、扶手、护栏、电梯井道、架空层及设备间等。

(2) 共用设备:一般包括电梯、水泵、水箱、避雷设施、消防设备、楼道灯、电视天线、发电机、变配电设备、给排水管线、电线、供暖及空调设备等。

(3) 共用设施:一般包括道路、绿地、人造景观、围墙、大门、信报箱、宣传栏、路灯、排水沟、渠、池、污水井、化粪池、垃圾容器、污水处理设施、机动车(非机动车)停车设施、休闲娱乐设施、消防设施、安防监控设施、人防设施、垃圾转运设施及物业服务用房等。

物业管理中的有关合同、共用设备的专用工具和配件等应由建设单位依法移交有关单位。供水、供电、供气、供热、通信和有线电视等共用设施设备,不作为物业服务企业现场查验和验收的内容,但应对其能源供用合同进行查验和移交。

物业服务企业进行现场物业承接查验的重点是查验物业共用部位、共用设施设备的配置标准、外观质量和使用功能,而对物业共用部位、共用设施设备的内在质量和安全性能是在查阅确认文件的基础上进行再检验。

因此,物业承接查验小组应根据《物业承接查验办法》的规定与合同约定,以及物业设计文件及清单列出现场查验的项目和内容。

5) 现场查验前的准备

(1) 物业承接查验物资准备。

(2) 查验人员的组织与培训、设备、仪器仪表、工具、防护用品、记录表格等。

(3) 验收文件的收集,查验人员查验前的培训。

(4) 设备、工具和仪表,主要包括压力表、温度计、超声波流量计、电压表、电流表、兆欧表、试压泵、钢卷尺、直尺、高低压电工工具、水暖工工具、梯子、安全帽、移动照明灯等。

五、物业的移交

建设单位应当在物业承接查验协议签订后规定的时间内向物业服务企业办理物业交接手续,物业服务企业应及时接管。双方任何一方违反规定都将承担违约责任。

《物业承接查验办法》第二十四条规定:建设单位应当在物业承接协议签订后10日内办理物业交接手续,向物业服务企业移交物业服务用房及其他物业共用部位、共用设施设备。

《物业承接查验办法》第二十五条规定:物业承接查验协议生效后,当事人一方不履行协议约定的交接义务,导致前期物业服务合同无法履行的,应当承担违约责任。

《物业承接查验办法》第二十六条规定:交接工作应当形成书面记录。交接记录应包

括移交资料明细、物业共用部位、共用实施设备明细、交接时间、交接方式等内容。交接记录应当由建设单位和物业服务企业共同签章确认。

在房地产开发实践中,不少地块都是分期开发的,不同开发期的时间跨度长达3~5年。对于此类情形的承接查验,《物业承接查验办法》第二十七条作出明确规定:分期开发建设的物业项目,可以根据开发进度,对符合交付使用条件的物业分期承接查验。建设单位与物业服务企业应当在承接最后一期物业时,办理物业项目整体交接手续。

物业的承接查验一般情况下没有费用的产生,若有费用的产生,双方应事前约定。没有约定或约定不明确的,由建设单位承担。

物业服务企业应当自物业交接后30日内,持下列文件向物业所在地的区、县(市)房地产行政主管部门办理备案手续:前期物业服务合同;临时管理规约;物业承接查验协议;建设单位移交资料清单;查验记录;交接记录;其他承接查验有关的文件。

《物业承接查验办法》第三十条规定:建设单位和物业服务企业应当将物业承接查验备案情况书面告知业主。

《物业管理条例》第三十四条规定:自物业交接之日起,物业服务企业应当全面履行前期物业服务合同约定的、法律法规规定的以及行业规范确定的维修、养护和管理义务,承担因管理服务不当致使物业共用部位、共用设施设备毁损或者灭失的责任。

物业交接后,并不意味着所有责任均由物业服务企业承担。物业交接以后,建设单位未能按照物业承接查验协议的约定,及时解决物业共用部位、共用设施设备存在的问题,导致业主人身、财产安全受到损害的,应当依法承担相应的法律责任。

物业交接后也并不意味着所有的工程质量问题均由物业服务企业负责。《物业管理条例》第三十三条规定:物业交接后,发现隐蔽工程质量问题,影响房屋结构安全和正常使用的,建设单位应当负责修复;给业主造成经济损失的,建设单位应当依法承担赔偿责任。

任务四　物业承接查验问题的解决与保修责任

> **学习准备**

收集物业承接查验问题的解决与保修责任的相关资料,了解物业承接查验问题的解决方法。

> **相关知识**

一、物业承接查验问题的处理

1. 物业承接查验的问题

物业承接查验的问题主要分为两种情况。一种是施工过程中施工质量不符合标准,这类问题应当依据《房屋建筑工程质量保修办法》的相关规定,由建设开发单位督促施工单位负责整改。另一种是物业规划、设计中的缺陷导致物业功能不足、使用不便、运行维护缺乏经济性，这类问题应当由建设开发单位负责修改设计，改造或增补相应措施。

2. 物业承接查验问题的反馈

现场查验中，物业服务企业应当将物业共用部位、共用设施设备的数量和质量不符合约定或者规定的情形，以书面形式告知建设单位。建设单位应当及时解决并组织物业服务企业复验。建设单位若不及时解决，造成的后果将由建设单位承担。

3. 一般缺陷的返修

对承接查验过程中发现的非结构性质量缺陷（一般缺陷），物业服务企业应当于两日内将检查记录提交房产开发商，并出具书面整改函件，要求房产开发商责成施工单位限期整改，并进行复检，直至整改合格为止。根据具体情况，也可以与房产开发商协商，由物业服务企业代为返修，维修费用由房产开发商支付。

4. 房屋结构的加固补强

对承接查验过程中发现的房屋结构性质量缺陷，设施设备使用中存在的安全质量问题，物业服务企业应当于两日内将检查记录提交房产开发商，并出具书面整改函件，要求房产开发商责成施工单位限期整改，并进行复检，直至整改合格为止。同时，物业服务企业应当要求房产开发商提交加固补强具体措施与相关记录，并存档备查。

5. 不具备使用功能情况的处理

对承接查验过程中发现的由于房屋配套设备脱节和附属工程未完工，以及由于水、电、气等外部管线未接通，致使房屋、设备、场地不具备正常使用功能，而导致业主无法使用或者物业服务管理工作无法正常运行的，应当立即向房产开发商提交函件，暂停承接查验，直至符合承接查验基本条件后再进行。同时，对相关情况进行记录，并留档备查。

6. 物业承接查验协议

（1）物业承接查验协议的签订。建设单位应当委派专业人员参与现场查验，与物业服务企业共同确认现场查验的结果，签订物业承接查验协议。

（2）物业承接查验协议的内容。物业承接查验协议应当对物业承接查验基本情况、存在问题、解决方法及其时限、双方权利义务、违约责任等事项作出明确约定。

（3）物业承接查验协议的效力。物业承接查验协议作为前期物业服务合同的补充协议，与前期物业服务合同具有同等法律效力。

二、物业承接查验的保修责任

建设单位应当按照国家有关规定，认真履行物业的保修责任，否则应承担相应的法律责任。

建设单位应当按照国家规定的保修期限和保修范围，承担物业共用部位、共用设施设备的保修责任。建设单位可以委托物业服务企业提供物业共用部位、共用设施设备的保修服务，服务内容和费用由双方约定。

物业承接查验移交资料清单示例如表 4-1 所示。

表 4-1 物业承接查验移交资料清单示例

序号	名 称	备注
一	项目建设资料	
1	房地产开发企业证照	
2	房地产开发项目批准文件	
3	建筑红线图	
4	建设用地规划许可证	
5	建设工程施工许可证	
6	建设工程规划许可证	
7	规划总平面图	
8	建筑设计防火审核意见书(消防审核意见书)	
9	各分项工程设计方案	
10	建设工程规划验收合格证(综合验收合格证)	
11	建设工程竣工验收质量认定书(建筑工程质量认定书)	
12	消防工程验收合格证(审核意见书)	
13	工程竣工验收备案表(质检备案表)	
14	工程建筑放线、验线、验收意见书	
15	公共安全技术防范工程设施使用证	
16	通信管线等各分项工程竣工验收书/验收报告	
17	供水、供气协议书	
18	供用电合同、燃气验收合格证	
19	同意供电通知	
20	申请门牌审批表	
21	白蚁防治合同书	
22	有线(光纤)电视许可证、电话网络验收合格证	
23	房屋质量保证书、房屋使用说明书	
24	建筑工程质量保修协议书	
25	公共设施、设备清单	
26	其他相关资料	
二	物业产权资料	
1	房屋所有权证、土地使用权证	
2	销售资料(业主、产权、位置、建筑面积、联系方式、户型图等)	
3	房屋设备及其固定附着物清册	
4	房屋分户产权办理情况说明	
5	建筑执照	
6	拆迁安置资料	

续表

序号	名　　称	备注
7	其他相关资料	
三	建筑工程技术资料	
1	地质勘查报告	
2	工程招标书、投标书、定标书	
3	工程施工合同及开工、竣工报告	
4	施工图（总平、结构、建筑、给排水、电气、燃气、通信、消防、防雷、强弱电、智能化系统及设备安装等）	
5	图纸会审记录	
6	工程设计变更通知（包括质量事故处理记录）	
7	隐蔽工程验收签证	
8	沉降观察记录	
9	竣工验收证明书	
10	主要建筑材料质量保证书（钢材、水泥等）	
11	新材料、构配件的鉴定合格证书	
12	砂浆、混凝土试块试验报告	
13	竣工图（建筑、结构、给排水、电、气、通信、防雷、消防、强弱电、智能化系统、设备安装、总坪道路、雨污排放等附属工程及隐蔽管线等）	
14	其他项目竣工图（绿化、景观、二次装修等）	
15	各分项工程施工单位资料	
16	各分项工程/隐蔽工程验收表/测试报告	
17	水电、空调、卫生洁具、电梯等设备检验合格证书	
18	供水试压报告	
19	机电设备订购合同、单台设备的说明书、试验记录及系统调试记录	
20	弱电、安防、智能化系统集成及布线图	
21	停车场设施系统图	
22	设备试压、试运行合格报告	
23	防雷电阻接地实测记录、引下线焊接记录	
四	设备资料——供电系统	
1	供电系统设备购买、安装合同	
2	供电系统设备制造、安装单位、维护单位资料	
3	供电系统设备产权所有者及用户的名称和地址	
4	高低压配电柜、变压器、直流控制屏等设备参数（型号、数量、重量、额定电压、电流、频率等）	
5	高低压配电柜、变压器、直流控制屏等设备随机资料（安装使用说明书、技术图纸、机房布置图、产品合格证、安装配件清单等）	

续表

序号	名　　称	备注
6	高低压配电柜、变压器、直流控制屏等设备主要配件资料（生产单位、技术参数、说明书、产品合格证等）	
7	高低压配电柜、变压器、直流控制屏等设备试运行检验记录、运行许可证	
8	配电箱、电缆、插接母线、电表等资料（生产单位、技术参数、说明书、检测报告、产品合格证、强检资料等）	
9	灯具等末端用电器具资料（生产单位、技术参数、说明书、产品合格证等）	
10	配套装置、仪表、电度表资料（检验记录、测试报告、原始数据记录、强检资料等）	
11	绝缘电阻测试、试验记录、试运转记录	
12	发电机随机相关技术资料	
五	设备资料——给排水系统	
1	给排水系统设备购买、安装合同	
2	给排水系统设备制造、安装单位、维护单位资料	
3	给排水系统设备产权所有者及用户的名称和地址	
4	水泵等配套设备参数（型号、额定功率、扬程、编号等）	
5	设备随机资料（安装使用说明书、维护保养手册、机房布置图、产品合格证、随机配件清单、主要配件资料等）	
6	设备运行检验记录、管道水压及闭水试验记录、给水管道的冲洗及消毒记录	
7	主要材料和制品的合格证或试验记录	
8	配套装置、仪表、水表资料（检验记录、测试报告、原始数据记录、强检资料等）	
9	水、暖、卫生器具检验合格证书	
10	其他相关资料	
六	设备资料——消防系统	
1	消防设备购买、安装合同	
2	消防设备制造、安装单位、维护单位资料	
3	消防设备产权所有者及用户的名称和地址	
4	消防广播、消防栓等设备参数	
5	随机资料（安装使用说明书、维护保养手册、机房布置图、产品合格证、随机配件清单、主要配件资料等）	
6	设备、仪表调试运行检验记录、管道冲洗、水压及闭水试验检验记录	
7	消防系统主要材料和制品的合格证或试验记录	
8	消防验收合格证书	
9	其他相关资料	

续表

序号	名　　称	备注
七	设备资料——弱电系统	
1	弱电系统设备购买、安装合同	
2	弱电系统设备制造、安装单位、维护单位资料	
3	弱电系统设备参数(系统、型号、规格、数量)	
4	弱电系统随机资料(安装使用说明书、维护保养手册、产品合格证、随机配件清单、主要配件资料等)	
5	弱电系统设备调试运行检验记录、安装检验合格证书、智能化等设备国家许可使用证明	
6	有线电视及电话协议	
7	设备试压、试运行合格报告	
8	防雷电阻接地实测记录、引下线焊接记录	
9	其他相关资料	

建设单位(业主委员会)：　　　　　　　　　　　　物业服务企业：
(签章)　　　　　　　　　　　　　　　　　　　　(签章)

项目五　入住服务与装修管理

学习目标

(1) 了解入住服务的内涵,理解做好入住服务的意义。
(2) 掌握入住服务的基本流程及注意事项。
(3) 熟悉装修管理的意义和基本流程。
(4) 掌握装修申请审批管理和装修追踪、竣工验收管理的工作内容。

素质目标

(1) 培养学生做事之前应有充分准备的思想。
(2) 培养学生做事不怕苦、不怕累、不怕烦的思想。

能力目标

(1) 能够熟练办理业主的入住。
(2) 能够熟练实施装修管理。
(3) 能够灵活运用入住服务的程序去解决实践中遇到的各种问题。

任务一　入住服务

学习准备

收集有关业主入住与装修管理的相关资料,了解入住服务的基本知识。

相关知识

一、业主入住前的准备工作

1. 查阅资料,熟悉业主情况

入住前,物业经理应组织下级及时从房地产开发商处取得已售出物业业主的详细资料,仔细对照所接收的物业资料,进一步熟悉每一位业主及其所购物业单元的相关情况,这样才能为每一位业主提供周到的服务。

2. 制订并分项落实入住方案

（1）拟订入住流程。

（2）根据小区的实际情况和管理协议中对小区管理的要求，拟订入住后在治安、车辆管理、垃圾清运等方面的配套改进意见或整改措施。

（3）编制相关的文件资料，如管理公约、住户手册、入住通知书、收楼须知、收费通知单、房产交接书、入住表格等，并印刷备用。

3. 相关人员到岗、培训、动员

入住前相关人员应全部到位，并接受严格培训和充分动员，以提高其工作能力，激发其工作热情，这样才能在今后的工作中减少差错，确保服务质量。

4. 协调与相关部门的关系

物业公司要和房地产开发商一起同水、电、燃气、电信等公用事业部门进行协调，解决遗留问题，避免业主入住后因此类问题引起纠纷，以免影响入住工作及今后物业管理工作的正常开展。

5. 设备设施试运行

给排水、电梯、照明、空调、燃气、通信、消防报警系统必须进行试运行，如果有问题应及时整改，确保各设备设施处于正常的工作状态。

6. 做好卫生清洁、安全保卫等工作

入住前做好卫生清洁工作，让业主获得整洁的居住或办公环境。加强安全保卫工作，保证管理区域不发生盗抢事件，保证业主财物能够安全地搬入户内。

二、业主入住工作的流程

1. 入住服务的流程

（1）由房地产开发商向业主发出入住通知书。房地产开发商在办理入住前通过挂号信将入住通知书邮寄给业主，告知其办理入住的具体时间及需准备的资料，具体包括房地产开发商发出的入住通知书，物业服务企业发出的入住指南、入住预备款项清单等。

（2）业主凭售房合同与入住通知书到指定地点办理入住手续。在办理手续时业主一般需备齐以下资料：入住通知书原件、房地产买卖（预售）合同原件、公证书或公证书复印件、身份证复印件或护照复印件、授权委托书或委托公证书原件，以公司名义购买的还需提交营业执照或商业登记证复印件、法人代表证明书、法人代表授权委托书或董事会授权委托书原件等。对于租户，需要提供业主授权书、租约复印件、租户承诺书、营业执照、公司负责人/法定代表人身份证复印件，以及办理入住时需缴纳的各项费用证明。具体办理时要求提供的资料可能不同。

（3）签订相关承诺文件。物业服务企业在核审资料无误后，向业主介绍物业服务情况、收费情况；发放入住须知、用户手册、装修手册等相关资料；代开发商与业主签订管理规约、区域防火协议书、委托收款合同书并登记业主联络资料等。

（4）收费。业主收到入住资料签收单后，物业公司按入住收费项目收费并开具正规票据。

(5) 验楼。由物业服务人员和区域管理人员陪同业主验房,抄录水表、电表等底数并共同确认,交付钥匙,办理签收手续。若业主委托物业保管钥匙,应请业主填写书面保管钥匙委托书,物业服务企业开具保管钥匙承诺书。

(6) 若业主验房时发现并提出质量问题,经确认,物业服务企业应填写返修表送交开发商,并协助开发商进行整改,整改后请业主再次验房。

2. 入住服务的内容

(1) 接待入住现场所有业主,合理分流办理入住的业主,避免入住现场出现拥挤的现象,保证入住工作有条不紊地进行。

(2) 核对售楼资料与业主本人身份证件。

(3) 发放资料并签订有关协议、文件。物业服务企业可以编制资料清单,将清单与资料一并发放给业主。

(4) 按照要求收取物业服务相关费用。

(5) 为方便业主,物业服务企业可邀请市政相关单位进场为业主办理水电、煤气、有线电视、宽频网络等的开通手续。

(6) 业主办理完上述手续后,物业服务企业安排专人陪同业主对物业进行验收,抄录水表、电表底数。若在验房中发现问题,陪同验房的服务人员应详尽记录,同时办理单元门、入户门钥匙交接手续。

(7) 安排专人负责业主相关问题的咨询工作,同时受理业主二次装修申请工作。

(8) 处理业主验房中的遗留问题,集中由专人负责登记、汇总,安排日后维修工作。

(9) 入住工作中资料的归档。按业主的栋号和房号建档编号,档案中应包括业主入住通知单、入住验房表、业主家庭情况登记表和装修申请表等。

3. 入住服务的注意事项

入住服务工作是物业服务企业展示企业服务水平及专业能力的最佳时机,在这个过程中,稍有疏忽都会给业主留下不好的印象,直接影响到日后管理服务工作的开展。因此,物业服务企业应该在各个环节做到尽善尽美,要注意做好以下几方面的工作。

1) 制订详尽的入住服务工作计划

入住服务工作应该引起物业服务企业的高度重视,为此必须制订详尽的收楼服务计划。当前,各大物业服务企业的"收楼服务问责制"就能比较好地确保每个收楼环节都有专人负责。

2) 注意细节工作的落实

入住服务工作并不太复杂,难的是要把每个服务环节中的细节都做好。例如,以挂号信的方式发送入住通知单,并且专人电话跟踪确认业主已经收到;在发放的文件袋中放入制作好的便民服务卡,将物业服务中心的电话,水、电、燃气公司的服务电话,以及有线电视和电信公司、宽带网络公司的电话都写在卡片上,方便业主入住后的生活,让业主感受到物业服务企业的贴心服务。

3) 协助业主做好验房工作

物业服务企业应有专人协助业主做好验收工作,有专人负责记录、汇总、受理业主对物业质量提出的问题。如确属物业服务企业接管验收时的疏漏,则应立即通知施工单位予以解决。而大部分业主并没有建筑方面的专业知识,很多物业问题都是在入住后才发现的,所以物业服务企业应抱着对业主负责的态度,协助业主对物业进行仔细检验,尽量在入住之前把问题都解决。物业检查工作可以从以下几方面进行。

(1)给排水系统,包括水管、水龙头是否齐全完好,有无漏水和锈蚀情况。对暗埋的给水管道来说,只能看墙壁面有没有渗出水,哪怕有轻微的水痕都要引起重视。查看坐便器、水龙头、管道有无漏、滴、跑、冒水等情况,水龙头开启要灵活。下水管道是否有建筑垃圾堵塞,抽水马桶、地漏、浴缸的排水是否通畅,有无返水现象等。

(2)门窗系统,包括门窗框架是否平整、牢固、安全,门窗是否拼缝严密、贴合,门窗开关是否灵活,门锁是否启闭灵活,玻璃是否有防水密封条等。

(3)供电系统,包括电灯、电线(管线)是否有质量问题。例如,检查灯是否都亮,插座是否都有电,开关所控是不是火线,电表的流量大小是否能满足大功率家用电器的要求。如果存在设计和施工阶段遗留的缺陷,应告知业主,并帮助业主尽早解决问题,或者使业主能够在装修阶段弥补缺陷。

(4)地面、屋顶及地板,包括是否平整、起砂、起壳、剥落,是否有裂缝、渗水,地砖和墙砖贴面是否平整、有无间隙等。对阳台、厨房、洗手间有地漏的地面,应注意地面坡度,要求排水通畅的地面均应向地漏方向略倾斜,检验时可向地面上洒水做试验,排水通畅、地面不积水为合格。

(5)配套公共设施及其他,包括检查水表、电表、燃气表是否都是从"0"开始或仅有少量试电、试水、试气所经过流量和数值,数值过大的,用户有权要求物业公司换表。此外,还需查验垃圾桶、电梯、防盗门、防盗窗、电话线、天线、信箱等是否能正常使用。

三、业主入住的注意事项

业主的乔迁是一件值得庆贺的事,物业管理要提前做好业主入住的准备工作,以免因为准备不足而使业主遭遇不愉快的情况,具体的注意事项如表5-1所示。

表 5-1　业主入住的注意事项

工作内容	具体工作要求
要在入住现场营造出喜庆的氛围	所有员工都应着装整齐,举止礼貌大方;接待人员要沿路不断地引领介绍,当业主经过保安人员身边时,保安人员应立正敬礼;当业主迎面走来时,接待人员应报以微笑
高度重视安全工作	小区门口人流汇集,保安人员应及时疏导车辆,接待人员在入口处指引业主前往入住接待处;对小区门口严格把关,门口站岗人员应对进入小区的人员进行必要的登记管理,其中对进出车辆的管理更是重中之重
加强与政府相关部门的联系,集中办理	物业公司可充分配合房地产开发商并与政府相关部门联系,集中时间,统一利用资源,为日后业主办减少麻烦
标志明确,设备齐全	入住现场各处均应摆放明显的标志牌,业主的等候区域应设在方便走动的中央地带,并备有桌椅、饮料等物品,以便业主填写资料和休息;另外,现场还应配备复印机等,以便为业主复印证件等,尽量为业主减少麻烦,从而确保入住工作顺利进行

续表

工作内容	具体工作要求
发放资料袋	业主进入物业公司入住接待处并由接待人员核对身份后,在业主签到表上登记,领取资料袋和小礼物。资料袋中装有需业主知悉及签署的各种文件和表格,物业公司应事先将需要提供给业主的资料放在资料袋中,这样可以有效地避免因现场忙乱而发生分发错误,也能体现物业公司的周到服务
协助业主办理手续	业主签到后,由接待组负责接待业主并完成文件签约、收费、咨询、讲解等工作;在业主签署文件时,物业公司负责收集和复印业主的有效证件及公司法人委托书等,根据业主房产资料,财务组准备好每户应缴纳费用的清单,以便接待组根据清单直接告知业主
答疑解惑	业主如有疑问,接待人员应将其带到专门的咨询组办公场地,以免对其他业主造成影响;如果业主有异议而接待人员无法解决,则由上一级主管人员负责接待,对极个别拒绝签署文件的业主,物业公司应视具体情况处理

四、业主入住的常用文件

入住文件是指业主办理入住手续时需阅读和签订的相关文件,如入住通知书、入住手续书、收楼须知、缴款通知书等。这些文件一般都由物业公司负责拟订,以开发商和物业公司的名义在业主办理入住手续前发给业主,具体如表5-2所示。

表5-2 业主入住的常用文件

手续文件	文件具体内容
入住通知书	物业公司在物业验收合格后通知业主准予入住,可以办理入住手续的文件
入住手续说明	物业公司为已具备入住条件的楼宇编制的说明具体入住手续的文件,其作用是让业主提前知晓入住手续办理流程,使整个过程井然有序,业主每办完一项手续,有关部门都会在入住手续书上确认签字、盖章
收楼须知	物业公司告知业主收楼时应注意的事项、收楼的程序,以及办理入住手续时应该携带的证件、资料的文件
缴款通知书	物业公司通知业主在办理入住手续时应缴纳的款项及具体金额的文件
验房书	物业公司为方便业主对房屋进行验收,督促开发商及时整改问题,避免互相扯皮,使问题能得到及时解决而编制的文件
楼宇交接书	业主确认可以接收所购楼宇后,与开发商签订的楼宇接收的书面文件,证明开发商及时提供了符合合同规定的合格房屋,为开发商按合同收缴欠款提供了法律依据,同时交接书也强调了开发商按合同约定对房屋承担的保修义务
业主登记表	物业公司为了便于日后及时与业主联系,提高管理和服务的效率与质量而编制的文件
业主手册和业主(临时)公约	业主手册一般要说明物业的概况、管理机构的权利和义务、管理区域内的各项管理规定,以及物业公司各机构及部门的职责分工等,在业主办理入住时发给业主,以便业主更好地了解物业,了解物业公司对物业管理的相关规定;业主(临时)公约是由物业公司拟订的,由业主和物业公司共同签署,用来约束双方行为的具有合约和协议性质的文件

五、业主迁出的管理工作

业主如需迁出物业辖区,必须按规定程序办理相应的手续。业主迁出时只有持有书面许可证,保安人员才可放行。物业经理应明确业主迁出程序,以便业主办理相关手续,具体内容如下。

(1) 业主应提前向物业客服申请办理迁出手续,填写业主迁出申请,业主退租操作单、业主迁出调查问卷(自愿填写),并将信箱、门等的钥匙交给物业客服。

(2) 财务部接到客服发出的业主变动通知后,核查业主迁出前的缴费情况,根据业主在退租操作单上填写的缴费日期收取物业管理费、电费等。

(3) 物业相关部门接到业主变动通知后,到业主室内进行安全设施检查。

(4) 业主应在业主退租操作单上填写联系人、联系电话。工程部根据业主申请安检的日期,到业主房屋进行安全设施检查,并将安检结果报告交给物业客服。

(5) 安检合格后,物业客服填写室内安全设施检查合格通知书,附安检结果报告、安检申请书呈报物业经理盖章。之后,物业客服将合格通知书原件、安检结果报告复印件交予业主,将合格通知书复印件、安检结果报告原件和室内设施安全检查申请书存入业主档案。

(6) 若安检不合格,物业客服填写室内安全设施检查不合格通知书,附安检不合格结果报告、安检申请书呈报物业经理盖章。之后,物业客服将不合格通知书原件附安检结果报告复印件交予业主整改,将不合格通知书复印件、安检结果不合格报告原件和室内设施安全检查申请书独立存档。

(7) 办理迁出放行条,确认业主可以迁出后,填写大件物品放行条,并询问业主是否需要使用专用货梯。

任务二 装修管理

学习准备

查阅资料,了解装修管理的过程与内容。

相关知识

一、装修管理规范化的必要性

物业接管验收、交付使用后,业主(或用户)办理完入住手续后,在正式入住前可能会对所购(租赁)物业进行分隔、装修、布置等。对于开发商出售的精装修房,新用户也可能要将原来的装修拆除,按自己的意愿重新装修。

目前,违章装修的现象随处可见:有的破坏了主体结构;有的推倒了承重墙;有的在墙上打孔打到邻居家;有的凿地面忽视限度,导致往楼下渗(漏)水;有的随意扩大居住使用面积;有的为了增加可出租房屋数量而随意分隔房屋,甚至改变厨房、卫生间、洗手间的用途;等等。这些违章装修不仅给建筑物造成了损害,还增加了消防隐患。

物业的装修管理是日常物业管理的重要内容之一,也是难题之一。为了保障楼宇安全、公共设施的正常使用及房屋外观的统一美观,为了全体业主的共同利益,物业公司必须规范装修行为,加强装修管理工作,为业主提供装修方面的疑难解答,做好装修的审批把关工作,安排好装修现场的监督检查,申明装修过程中的注意事项,落实装修责任,配合有关部门做好装修的验收工作。在装修管理过程中,对违章装修要防微杜渐,既要做到有据有理,坚持原则,又要尽量做好劝告说服工作,对业主晓之以理,动之以情,尽可能地减少与业主之间的矛盾。

二、业主装修申请与审批

1. 业主提出装修申请

业主进行室内装修改造前,应提前准备好相关资料,例如装修施工图纸和施工方案等,及时向物业公司提出申请,并填写装修申请表,报物业经理审批。业主及施工单位应在装修申请表上签字盖章,物业经理负责对业主的申请进行审批,并发放物业辖区房屋装修管理规定及其他相关资料。

业主装修所需准备的材料和注意事项如下。

(1) 业主办理装修,装修单位须提供营业执照复印件(加盖公章)和承建资格证书复印件(加盖公章)。如果代收装修税费,还须提供业主与装修单位签订的装修合同复印件。非业主申请装修的,须提供业主同意装修的书面证明。

(2) 装修施工图纸和施工方案。如果更改原有水电线路,须提供水电线路图。

(3) 装修单位负责人的身份证复印件、照片、联系电话。

(4) 施工人员的身份证复印件、照片。

(5) 如果改变建筑物主体或承重结构、超过设计标准或规范增加楼面荷载,须提交建筑物原设计单位或具有相应资质的设计单位提出的设计方案,非住宅用途房屋还须提交政府相关部门的施工许可证。

(6) 如果搭建建筑物、改变住宅外立面等,须经城市规划行政主管部门批准,报物业公司备案,并经业主大会或业主委员会同意后方可搭建。

(7) 如果是铺地板、墙壁表面粉刷、贴墙纸等简单装修,可不提供装修单位的承建资格证书及施工图纸。

2. 装修申请审批管理服务

物业接管验收、交付使用及业主办理完入住手续后,业主在正式入住前如果需要进行装修的,则要按照《住宅室内装饰装修管理办法》(建设部令第110号)和物业服务企业的住户装修管理规定进行。按照规定,业主在装修前必须向物业客户服务中心提交装修申请,只有装修申请获得批准后业主才可以动工装修。物业客户服务中心应该做好以下服务工作。

1) 接受业主的装修咨询,要求业主备齐相关资料

业主在办理入住手续时就可以向物业客服中心咨询相关装修问题,物业客服中心可以提供一套有助于业主制订装修方案的有关建筑细节和设计标准的平面图及示意图。平面图及示意图应包括施工区域的平面图、喷淋灭火系统的布局图、供电系统示意图,以及各种管道、排水、通风与空调、电信、消防和警报系统的连接点图,告知业主在办理装手续时需备齐的相关资料,这些资料由业主和装修企业分别准备和提供,一般包括物业有权证明、装修设计图纸、装修施工单位资质复印件、施工人员身份证复印件和1寸照片,以及其他法规规定的相关内容。非业主使用人对物业进行装修时,还应当取得业主书面同意。

2) 指导业主填写装修申请表

业主到物业客服中心填写装修申请表,物业客服中心人员应指导其逐项填写,各项申请要求应明确无误,涉及专业部门,如水、电、气等,建筑结构,消防等项目的应写明地点、位置或改变的程度及尺寸等详细数据和资料,必要时还应附上相关图片资料等。

3) 认真核查业主装修申请

依业主所提交的装修申请,指派工程部专业员工确认与核实原建筑情况。一般来说,应根据各项法规,特别是应严格按照《住宅室内装饰装修管理办法》的相关规定进行装修申请的核查,对图纸和项目作出认真细致的审核,并在规定的工作日(一般为3个工作日)内予以答复,作出装修要求批示。超出操作范围的,报上级主管部门并在规定工作日(一般为3个工作日)内予以答复。

4) 为业主办理装修开工的手续

通过装修申请审核的业主和装修企业,到物业客服中心办理装修手续,并按有关规定缴纳装修保证金(或称装修押金,用于保证装修企业严格遵守一切装修规定。装修中造成的任何损坏,将从装修保证金中扣除。装修完工并经验收合格后,装修保证金将于3个月内无息退还)、装修许可证和出入证工本费、装修垃圾清运费。物业客户服务中心人员为装修企业办理装修许可证、施工人员出入证,与装修企业签订安全责任书,与业主签订装修管理协议。业主及装修施工单位在装修施工期间应将装修许可证张贴在所申请装修房屋户门外。如果在装修中需要动用明火的,还需办理动用明火许可证。此外,在办理装修开工手续的同时,应做好装修登记工作,填写施工人员登记表。装修手续办理完成后,物业服务企业派人到施工现场张贴业主的装修公告,装修公告应注明装修工期等事宜,同时对周围住户致歉。

此外,由于装修安全隐患较多,物业服务企业应当从细微处考虑,做好各项安全工作。例如,为准备装修的单元备齐灭火器等消防器材,以防不测。为防止装修施工人员或装修企业不按要求办理,还应该加强装修施工期间的监督检查工作。

三、装修跟踪、竣工验收管理服务

1. 装修跟踪管理服务

物业服务企业应组织专业的技术服务队伍,主要是在业主装修过程中提供现场帮助

并就装修过程中的技术问题进行回复。同时,对装修现场进行跟踪管理。

装修现场的跟踪管理是装修管理的关键,装修施工期间需要特别注意施工时间、材料的进出、施工要求、垃圾清运时间、公共环境保洁的跟踪管理。安排专人对装修规定项目、消防安全和用电安全进行定时和不定时的巡查,尽早纠正施工方的违章施工。

装修现场的跟踪管理服务,主要包括以下工作。

1) 控制作业时间、拆打时间

特别需要注意是否在休息时间还在拆打,避免影响其他业主。一般装修作业时间为 8:00—12:00 和 14:00—18:00,拆打时间为 8:30—11:30 和 14:30—17:30,根据季节不同时间应有所调整。为保障其他业主的休息和正常生产、生活秩序,节假日原则上不允许装修。特殊情况需要装修的,应视具体情况相应缩短装修时间。

2) 装修项目检查

检查装修项目是否为审核过的项目,如果发现新增项目,需指导用户及时申报。监督装修公司按批准的设计图纸施工,防止装修公司更改原有的设计,造成对楼宇结构、设施的损害。业主和装修公司不可擅自改变房屋的柱、梁、板、承重墙、屋面防水隔热层、电路、上下管线等。严禁随意刨、凿楼地面等行为。新砌隔墙应使用轻质材料,不可擅自用红砖、大理石及超厚超重材料进行装修。不能擅自封闭或改变阳台用途。不能擅自改变原有门窗规格及墙面装饰。安装大型耗电电器应先经申报同意。公共空间及室外装修应统一要求,如空调室外机、室外机排水、阳台栏杆应统一要求,低层住户装修时不得在阳台违章搭建等。对于超出规定或超出管理范围的,物业服务企业要给予一定的指引,未经管理处同意,业主和装修公司不得随意改动水、电管线走向。例如,燃气管改道需报燃气公司审批,并由专业队伍施工等。

3) 对装修施工人员的出入进行严格控制

装修工人的来源有极大的不确定性,施工过程中的自我约束不足,会影响到物业的治安稳定。因此,要加强对装修施工人员的管理,严格管理施工人员的出入,杜绝物业装修期间的不安全问题和无序化状态。检查装修施工人员的现场操作是否如实申报,是否办理了施工证,是否佩戴施工出入证且凭证出入,只允许其在指定区域活动,所有施工出入证均应于装修完毕交回物业服务企业。禁止装修施工人员吸烟、点火或储存易燃物;禁止在公共区域发出噪声、衣衫不整、赌博及酗酒;禁止在施工单元或公共区域大小便,只能使用指定的卫生间;禁止向马桶内倒垃圾等。

4) 对装修材料和设备的出入及堆放进行控制

装修材料和设备是容易造成装修违章的重要因素。装修管理中以下几方面必须加强控制和管理:核对是否为审批同意的材料;核对是否符合相关规定。对于有特别要求的材料设备,必须按照规定办理相应手续,例如电焊机,应要求施工队办理动用明火审批手续。运货车辆在指定卸货区卸下货物或装修材料后应立刻开走,装卸货物和运输货物均应遵照物业服务企业指定的时间和路线,并听从管理员的指挥。高层业主(住户)装修使用电梯不得与他人争先,散装物品必须进行袋装处理;装卸或运输超重、超长及易损坏电梯的建材、工具等物品,必须走安全通道。如果对任何公共设施如天花板、地板、墙身、电梯等造成损坏,物业公司应安排修补,一切修补费用将在装修押金中扣除等。

5）施工现场是否配备防火设备,各种操作是否符合安全要求

控制装修公司动用明火的操作,施工现场不准吸烟。除按规定在施工现场配置消防器材外,还应有专人负责防火安全。

6）垃圾处理是否得当

装修垃圾是装修管理中的一个重要内容,其对物业环境、业主或非业主使用人的工作、生活有着极大的影响,甚至会产生环保、安全等方面的隐患。因此,装修垃圾必须及时袋装清运。其中,废弃木材类应用绳全部扎成捆,堆放到指定地点,并按有关规定缴纳建筑垃圾清运费。搬运沙石、铲除废物及小物件时,要有完好包装,不能在搬运途中随地掉漏,砖石块与木材不分流者、装修垃圾不袋装者,不得出装修区域,不得堆入堆放场地。严禁向窗外抛洒及在阳台、楼梯、过道、天台等公共场所堆放装修垃圾;严禁将装修垃圾倒入下水道或将生活污水倒入雨水管道,若造成排水系统堵塞,装修公司需承担所有责任。

7）阻止不合时宜的有强烈声响和刺激性气味的装修工作

阻止装修公司不合时宜地进行有强烈声响和刺激性气味的工作,以免影响其他业主或非业主使用人正常工作、生活。

8）违规整改及赔偿

装修责任应予以明确,凡超出规定的装修行为均属违章装修,应依照法规处理。凡因装修施工损坏公共设施、设备及共用部位或给他人财物造成损失的,由装修户承担全部责任及后果。因装修施工造成管道堵塞、漏水、停电等情况的,装修户应负责修复(或承担修复费用),并视情况予以必要的赔偿。因装修施工引起报修的,装修户应承担全部维修费用。在共用部位可允许且不影响他人的范围内,和泥沙应在铁板或厚胶合板上实施,违者必须修复损害部位,并向物业服务企业缴纳修复费用和罚款。

根据装修管理规定,可以通过三方(管理处、装修人、装修企业)约定的方式,针对不同的情况采取相应的处理方法。

(1)违章装修。装修企业为第一责任人,装修人为第二责任人,二者对违章装修负有共同责任。

(2)申报。凡未申报登记擅自开工的,或者在申报登记时提供虚假资料的,责令改正,补办手续。

(3)违反结构规定。影响建筑物结构或使用安全进行装修的,应由装修人和装修企业限期改正,造成损害的,装修人与装修企业承担连带赔偿责任。

(4)违反技术规定。不按照相关部门的技术要求进行装修的,由装修人、装修企业改正。

(5)燃气设施。违反规定擅自改动、暗藏燃气管道设施的,由装修人、装修企业改正。

(6)灭火设施。装修施工现场未按规定配备消防灭火器的,由装修人改正,拒不改正的报消防部门处理。

(7)时间。不按规定遵守装修时间限制的,责令装修人、装修企业改正。

(8)垃圾处理。违反规定违章堆放、清运装修垃圾的,由装修人、装修企业改正。

(9)对违章装修,管理处有权依情节轻重对责任人作出如下处理:责成限期修复、责令停工。管理处有权依协议相关条款扣缴装修企业缴纳的押金,以赔偿(公共管理利益)

经济损失,不足部分再从装修人缴纳的押金中扣缴,如仍然不足,则由装修人一方承担。对违章装修情节特别严重的,在小区中予以公示,取消该装修企业在小区的装修资格,并遵循法律途径追究当事人的责任。

(10) 执行保证。为减少违章现象,督促业主阅读、理解装修管理规定,并在装修时分清相互间的责任,装修人、装修企业及管理处三方均应在装修管理规定协议上签字。

2. 装修验收

装修工程完工后,业主应书面通知物业公司验收。物业公司工程部组织相关人员进行验收,针对初验中提出的问题进行逐项查验。对于初验合格后增加了装修项目的业主,无违章装修的,须补办申请;有违章装修的,按管理规定中的装修违章处理条款进行处理,并立即停止对该装修户的验收,直至整改完毕后再进行正式验收。

3. 验收后事务处理

(1) 正式验收合格后,物业公司负责收回各类施工人员的装修出入证,遗失证件的要扣除证件押金。

(2) 正式验收合格后,在装修验收表内登记验收情况,签署验收人姓名及日期,并在业主装修押金的收据上签署装修验收合格意见。

(3) 装修单位在正式验收合格的当日进行清场。

(4) 正式验收合格后三个月内如未出现结构和安全问题,用户和装修单位可凭已签署验收合格意见的收据到物业公司财务部办理装修施工单位装修押金及水、电押金的退款事宜。

项目六　客户服务管理

学习目标

（1）了解服务、物业服务的含义，以及物业服务的特点与构成。
（2）掌握营造物业社区文化氛围的方法，熟悉社区文化活动的主要内容。
（3）掌握处理客户投诉的原则、方法及技巧。
（4）了解并掌握客户满意度调查的含义、方法及重要性。

素质目标

（1）培养学生"顾客就是上帝"的意识。
（2）培养学生注重文化建设的思想。

能力目标

（1）实践中能够做好客户接待、咨询和投诉工作，与客户保持长期、良好的联系。
（2）能够设计出合格的客户满意度调查表。

任务一　物业客户服务理念

学习准备

了解物业客户服务的具体内容。

相关知识

一、物业服务的内涵

1. 物业服务的含义

物业管理的实质是一种服务，物业服务企业的经营活动就是为物业所有人或使用人提供高标准、高质量的服务，将管理和经营融入服务中。那么，物业服务也就是物业服务企业根据与业主签订的物业服务合同为业主提供各项服务活动。物业管理的活动对象是各种各样的物业,其服务对象则是业主或非业主使用人。与传统的物业管理不同,现代物业服务为业主或非业主使用人提供的是全方位、多功能、综合性的经营管理服务,服务内容相当广泛,不仅包含房屋设施设备的维修与养护、环境卫生与安全等这些常规性的公共服务,还包括为业主或非业主使用人提供的非公共性的延伸服务。

2. 物业服务的内容

1)常规性的公共服务

常规性的公共服务一般是指物业管理中最基本的管理工作,是物业管理区域中所有业主或非业主使用人都享受的,由物业服务企业提供的最基本的服务。常规性的公共服务主要有以下内容。

(1)房屋建筑主体的管理。这是为保持房屋完好、确保房屋使用功能正常而进行的管理与服务,包括房屋基本情况的掌握、房屋维修管理、房屋装修管理等。

(2)房屋设施设备管理。这是为保持房屋及其配套附属的各类设施设备的完好及正常使用而进行的管理与服务,包括各类设施设备基本情况的掌握、各类设施设备的日常运营及其保养维修等。

(3)环境卫生管理。这是为净化物业环境而进行的服务与管理,包括物业环境的日常清洁打扫、维护、垃圾的处理等服务工作。

(4)绿化管理。这是为美化物业环境而进行的服务与管理,包括物业整体环境的美化、草地和花木的养护服务等。

(5)治安管理。这是为维护物业管理区域中人们正常的工作与生活秩序而进行的专门的管理与服务,包括日常的安保、突发事件的预防与处理、监控系统的监控服务等。

(6)消防管理。这是为维护物业管理区域中人们正常的工作与生活而进行的消防管理与服务,包括火灾的预防及火灾发生时的处理与救助。

(7)车辆道路管理。这同样是为维护物业管理区域中人们正常的工作与生活秩序而进行的专门的管理与服务,包括车辆的保管、道路的管理、交通秩序的维护等。

(8)客户管理。这是为专门受理及接待业主和非业主物业使用人的投诉、咨询而进行的管理与服务工作。

2)非公共性的延伸服务

非公共性的延伸服务是物业公共性服务范围的延伸,是物业服务企业为满足物业区域内业主或非业主使用人更多、更高的需求,利用物业辅助设施或物业管理服务的有利条件而提供的公共性服务以外的服务,一般包括针对性的专项服务和委托性的特约服务,其目的是尽可能地满足业主或非业主使用人的需求。

(1)针对性的专项服务。针对性的专项服务是指物业服务企业为改善业主或非业主使用人的工作和生活条件,为满足他们的需要而提供的衣、食、住、用、教育、医疗等方面的服务。针对性的专项服务涉及千家万户,涉及人们日常生活的各个方面,内容繁多。物业服务企业应根据所管物业的基本情况和人们的需求,开展全方位、多层次的针对性的专项服务,并不断加以完善。

针对性的专项服务的内容一般有以下几个方面。

① 日常生活类服务。这是指物业服务企业提供的日常生活中衣、食、住、行等方面的

服务。

② 商业类服务。这是指物业服务企业提供的各种商业经营服务项目,例如饮食店、美容美发店、家用电器维修店等商业网点的设立与管理服务。

③ 文化、教育、卫生、体育类服务。这是指物业服务企业在文化、教育、卫生、体育等方面开展的各项服务活动。

④ 经纪、代理、中介类服务。这是指物业服务企业拓展的经纪、代理与中介服务工作,主要包括物业市场营销与租赁,房产评估、公证,以及其他中介代理服务。

⑤ 社会福利类服务。这是指物业服务企业提供的带有社会福利性质的各项服务,例如照顾孤寡老人、拥军优属等。这类服务一般以无偿的方式提供。

(2) 委托性的特约服务。委托性的特约服务是为满足物业产权人、使用人的个别需求并受其委托而提供的服务,这里的个别需求通常指物业服务合同中没有约定,在针对性的专项服务中也没有设立,而物业产权人、使用人又提出的需求。此时,物业服务企业往往在条件允许的情况下尽量满足其需求,签订特约服务合同,提供特约服务。

委托性的特约服务实际上是专项服务的补充和完善。当有较多的住户有某种需求时,物业服务企业可适时地将此项服务纳入专项服务项目。委托性的特约服务具有临时性、不固定性和选择性的特点。

物业服务企业在实施物业管理服务时,常规性的公共服务是最基本、最经常、最持久的服务,是必须做好的工作,也是物业服务水平的集中体现。同时,物业服务企业要根据自身条件和住户的需求,确定针对性的专项服务和委托性的特约服务内容,采取灵活多样的服务方式,体现"以人为本"的服务核心,并不断拓展非公共性的延伸服务的深度和广度。

二、客户服务管理

1. 客户服务的概念

客户服务是指一种以客户为导向的价值观,它整合预先设定的最优成本—服务组合中的客户方面的所有要素。一般而言,任何能提高客户满意度的内容都属于客户服务。它是了解和创造客户需求,以实现客户满意为目的的企业全员、全过程参与的一种经营行为和管理方式。

客户服务的核心理念是企业全部的经营活动者都要从满足客户的需要出发,以提供满足客户需要的产品或服务作为企业的责任和义务,以客户满意作为企业的经营目的。

2. 客户服务的基本内容和要求

1) 基本内容

(1) 客户永远是对的。在企业为客户服务的过程中,自然应该以被服务者的需要和意志为转移,因此企业不应该挑剔个别客户的不当言行举止,更不能因此影响对客户整体的态度。当然,并不是客户的任何意见甚至无理的要求都必须予以满足。

(2) 视客户为亲友。企业与客户之间也存在相互支持、相互信赖、相互促进的非金钱关系,把客户视为亲友,更有利于开展服务。

（3）把客户视为企业的主宰。企业要尊重客户的权利，认真履行自己应尽的责任，在服务过程中要尊重客户的隐私权、知情权、选择权、监督权、赔偿权等。

（4）强化现代服务理念，提升服务水平。理念支配人的行为，服务理念决定着企业的服务特色和服务品位。企业要强化现代服务理念，不断提升服务水平。

（5）正确处理好服务与经营的关系。企业要解决"重经营、轻服务"的做法，改变"经营效益是硬指标、服务是软指标"的片面认识。

2）基本要求

要做一名合格的客户服务人员，必须满足以下基本要求。

（1）心理素质要求，具体内容如下。

① 处变不惊的应变力。所谓应变力，是指对一些突发事件的有效处理能力。客户服务人员每天都会面对不同的客户，有时在遇到一些蛮不讲理的客户时，缺乏经验的客户服务人员就会不知所措，而经验丰富的客户服务人员就能有条不紊地处理突发事件。这是由于资深的客户服务人员具备一定的应变力，特别是在处理客户恶意投诉的时候，能够处变不惊。

② 承受挫折和打击的能力。客户服务人员有可能遭受挫折和打击。例如，被客户误解。很多客户服务人员每天都要面对客户各种各样的误解。对此，客户服务人员需要具有一定的承受能力。

③ 情绪的自我掌控及调节能力。情绪的自我掌控及调节能力是指管理和调整自身情绪的能力。例如，你每天需要接待大量的客户，但是对于客户来说，你永远是他的第一个客服人员，即使遇到令人不愉快的客户，也要迅速调整情绪。特别是一些客户服务呼叫中心的在线服务人员，每天受理大量的投诉和咨询，需要对每一个客户都保持同样的热情，一旦出现差错或与客户发生争执，就很难以最佳状态面对后续的客户。因此，客户服务人员要有良好的情绪自我掌控及调节能力。

④ 满负荷情感付出的支持能力。客户服务人员需要为每一个客户提供优质、周到的服务，付出同样饱满的热情。但是每个人的这种满负荷情感的支持能力是不同的。一般来说，工作越久的客户服务人员，满负荷情感付出的支持能力就越强。

⑤ 积极进取和永不言败的良好心态。客户服务人员需要在工作中不断地调整自己的心态，遇到困难和挫折不能轻言放弃。这和团队的氛围有密切的关系，如果整个客户服务团队是一个积极向上的集体，员工在良好的团队氛围中，就能很自然地化解心中的不愉快。如果没有好的团队氛围，就需要员工自己去慢慢化解。

（2）品格素质要求，具体内容如下。

① 忍耐与宽容是客户服务人员的美德。忍耐与宽容是面对无理客户的法宝。客户服务人员需要有包容心，要包容和理解客户。真正的客户服务是根据客户本人的喜好提供令其满意的服务。由于客户的性格不同，人生观、世界观、价值观也不同，这就要求客户服务人员要有很强的包容心，站在客户的角度，包容客户的行为。

② 不要轻易承诺，说到就要做到。对于客户服务人员，通常很多企业都有明确要求：不要轻易承诺，说到就要做到。客户服务人员不要轻易向客户承诺，否则会给自己的工作造成被动。但是一旦承诺，客户服务人员就必须尽力兑现自己的诺言。

③ 勇于承担责任。客户服务人员需要经常承担各种各样的责任,当出现问题时,同事之间不能相互推卸责任。客户服务是一个企业的服务窗口,所有客户服务人员都应该尽力化解企业与客户的矛盾。

④ 拥有博爱之心,真诚对待每一位客户。博爱之心是指要达到"我为人人,人人为我"的思想境界,能够做到这一点的人不太多。

⑤ 谦虚是做好客户服务工作的要素之一。拥有一颗谦虚之心是人的美德。客户服务人员需要有很强的专业知识,在很多时候要克服自负心理,不要认为客户说的都是外行话。特别是对于维修人员来说,谦虚更为重要。

⑥ 强烈的集体荣誉感。客户服务强调的是一种团队精神。企业的客户服务人员需要互相协作,必须具有团队精神。人们常说某个球队特别有团结精神、凝聚力,这主要是指每一个球员在赛场上不是为自己进球,他所做的一切都是为了全队获胜。客户服务人员也是一样,团队中的每个人所做的一切不是为了表现自己,而是为了把整个企业客户服务工作做好。

(3) 技能素质要求,基本内容如下。

① 良好的语言表达能力。良好的语言表达能力是与客户沟通的必要技能和技巧。

② 丰富的行业知识及经验。丰富的行业知识及经验是解决客户问题的必备要素。不管从事哪个行业,从业者都需要具备专业的知识和经验。客户服务人员不仅要能够与客户沟通,还要能够解释客户提出的相关问题,受到客户信赖,客户最希望得到的是服务人员的专业帮助。因此,客户服务人员要具备丰富的行业知识和经验。

③ 熟练的专业技能。熟练的专业技能是客户服务人员的必备素质。每个企业的客户服务人员都需要学习并熟练掌握多方面的专业技能。

④ 优雅的形体语言表达技巧。优雅的形体语言表达技巧是体现客户服务人员专业素质的重要方面。一个人的内在气质会通过外在形象表现出来,因此优雅的形体语言表达技巧能够彰显一个人的专业形象。无论是言行举止还是神态表情,都能够表现出一个人是否具备专业的客户服务素养。

⑤ 思维敏捷,具备对客户心理活动的洞察力。对客户心理活动的洞察力是做好客户服务工作的关键因素。因此,客户服务人员需要具备这方面的技巧。思维敏捷,具备对客户的观察力,洞察顾客的心理活动,这是对客户服务人员技能素质的基本要求。

⑥ 良好的人际关系沟通能力。客户服务人员具备良好的人际关系沟通能力,可以使客户服务人员与客户的交往更加顺畅。

⑦ 专业的客户服务电话接听技巧。客户服务电话接听技巧是客户服务人员需要掌握的另一项重要技能。他们必须能够熟练地运用这些技巧来处理客户的咨询和问题。

⑧ 良好的倾听能力。良好的倾听能力是实现与客户顺畅沟通的必要保障。

(4) 综合素质要求,具体内容如下。

① "客户至上"的服务观念。"专业、细致、周到"的服务要始终贯穿于客户服务工作过程中,客户服务人员要具备"客户至上"的服务观念。

② 独立处理工作的能力。一般来说,企业都要求客户服务人员能够独当一面,即客户服务人员能独立地处理在客户服务中遇到的棘手问题。

③ 各种问题的分析解决能力。优秀的客户服务人员不但要做好客户服务工作,还要善于思考、提出合理化建议,具备分析解决问题的能力,能够帮助客户解决实际问题。

④ 人际关系的协调能力。优秀的客户服务人员还要善于协调同事之间的关系,以提高工作效率。人际关系的协调能力是指在客户服务部门中,如何与同事建立良好的关系。如果同事之间存在紧张、不愉快的关系,将直接影响客户服务的工作效果。

三、物业客户服务

1. 物业客户服务的概念与构成

物业客户服务是指物业服务企业为提高服务质量,与业主之间的相互活动。物业服务企业是营利性企业,与其他服务性企业一样,需要凭借对业主的服务获取其满意度和忠诚度,以此来获得报酬,实现自己的营利目的。因此,物业服务企业必须做好自身的服务工作,树立以业主需求为导向、努力实现业主客户价值的服务理念,努力为业主提供优质、满意的服务,实现满足业主的需求、提高业主的满意度和忠诚度、在与业主的双向互动中取得业主对物业服务企业的认可和信任的最终目标。

物业客户服务体系由物业客户服务主体、客体和服务环境三个要素构成。

(1) 主体。主体是指直接参与或直接影响服务交换的各类行为主体,包括供给主体、需求主体、协调主体三类。其中,具有国家规定的物业服务资质的物业服务企业和专业的服务企业(如绿化公司、保安公司和清洁公司等)是供给主体;业主或非业主使用人或房地产开发企业是需求主体;政府行政主管部门和物业管理协会等是协调主体。

(2) 客体。客体是指用于交换或出售的对象。物业服务的客体就是各项物业服务。

(3) 服务环境。服务环境是指服务交换赖以进行的各类法律法规和社会制度。例如,与物业服务相关的各类法律法规,包括宪法、民法典、公司法等;与物业服务有关的具体的法规、政策,包括物业管理条例、物业服务收费办法、业主大会议事规则等。上述各种法律法规共同制约着物业服务的具体交换行为。

2. 物业客户服务管理

物业服务不同于其他类型服务,客户对其的切身感受和满意程度直接决定了物业服务企业的生存与发展,由此决定了物业服务企业必须下功夫研究客户对物业客户服务的感受和意见,了解客户的需求,并有针对性地提升和改善自身的管理与服务水平。

首先,在物业项目规划设计之初就应本着建筑文化与人文精神内涵和谐与统一的宗旨,不但要为客户提供一个设计合理、质量优良的室内空间,而且应为客户提供一个环境优美、自然、亲和的外部空间。

其次,在日常管理上,秉承"以人为本"的物业服务理念,这取决于物业服务的提供者对物业服务的定位及对"以人为本"内涵深度与广度的挖掘。因此,物业服务企业应努力研究不同客户的服务需求和心理诉求,不断更新与深化服务内容,提高服务水平与服务质量,这样才能使物业管理服务内容更加贴近客户。

最后,努力实现物业服务与管理的高度统一。没有任何一个行业像物业管理服务行业这样把管理和服务结合得如此紧密,没有优质服务的管理不能称为物业管理。对于客户来说,缴纳了物业服务费就要享受到满意的服务,物业服务企业应该完全满足客户的要求;对于物业服务企业来说,收取了物业服务费就必须具备相应的服务水平及服务质量。归根结底,"物业"看似管理,其实质却是服务,两者高度统一。

由此可见,物业服务企业在日常生活中对客户的作用就是提供服务,物业服务企业必须把服务作为管理的重要内容,同时把管理作为服务的有效手段。物业管理的满意与否,客户服务质量的优劣,直接影响到物业服务企业的经济效益与社会效益。

3. 客户服务在物业服务企业中的作用

客户服务贯穿物业管理服务全部的工作,是物业服务企业的"生命线"。客户服务在物业管理服务中的作用主要体现在以下几个方面。

(1) 客户服务的好坏影响客户对物业管理的满意程度。客户服务质量不仅是物业服务企业自我考核的一项重要指标,也是决定客户是否满意的关键因素。如果物业服务企业的服务水平高,那么它就会得到广大客户的积极支持;相反,就可能无法得到客户的认可,轻则导致客户拒缴物业管理费,重则可能更换物业服务企业。

(2) 客户服务的好坏影响物业服务企业的经济效益。物业管理服务是市场经济的产物,物业服务企业实行的是"自主经营、自负盈亏、独立核算、自我发展"的运行机制,其收入主要来源于向广大客户收取的物业管理费用。物业服务企业在保质保量完成客户服务工作的同时,还要积极贯彻"想客户之所想、急客户之所急"的服务精神,全方位、多层次地开展各类满足客户日常所需的服务。这样,物业服务企业才能实现经济效益最大化。

(3) 客户服务的好坏影响物业服务企业的形象。目前,客户服务的内容和方式呈现出多样化的趋势,满足客户高标准、多变化、快速扩展的服务需求,已经成为国内外评定高品质物业管理服务的一个重要标准。各个物业服务企业只有建立"以客户服务为中心"的管理模式与服务理念,才能最大限度地提升服务水平,树立自身良好的企业形象,在竞争激烈的物业服务行业中立于不败之地。

任务二 日常物业客户服务

学习准备

查阅资料,了解日常物业客户服务包含的具体内容。

相关知识

一、接待问询服务

接待服务是物业客户服务中心日常服务的主要工作。从接待形式来看,包括接待来电、来访。随着各种通信方式的发展,还包括传真、电子邮件、网络等接待服务。从接待对象来看,接待对象多样,包括业主或非业主使用人、施工队、居委会、业主委员会、潜在的租户等,任何群体或个人都有可能成为物业客户服务中心提供接待服务的对象。从接待内容来看,主要是日常的问询服务、报修服务、各种手续的办理服务、缴费服务、投诉等,服务内容多样化,这就要求客户服务人员不仅要熟悉物业的各种信息,掌握各种服务的流程,同时要能够熟练运用服务技巧,为来访、来电对象提供满意、优质的接待服务。

　　物业管理服务中的问询服务主要是指物业客户服务人员针对询问者提出的疑难问题或情况进行帮助或解答。问询服务是物业客服中心最基本的服务内容,在日常服务中占据了相当大的比例。在接待问询服务过程中,作为物业客服人员,首先要熟悉各类问询内容。例如,小区物业的客户服务人员应熟悉小区内各楼栋、各个楼层、物业公司内部各职能部门办公室的位置及电话,熟悉本公司的名称和电话号码,掌握附近交通设施、商业配套方面的情况,熟悉各种设施、服务项目的营业时间和收费标准,能够准确解答询问者提出的各类问题。此外,还要熟练地运用各种服务技巧,做到礼貌服务、微笑服务、周到服务,力求使业主或非业主使用人等问询者满意,给他们留下美好印象。

　　随着物业服务行业的不断发展,越来越多的物业服务企业认识到客户关系管理的重要性,重视客户服务水平的提高,在服务模式上不断创新。例如,物业服务企业建立的"首问责任制",即客户问到的第一位员工应帮助客户解答或者解决问题,力求使每一位客户都得到满意的答复。

　　首问责任制的基本原则如下。

　　(1) 客户首次问询的员工为第一责任者。

　　(2) 第一责任者对所接待的当事人要做到热情、耐心,对办理的业务、反映的问题或要求应认真做好记录。

　　(3) 当事人的问询或办事事项属于第一责任者分管职责范围的,并且能够一次办结的,必须一次办结;需要解答的问题,要耐心解答,不准推脱和误导。

　　(4) 对当事人的问询或办事事项不属于第一责任者职责范围的,第一责任者要认真登记,然后移交给相关部门。任何公司员工接到客户的询问或服务请求、问题投诉,无论是否属于自己的工作责任范围,都应礼貌回应,并将问题详细记录下来,能解答的及时解答清楚,需要反馈给其他部门的应及时反馈,不应让客户第二次来电或来访。

　　(5) 凡涉及单位重大事项的,第一责任者要立即向总经理汇报,以便妥善处理。第一责任者也有权先解决客户问题再提交工作联络单。

　　(6) 当第一责任者出现推诿、扯皮、不积极配合或态度蛮横等现象时,部门当事人应给予其批评教育和处分,情节严重的调离原工作岗位。

二、接待报修服务

　　除问询服务外,接待报修服务也是物业客服中心服务人员的重要服务内容。为业主提供维修服务是物业服务工作中的一个重点环节。当业主家中有物品、设施损坏时,业主一般情况下首先想到的是请物业服务企业帮忙维修。而物业服务企业所提供的维修服务质量,就成为业主评价其服务水平的重要指标之一。

客服人员在与业主沟通过程中要为后续的维修工作收集基本且准确的资料,并针对业主报修的内容,告知业主所提供的维修服务属于无偿还是有偿范围等,之后还要与工程部联系,为维修人员提供尽可能详细的情况,方便工程部派工。

1. 做好详细、准确的记录

业主报修时,客服人员必须做好详细且准确的记录,填写接待登记簿,包括地址、报修人姓名、联系电话、维修内容、预约时间等。在记录时,客服人员应主动向业主问询以上全部所需内容,即使有些业主因情况紧急而耐心不足,客服人员也应该尽量在最短的时间内问询到这些资料,避免因遗漏而给后续的维修工作造成不便。其间,客服人员应始终保持冷静的头脑与态度,保持声音、语气的平静,尤其是在业主报修的项目较紧急时,也不要受业主情绪的影响而造成工作上的失误,同时要注意安抚业主焦急的心理。

2. 日常报修处理的时间安排

对于业主日常报修处理的时间也要事先进行安排,一方面让维修人员有据可寻,另一方面将之公示出来,有利于获得业主的认可,减少业主的投诉。一般来说,时间安排可以参考以下几点。

(1)急修项目可 24 小时报修,并在接到报修后 1 小时内上门修理。

(2)一般项目应安排在 8:00—12:00、14:00—18:00 进行,并在接到报修一天内上门修理。

(3)对疑难维修项目,应尽快查看,并约定维修日期,如期完成,同时应及时到位,无拖拉、推诿现象。

(4)双休日和节假日维修安排应在 10:00—12:00、14:00—18:00 进行。

3. 区分维修内容的轻重缓急

在业主报修时,客服人员首先要根据实际情况判断业主所申报的维修项目是否应列为紧急项目。虽然有些项目无须马上处理而可以另外预约时间处理,但如果业主本身强烈要求马上处理,客服人员就要尊重业主的意愿,立即与工程部联系处理,尽量满足业主的要求。如果维修项目确实需要立即处理,例如家中水管破裂、夜晚开关熔丝烧断等,给业主的生活带来很大的不便甚至损害,客服人员则应立即与工程部联系处理,在最短的时间内为业主解决问题。另外,在紧急情况下,业主可能会因为事情的紧迫而无法在与客服人员沟通时表达清楚具体情况,这时客服人员应如前所述,始终保持冷静的心态和语气,并且应不断用语言安慰业主使之尽量平静下来,例如"别着急,慢慢说""别担心,我们会马上为您处理的"等。而在与业主沟通及做记录时,客服人员应尽量加快速度,节约宝贵的时间,这也是对业主的一种安慰。

4. 区分无偿维修与有偿维修

在物业服务企业为业主提供的维修服务项目中,有一些并不属于物业管理的责任范围,因此其维修材料、人工等成本费用需由业主承担。一般情况下,物业服务企业在接管物业时会在为业主提供的服务项目资料中标明哪些项目属于无偿服务,哪些项目需要业主另外付费。但在平时的工作中,业主可能会不记得无偿与有偿服务项目的分类,而有偿服务大部分都会出现在为业主维修家中物品、设施的服务项目中。因此,当有业主报修项目时,客服人员应判断是否属于有偿维修项目,如果是,则应该明确向业主说明相关规定与价格,得到业主的认可后,再商定维修的具体事宜。

此外,在与业主沟通过程中,往往会遇到业主不认可的情况,如果业主不了解相关的规定而对需承担的费用不能理解,或认为规定的价格过高而不予接受,此时客服人员不应因业主的不接受而中断甚至放弃与业主沟通,而应该拿出相关文字资料规定,耐心地向业主说明,直到业主认可或自行决定不接受物业服务企业的服务及价格。此环节中还会出现业主因不能接受所需承担的费用而态度不友好的情况,甚至责骂客服人员及物业公司,这时客服人员要尽量不与业主发生任何正面冲突,始终保持平静的心态,耐心地劝导业主,直到问题得到圆满解决。

5. 制定维修服务承诺

为了加强管理,提高服务质量,物业服务企业应制定维修服务承诺,并向全体业主公布维修时间。为避免服务承诺难以兑现,引起业主投诉,制定承诺应注意以下事项。

(1)根据实际情况公布,不公布不可控标准。例如,公开开始维修的时间,不公开完成维修的时间,可以采用"服务标准"等中性词。

(2)完全承诺有较大的风险,对于简单易行、费用较少的项目可采用完全承诺,如"保证维修效果,否则不收费"。对于一些费用较高的大型项目可只采用具体承诺,如"一般情况下,保证维修效果"。

(3)内部承诺与外部承诺相结合。规模小、人数较少的物业服务企业,如果对公开承诺没有把握,可在公司内部采取内部承诺,这样有助于提高内部服务质量,以积累一定的经验,为公开承诺做好准备。

(4)补救与补偿相结合。为了避免承诺不能兑现而导致业主不满的情况,可提供补救性服务,消除业主的不满情绪,以获得他们的信赖,避免事态扩大。补救性服务可以采取"以修代退"的方法,尽量用较小的代价挽回局面。例如,业主对维修质量不满意时,公司可以提供免费的再次维修等。

6. 电话报修

业主很多时候会以电话来访的方式向物业服务企业报修。在接待电话报修时,客服人员主要靠语言与业主进行沟通,此时应注意在向业主问询基本资料时语言表达要清晰,声音要保持温和,在倾听业主描述所需维修的内容时要全神贯注,避免让业主重复多次而引起业主反感。遇到需紧急维修的项目时,如前所述,也要记录清楚,并从语言上给业主以安慰和信心。

三、物业服务 App

随着网络技术的发展,信息化时代到来,物业服务 App 已成为地产、物业公司的增值点之一,各大物业服务企业开发各自的物业服务 App 管理平台,集合物业管理服务和物业经营项目,使得这一现代化的运营管理模式不仅给业主带来了更加便利的生活,也给物业公司带来新的营利增长点。

物业服务 App 是基于智能手机平台开发的创新物业服务平台,其整合了物业服务、信息通知、物业缴费、周边商铺、社区活动、社区养老、社区圈子等诸多生活信息及服务,为社区住户带来了便捷与实惠。

1. 物业服务 App 的优势

物业服务 App 的使用迎合了智能终端时代的消费需求,为传统的物业管理提供了科技支持,带给业主一种全新的体验,改变了长久以来对物业的固有印象,不再只是打扫卫生、修理水龙头等基础服务,提升了物业服务的品质和形象。

对业主来说,通过物业服务 App,服务全过程触手可及,服务速度看得见;问题描述简单,附上照片让问题直观化;收费明细全掌握,随时随地轻松查询;评价机制让物业更加注重服务质量。

对员工来说,通过物业服务 App,业主直接描述问题并拍照,问题清楚明了,不用再通过客服转述,减少了客服的工作量。业主信息直接反映在工单上,方便员工直接联系业主;不用为来往于客服前台和业主家中而头疼,工作效率提高。员工做的每一件事都可以被记录下来,工作更容易得到认可。

对企业来说,物业服务 App 给物业行业带来了新的机遇与变革,也是行业的大势所趋。它显著地减少了物业服务环节,节约了劳动力,降低了成本。通过建立与服务评价机制挂钩的绩效体系,让员工更加注重服务质量,服务水平稳步提高。此外,物业服务 App 还建立了公平、公正、公开的绩效考评体系,有效提高了员工的积极性。

2. 物业服务 App 的功能

(1) 社区服务功能。在传统的物业服务模式下,社区内部业主与物业公司沟通的渠道单一、效率低、信息量小,造成物业服务人员处理业主的反馈不够及时,不符合现代社会人们对信息交流的要求。如今这些问题在物业服务 App 的帮助下能够得到很好的解决。不仅如此,物业公司还可以通过物业服务 App 其他社区服务功能的应用,达到降低运营成本、提升服务品质、提高客户满意度的目的。

(2) 社交活动功能。物业服务 App 既给业主提供了一个沟通交流的平台,有助于拉近业主邻里之间的距离,打造和谐社区,也使物业服务企业能给业主提供更多、更及时的服务资讯,让双方的关系变得更加融洽。

(3) 社区商务功能。物业服务企业应做好社区物业管理与服务,熟悉并精通物业服务 App 的基础功能,赢得业主的信赖,促使业主愿意使用 App 并愿意进行消费。只有这样,该功能才能得以顺利开展。需要注意的是,社区商务功能要合理规划。物业公司立足社区、贴近居民,拥有广大居民的基本信息,各类商家也都希望借助物业服务企业的优势,直接联系终端客户。物业公司只要善于谋划,将客户所在小区周边的各类社会资源整合进来,并对其进行有效经营,实现一定的进驻量和交易规模,就可以为物业公司带来可观的收入。

3. 物业服务 App 的服务过程

物业服务 App 为业主提供了舒适安全、轻松方便、节约能源、随心所欲的生活环境,将行业资讯、房屋租赁、团购优惠、小区活动、特价房源推荐等便民信息一网打尽,为业主提供一站式安家生活服务。

4. 物业服务 App 的系统管理

(1) 业主信息管理。业主在注册过程中填写相关信息,客服中心通过业主填写的信息与历史数据进行核对,并及时更新信息,通过数据库建立业主信息电子档案。

(2)客服中心管理。客服中心设置专职人员负责物业服务App的运营维护工作,包括:信息管理员负责软件系统的管理、维护,信息的汇总、发送,业主档案资料的管理工作;客服专员负责服务热线接听、在线受理咨询、投诉处理、维修派工、服务回访工作。

(3)维修工管理。将各项目部维修工的个人信息和联系方式录入数据库,客服中心根据业主发送的报修信息在系统中选派对应的维修工,并将维修信息发送给维修工。

(4)物业管理员负责信息维护。客服中心物业管理员负责信息的维护工作。

(5)信息查询权限管理。业主通过软件平台发送的所有信息都将被储存进客服中心的数据库,物业服务企业可根据行政职级和职责设定不同员工的信息浏览权限。浏览权限设置如下。

① 公司领导层可以浏览所有信息,根据信息内容直接作出批示并部署相关工作。

② 相关部门(项目部)负责人可以浏览与自身职责相关的信息。

③ 客服中心工作人员可以浏览所有信息,但无法对信息进行人工筛选、过滤。

④ 业主可以通过软件平台浏览已发送信息的办理进度和客服中心的反馈信息。

任务三　社区文化服务

学习准备

收集社区文化建设的相关资料,了解社区文化的开展情况。

相关知识

一、开展社区文化建设的意义

社区文化是社区居民在特定区域长期实践中创造出来的物质财富与精神财富的总和。社区文化并非单纯指一些娱乐性的活动,而是一种整体性的社区氛围。社区文化对群体里的所有人均会产生影响,不但可以提高业主对社区的忠诚度,而且会增强潜在消费者的购买信心。

1. 社区文化建设的必要性

(1)社区文化建设是物业服务企业理应承担的社会责任。物业服务企业作为社区内的独立行为主体,也是社区文化建设的主要参与主体。社区文化建设是社区内所有主体的共同责任,物业服务企业也不例外。因此,社区文化建设是物业服务企业的一项重要责任。社区文化建设又是物业服务企业内生的责任,既要对自身发展负责,也要对社区发展负责,尤其要注重精神层次的文化发展。这也是物业服务企业必须主动将社区文化建设纳入企业文化建设规划范围的根本原因。

(2)物业服务企业关注社区文化建设的根本原因是市场需求。从我国多年物业市场的发展来看,在我国物业市场需求结构中,对物业管理的文化附加值的需求占很大比重。一方面,由于随着社会的发展、人民生活水平的提高,对文化生活的要求也越来越高;另一方面,也与物业服务企业在社区服务中的角色有关,使得业主对他们在社区文化建设抱有较高的期望。

(3) 物业服务企业在社区文化建设中的作用是能动的,而不是被动的。物业服务企业作为以自身利益为主的经济实体,为了实现自己的发展目标,必须发挥企业文化建设的主观能动性,促使企业文化和社区文化互动,发挥示范和主导作用,同时充分兼顾个性化的家庭文化、个人行为文化。同时,积极倡导社会、社区、企业、家庭、个人利益互惠,共建人类美好生存环境的主流文化,积极倡导经济利益、社会效益、生态优化的可持续发展意识,将物业服务企业的企业文化与社区文化的个性化需求有机结合。物业服务企业是社区文化的能动建设者,社区文化建设是物业服务企业的企业文化的重要组成部分。

2. 物业服务企业在社区文化建设中的角色定位

从整个社区的角度来看,物业服务企业只是社区内众多文化建设主体之一,企业文化、家庭文化、校园文化等都是社区文化的组成部分。从政府的角度来看,发展社区文化是促进社会政治、经济、文化良性互动发展的重要举措,而在社区文化发展上,物业服务企业作为一个文化建设主体,与分散的家庭相比,有着无可比拟的组织能力和经济实力,显然是一个十分重要的文化建设主体。从物业服务企业自身的发展需求来看,物业服务企业针对业主对社区文化的需要而加强社区文化建设,是对市场的积极、主动反应。物业服务企业加强企业文化在社区中的渗透力、辐射力,提高企业品牌知名度,是企业的经营发展策略。因此,企业文化是社区文化的重要组成部分,是公司品牌的深厚底蕴;社区文化是企业文化的重要载体,诱发性社区文化是企业文化的特殊表现形式。这样,物业服务企业准确把握自己的定位,就可以游刃有余地、恰当地处理企业文化建设与社区文化建设之间的关系。

社区文化工作,一是要将社区文化与物业服务基础业务紧密结合,使其为解决基础业务问题提供更多的支持性服务;二是通过社区文化的开展和创新,有利于营造和谐的社区居住氛围和共同的价值目标,增进业主对社区的认同感和归属感。通过在社区中渗透和传递企业文化及核心价值观,形成独具特色的群体凝聚力和共同的价值目标,进一步增强业主对社区的认同感和归属感。

二、营造物业社区文化氛围

社区文化应以人为核心,以环境为重点,体现出无处不在的文化氛围和对人的尊重与关怀,使人们一进入小区就能感受到舒适的人文环境和自由开放的文化气氛。完善良好的物业环境视觉系统、安全有序的交通管理、方便快捷的通信信息和物业服务人员的文明言行,这些映入眼帘的优美的文化载体,都是社区文化最重要和最基本的因素。营造物业社区文化氛围,应从下列三点考虑。

1. 环境文化

在物业社区环境方面,可以增加符合时代特色的装饰,结合客观环境,在社区范围内设置一些既能经得起风吹雨淋又具有科技含量和欣赏价值的艺术作品,以塑造高雅独特的文化氛围,或者在社区范围内设置文化宣传栏,宣传有关时事政治、环保知识、保健等业主感兴趣且能够提升文化素养、公德意识、责任感与自豪感的内容。每逢节假日,可以增加各类装饰物,让业主感受到节日的氛围。

2. 行为文化

行为文化也称活动文化,是社区成员在交往、娱乐、生活、学习、经营等过程中产生的,通常所说的社区文化大多是指这一类的社区文化活动。这些活动实际上反映了社区的风尚、精神面貌、人际关系范式等文化特征。例如,儿童节晚会、国庆节联欢会、广场交响音乐会、元旦舞会、重阳节文艺会演、趣味家庭运动会、游泳比赛、新春长跑等活动。

3. 制度文化

制度文化是与社区精神、社区价值观、社区理想等相适应的制度,这些制度对保障社区文化活动持久、健康地开展具有一定的约束力和控制力。制度文化可分为两大类,即物业公司的规章制度和社区的公共制度。两者都可以反映社区价值观、社区道德准则、社区生活准则等。例如,奖罚分明的制度可以体现社区的严谨风格,也可以体现社区的人性化特质等。

三、组织物业社区文化活动

物业服务企业可以组织各类社区文化活动,业主也可以自发开展活动,但活动需要得到物业服务企业的辅助和引导。

社区文化活动有两个部分:一是业主的户外活动,二是社区会所活动。业主的户外活动是指在户外举办的活动,物业服务企业可以在安全的前提下组织各类户外活动,如定期举办业主运动会、业主才艺表演等一系列社区文化活动。社区会所活动是以康乐为主要内容,为业主提供保健、休闲、娱乐、聚会等服务,如在室内举行健美比赛、棋类比赛、专题讲座、图书阅读活动等。建造社区会所的目的在于丰富小区业主的日常文化、体育活动,加强业主之间的沟通和联系,体现小区充满生机、蓬勃向上的生活气息,社区会所是业主娱乐休闲、交流的中心,也是他们业余生活中不可缺少的一部分。

1. 社区文化活动的主要内容

社区文化活动涉及一系列的活动计划、实施效果、相关管理制度、物业服务人员的服务精神、各项活动筹备人员的组织协调能力、业主的参与配合及对公益活动的热心程度等。根据活动形式、活动风格的不同,社区文化活动的内容一般可概括为以下五类。

1) 体育类

体育类社区文化活动的目的在于通过倡导体育健身精神,利用小区的各种资源,引导小区全体住户参与体育锻炼,进而形成积极、健康、活泼、向上的小区精神。体育类社区文化活动适合任何住宅小区,而且效果明显、影响面广。

(1) 成立各种体育俱乐部,定期组织训练、比赛。

球类:篮球、足球、排球、乒乓球、羽毛球、网球等活动。

棋类:围棋、象棋、跳棋、军棋等活动。

牌类:桥牌、扑克牌等活动。
游泳:游泳培训、游泳比赛等活动。
拳类:太极拳等活动。

(2) 以小区为单位,由物业服务企业每年至少组织一次大型体育活动比赛。

(3) 利用国内国际各种体育比赛时机进行体育锻炼宣传。例如,组织集体观看重要比赛、张贴宣传标语等,增强民众体育健身意识。

在社区文化建设中,物业服务一定要以人为本,只有以实际行动感染人,满足业主的合理要求,才能证明物业服务企业的工作是成功的。物业公司应当善于利用各种方式、各种渠道对物业管理服务工作进行宣传,使业主理解、认识物业服务工作,以利于更好地开展物业管理服务工作。

2) 文学类

文学类社区文化活动的定位比较高,主要是组织小区中素质较高的业主成立一些文学兴趣小组,在这些兴趣小组的带动下,举办各种文学活动,吸引业主前来参加,提高参加者的文学素养,最后形成富有特色的小区文化氛围。活动类型列举如下。

(1) 组织交换藏书、读书、朗诵、作家签名售书等活动。

(2) 组建文学写作兴趣小组,组织著名作家讲座、写作经验交流等活动。

(3) 组建各种其他兴趣小组,例如,红(楼梦)学会等。

3) 艺术类

艺术类社区文化活动是内容最广泛,也是实际工作中运用最多的形式,主要通过各种俱乐部的活动带动全体住户参与,并形成若干自发性组织。这类社区文化活动适合所有住宅小区,其主要活动包括以下方面。

(1) 成立各种艺术兴趣小组,定期组织训练、会演、竞赛,可先以各小区为单位进行练习,待成熟后在小区之间加以联合,组成精英团体。

音乐:成立民乐团、合唱团、独唱团、各地戏曲团等兴趣小组。
舞蹈:成立民族舞、街舞、交谊舞、秧歌、腰鼓等兴趣小组。
书法、绘画:成立书法、绘画兴趣小组。
摄影:组织成立摄影俱乐部。
外语兴趣组:引进外语培训机构,组建外语兴趣组等。

(2) 营造社区艺术氛围,将小区各艺术团体成员的优秀作品(书法、绘画、摄影等)加以装饰后在社区公共场所(礼堂、会所、广场、区内道路旁等)展示,这样一方面可以增强各团体成员的积极性,另一方面可营造小区公共场所的艺术氛围;定期组织训练、比赛活动;节假日举办大型联欢会、文艺会演、卡拉OK比赛等。

4) 康体类

康体类社区文化活动具有社会效应,不仅可以带动小区业主参与各种社区活动,进而形成一种生活模式,还可以为小区周边带来一些服务。正因为有良好的社会效应,康体类活动犹如异军突起,在社区文化中占据了一席之地。

(1) 提供健身、娱乐场所(室内室外),面向小区成员长期开放,并加以必要的辅导。

(2) 定期组织爬山、游园、自驾游活动等。

（3）定期组织美容、健身讲座等。

（4）定期组织集体体检等。

（5）暑假组织少年夏令营活动等。

（6）筹建社区健康站，请专家定期或长期提供健康咨询、急救服务等。

5）经济类

经济类社区文化活动的目的性较强，比较适合商住小区。

（1）定期邀请成功人士到小区做创业心得报告等。

（2）成立各种商会等。

（3）定期邀请房地产专家做房地产租售交易介绍，并提供现场咨询服务等。

（4）定期邀请证券专家做投资、理财报告，并提供现场咨询服务等。

（5）根据住户的具体需要，举办汽车、名牌家私、艺术品展览等活动。

随着物业服务行业及社会大环境的进步，社区文化活动时刻在发生变化，逐渐融入越来越多的文化元素，使社区文化活动更加丰富多彩。

2. 社区文化活动组织策划

社区文化活动的最终目的是建立各种形式的社区文化元素，以这些元素作为沟通的桥梁，拉近物业服务企业与业主之间的距离，使双方建立和谐、友好的关系，为物业服务企业的工作奠定更坚实的人文基础，为业主创造更温馨、快乐的生活环境。因此，物业服务企业要做好社区文化服务工作。

1）专人负责

物业服务企业可以在物业客户服务中心设置社区文化服务专职人员，主要负责物业社区文化建设工作，一方面可以有效地组织和实施社区文化活动；另一方面当业主对社区文化建设工作有任何建议或意见时，可以直接与专职人员沟通，以此清除与业主的沟通渠道中可能存在的任何障碍。

2）精心策划

在组织开展社区文化活动之前，物业服务企业首先要进行精心、细致的策划，从前期宣传到正式开展，都要有很强的计划性。社区文化活动的组织策划必须考虑其合法性，策划内容要符合现行法律法规、政府的方针政策，要维护国家利益。策划方案必须安全可行，以科学理论为指导，不能盲目图新鲜、创意，而忽视参与者的安全因素。此外，活动策划还要考虑到经济性，把经济效益与效率结合起来，即用最少的经济投入和最快的速度实现社区文化活动目标。

任务四　物业客户投诉处理

学习准备

课前了解关于客户投诉的原因和应诉技巧的相关知识。

相关知识

一、客户投诉的概念和内容

1. 客户投诉的概念

客户投诉是客户对产品或服务不满意的一种集中表现,也包括客户或投诉者在投诉过程中对组织未能及时、有效地给予投诉回复,所投诉问题不能得到满意解决的不满意的表示。

当客户购买组织的产品或服务时,其对组织所提供的产品或服务都抱有期望,如果这些期望得不到充分满足,客户心理就会失去平衡,客户的投诉就由此而产生。通过对客户投诉问题的处理,物业管理公司和客户之间建立了一个直接沟通的平台。有效处理投诉,对物业服务企业具有重要的价值。

物业管理公司应从以下方面减少客户投诉。

(1) 改进产品或改善服务,提高服务水平。

(2) 纠正失误,消除误解,发掘客户的潜在需要,赢得客户更深层次的信任,加强与客户的沟通协调。

(3) 减少物业管理公司在以后的工作中类似的错误,有利于维护和提高物业公司的信誉,树立良好形象。

如果对客户的各类投诉置之不理或敷衍了事,非但不能解决问题、消除影响,还有可能将问题扩大化,既影响物业管理公司的正常工作,又影响其品牌声誉。

2. 客户投诉的内容

要处理好客户投诉,必须首先了解客户投诉的原因,结合实际情况和相关管理规定进行处理。业主的投诉,大致可以归纳为以下几类。

(1) 硬件设备、设施方面问题引发的投诉。例如,电梯、中央空调等设备设施损坏,无法正常运行;消防栓没有水,导致业主家火灾受损,要求物业管理处赔偿;楼梯护栏空隙大,儿童跌下摔成重伤等。

(2) 管理服务方面的投诉。例如,客户服务人员服务态度差,服务意识不强,行为违规或违法;保安未经允许擅自进入业主家里;业主询问楼管问题或请求楼管帮忙,楼管无回应或回应不及时等。

(3) 开发商房屋质量差。由于开发商偷工减料,导致房屋质量差、材料档次低,业主收房后发现很多房屋质量问题,业主无法联系开发商或不方便联系开发商,于是很多客户将本属于开发商的问题归咎于物业管理公司,从而不断投诉。

(4) 装修管理引发的投诉。装修管理投诉的问题主要是收费、装修噪声扰民、私搭乱建改变房屋主体结构等方面。其中装修收费问题是最容易产生纠纷的。物业管理企业必须坚持按照收费标准合理收费、严格管理的原则。

(5) 客户对物业管理的认识不足引发的投诉。物业管理是有偿服务行业,有些客户不了解物业管理,对收取服务费用持有质疑态度,希望少交或不交管理费而享受高质量的服务,最终导致投诉。

(6)关于车辆管理的投诉。例如,由于物业管理不严格,导致业主的车位被占,或小区内车辆随意进出和停放,甚至停放在小区内的车辆受损却找不到肇事车辆等。

(7)其他方面的投诉。例如,由于物业管理法规不健全,物业企业和业主对物业法律法规的理解和执行有偏差。

二、客户投诉处理的原则、要求和注意事项

要成功地处理客户投诉,首先要找到最合适的方式与客户进行交流。很多客户服务人员都会有这样的感受,客户在投诉时会表现出情绪激动、愤怒,甚至进行辱骂。作为物业客户服务人员应明白,这实际上是业主的一种发泄,他们需要将自己的怨气、不满发泄出来,以维持心理平衡。此时,客户最希望得到的是同情、尊重和重视。因此,客户服务人员应对其表示理解,并采取相应的措施。

1. 客户投诉处理的原则

(1)快速反应。客户投诉具有偶发性。客户服务中心工作人员应在辨别投诉的有效性后迅速反应,避免因处理不当影响公司的形象,损坏公司的名誉。有效投诉应按照投诉处理体系处理,对无效投诉则应果断拒绝。

(2)换位思考。在接受客户投诉的过程中,必须以维护公司利益为准则,以尊重、理解客户为前提,学会换位思考,用积极认真的态度冷静地对待客户投诉。

(3)依据法律。在接受客户投诉的过程中,一定要对投诉的有效性进行甄别。在照顾好客户的情绪后,必须依据国家的有关法律法规和《物业管理服务合同》,对投诉的有效性及责任进行辨别与区分。

(4)及时总结。客户投诉处理结束后,事后的跟踪及对投诉案例的分析、总结及反思,能够不断完善物业管理公司的工作,提升服务水平。

2. 客户投诉处理的要求

为了推进物业管理服务工作,客户服务人员在日常管理工作中,对于客户投诉,除严格遵守服务规范外,还要做到以下几点。

(1)明确"谁受理、谁跟进、谁回复"。

(2)尽快处理投诉的事项,若有暂时无法解决的问题,必须向客户说明,并另约时间处理,及时跟进。

(3)在接受和处理客户投诉时要做详细记录,并及时总结经验。

(4)尽可能满足客户的合理要求。

3. 客户投诉处理的注意事项

1)客户电话投诉接待注意事项

(1)接听电话时,要发音标准、音量适中。

(2)投诉人说话含混不清时,应注意倾听,保持耐心,问清问题。不随意打断投诉人的话,以免影响投诉人的情绪。详细记录投诉,尽量做到不让投诉人重述。

(3)投诉人情绪激动时,客户服务人员应保持冷静和镇定。首先对对方表示理解,对

给他造成的不快表示道歉,在了解情况后,适当地向对方澄清一些事实。

(4) 如投诉人需要帮助,应立即做出反应。

(5) 客户投诉完毕后,必须对来电者表示感谢,并等其先挂电话后才能轻放电话。

2) 客户当面投诉接待注意事项

(1) 接待客户当面投诉时,态度应友好、诚恳。

(2) 仔细倾听客户诉说,不带任何评价。

(3) 保持目光与客户对视,表明自己在倾听对方的讲话,以示尊重。

(4) 试着从客户的角度出发,对客户的不快表示歉意和同情。

(5) 遇到客户情绪激动指责时,不要着急为自己辩解,也不要寻找借口开脱或把责任推到别人身上,更不要一味承认错误。

(6) 为掌握最准确的事实,可用委婉的方式向客户提问,给客户进一步解释的机会。

(7) 客户投诉完以后,应向客户表示谢意。

(8) 处理投诉必须及时迅速,在短时间内给客户满意的结果和答复。

(9) 如因客观原因无法及时解决有关问题,应与客户联络,告知原委及预计完成的时间,以取得客户的谅解。

(10) 投诉处理完毕应尽快上门或致电客户,询问客户对处理结果是否满意。

3) 客户投诉处理回访要求

(1) 可采用表格记录、电话询问、线上调查等方式,定期或不定期地对投诉问题的处理结果进行回访。

(2) 落实回访责任人。

(3) 上门回访必须有客户签字。

(4) 对回访中发现的新问题、意见和建议等,要及时处理;对于不能立即解释或暂时无法明确答复的,应告知回复时间,做到"件件有着落,事事有回音"。

(5) 对多次提出投诉的客户或引发投诉的事件,应引起重视,并上报负责人。

三、客户投诉处理的程序、方法、步骤和要求

1. 客户投诉处理的程序和方法

1) 客户投诉登记

无论哪种投诉方式,接待人员都应该利用客户投诉登记表详细记录客户投诉的内容,包括客户投诉的时间、物业编号、联系电话、投诉代码、投诉内容、投诉人、接待人员、记录人员等。

2) 客户投诉处理接待

(1) 安抚客户的情绪,用积极的态度给予客户亲切感,详细了解投诉情况并作记录。

(2) 判断客户投诉是否成立。了解客户投诉的内容后,要判断客户投诉的理由是否充分、投诉的要求是否合理。如果投诉不成立,可以用委婉的方式答复客户,取得客户的谅解,消除误会。如果投诉成立,就要对投诉内容进行分类:凡是能马上解释和处理的,首位服务人员要当场解释和处理;不能马上解释和处理的,要根据客户投诉的内容,确定投

诉处理的部门,开出客户投诉处理单,将投诉客户领至相关部门交由专门的投诉受理人员处理。

3) 投诉处理情况跟踪

(1) 首位服务人员要跟踪、了解处理情况。

(2) 投诉处理情况跟踪一般采用电话或上门回访等方式进行。

4) 投诉处理情况登记

(1) 及时登记投诉处理情况。

(2) 整理、存档已处理的投诉资料。

5) 客户投诉统计分析

(1) 对投诉内容进行分类。

(2) 整理客户投诉单。

(3) 每季度比较、分析、归纳、总结现阶段物业服务中存在的问题并汇报给上级主管。

(4) 对投诉处理过程进行总结和评价,吸取经验教训,提出改善对策,不断完善企业经营管理和业务运作流程,提高客户服务质量和水平,降低投诉率。

2. 客户投诉处理的步骤和要求

客户投诉处理的步骤和要求如表 6-1 所示。

表 6-1　客户投诉处理的步骤和要求

步　骤	具　体　要　求
倾听投诉内容	① 点头、眼神接触、不要皱眉 ② 微笑的表情(要适度)
确认投诉内容(表示你在专心倾听及了解情况)	用封闭的方式提问
表示同情及尊重(让客户感觉你与他站在同一立场) 对发生的事表示歉意(不要把责任推到别人身上)	① 语调温和 ② 配合客户的视线 ③ 注意礼貌用语 ④ 保持适当的肢体语言 ⑤ 保持微笑及眼神接触
告诉客户你将采取哪些行动去解决问题	① 用表示行动的字眼 ② 语句直接、简短、清楚 ③ 用肯定的语气 ④ 保持适当的肢体语言 ⑤ 保持微笑及眼神接触
跟进事情及回复客户,询问客户是否有其他需要,并对客户的意见表达谢意	① 要有准备 ② 语句简单、直接 ③ 用感激的语气结束对话

四、客户投诉处理的技巧

处理客户投诉要讲究方式方法,针对不同类型的客户,采用不同的方式处理,将会取得事半功倍的效果。

1. 投诉者类别及投诉响应方式

（1）激进型投诉者。激进型投诉者表现为大吵大嚷，无耐性。对此类投诉者宜细心聆听，全神贯注，并用直接迅速的语气给予回复。

（2）惯性型投诉者。惯性型投诉者表现为经常不满意，对维护自身权益的行为感到自豪。对此类投诉者宜有耐性，诚心诚意地感激他们提出的意见，避免不耐烦和催促投诉者，应给他们时间述说。

（3）安静型投诉者。安静型投诉者表现为很少投诉，不会明显地表现不满。对此类投诉者宜留意他们的身体语言，引导他们说出自己的建议。

2. 缓和客户投诉情绪的技巧

（1）低位坐下。处理客户投诉时要尽量让对方坐下谈话，避免和对方站着沟通。心理学研究表明，人的情绪高低与身体重心高度成正比，重心越高，越容易情绪高涨。因此，站着沟通往往比坐着沟通更容易产生冲突，座位越低则发脾气的可能性越小。在处理客户投诉时，如果对方带有较大的情绪，在摆事实、讲道理都没有用的情况下，首先应该让对方坐下，等对方情绪平静后再进行沟通。甚至可以在接待投诉的地方专门安放几组特别矮的软沙发，客户在坐下后身体收缩，重心下移，就会在某种程度上降低其发脾气的可能性。

（2）选好调解人。在物业管理企业中，负责客户投诉的人应该是具备经验、人缘和相关事务处理能力的员工。对于重要的投诉案件，可以由物业客户服务相关领导担任调解人。由物业客户服领导出面调解，客户会感到受到重视，心理上更容易得到安慰。此外，由于物业客户服务领导具有一定的权力和威望，他们的话语更容易让客户信任。再者，由于物业客户服务领导有权作出某些决定，使得客户认为与之沟通能够切实地解决问题。因此，由物业客户服务领导出面调解，比其他人员出面调解的效果要好一些。

（3）改变场所。引导客户到会客室坐下，做好客户招待工作，让客户缓和激动的情绪。

（4）重复对方的话。在沟通的过程中，可以将客户的谈话内容及其思想整理后，再用自己的语言反馈给对方。通过这种方式，可以让其感到受重视。对方也会专心听你讲话，寻找错误或遗漏之处，这样可以转移对方的注意力，自然更有利于平复客户的情绪。重复对方话语的频率与客户的情绪高低成正比，对方情绪越高，就越应该增加重述的频率，努力让对方平静下来。

（5）改变时间。如果在更换调解人员或改变沟通方式之后，仍无法平息客户的怨气，最好的办法是取消当日的会谈，并将会谈推迟到第二天进行。

3. 处理客户投诉所需要的专业态度

（1）接到投诉或建议时，首先应表示感谢。对客户的投诉应持欢迎的态度，并予以热情接待，不得有冷漠、训斥等不良态度。在接待投诉时一定要耐心地让客户把不满的情绪宣泄出来，或先听客户把事情始末讲出来，切忌打断客户的话。

（2）在接待客户投诉时，需要留心倾听，认真了解并记录客户投诉的内容，同时让客户感受到物业管理公司非常重视他的投诉内容，避免在面对客户时表现出不耐烦的样子。

（3）在接待投诉完毕前应主动报出自己的姓名、部门及联系方式，无论何时都应保持微笑,让客户感到你是在不厌其烦地为他解决问题。

(4) 对客户的遭遇或不幸表示歉意或同情,让客户的心理得以平衡。客户投诉的问题无论大小轻重,都要认真对待和重视,要采取"移情换位"的思维方式,设身处地地站在客户的角度看待问题,安慰客户,缩小与客户的心理距离。对极其愤怒的客户,可利用心理学方法平息其怒气,用较缓慢的说话方式来安抚他们的急躁情绪。

(5) 分析产生问题的主要原因和责任,如果投诉涉及其他部门,切不可相互推诿,要通知并督促相关部门限时处理,杜绝"二次投诉"发生。

(6) 提出处理或不予处理的理由,在处理过程中要及时将进展情况反馈给客户。

(7) 在未能确定问题成因或找到最合理的解决方法之前,特别是在未得到上级通知前,切忌随意对客户作出不切实际的承诺。

(8) 回复要及时,这是处理投诉工作的重要一环。客户口头投诉可用电话回复,一般不应超过一个工作日;客户来函应用函回复,一般不应超过3个工作日。回复客户,可以向客户表明其投诉已得到妥善处理,即使未能及时给出解决方案,也要以最快的速度通知客户投诉处理的进度,并承诺再次回复的时间。

(9) 对于不能解决的问题,应予以合理解释和表示歉意,并努力通过其他方式弥补。如果遇有不能解决的问题,应按照管理程序向有关主管报告。

(10) 处理完投诉后一定要回访,可以通过定期召开联谊会的形式加强与客户之间的沟通,培养与客户之间的良好关系,尽可能地减少客户投诉。

任务五 物业客户服务质量管理

> **学习准备**
>
> 课前收集整理相关资料,了解满意度调查的内容及其调查方式。

> **相关知识**

一、服务质量概述

服务质量是客户感知服务的关键,尤其是在只提供服务商品的情况下,服务质量更是客户评价服务的主要因素。物业服务企业的服务质量同样关系着业主对物业服务的满意程度,更进一步影响着物业服务费的收取情况。物业服务企业只有不断地提高服务质量,才能在竞争激烈的市场中生存。

提升物业服务质量的首要问题是必须对物业管理的服务质量有一个正确的认识。否则,将物业管理服务的质量简单地理解为居住区卫生清扫的干净程度,就不可能把居住区的物业管理工作做好。

物业管理的服务质量是指物业管理服务活动达到规定要求和满足住户需求的能力及

程度,主要包括以下几方面内容。
(1) 基础设施的维护质量。
(2) 物业管理服务的工作质量(服务态度、服务技巧、服务方式、服务效率、服务礼仪等)。
(3) 物业管理服务的客户服务质量。
(4) 物业小区的环境质量。

二、物业客户服务质量标准的制定

物业服务企业对服务质量的管理贯穿整个服务运作过程,而不是仅依赖事后的检查和控制。因此,服务流程、服务设施与工作设计、服务人员表现等都将体现出服务质量的好坏。其中,服务人员的表现及其与客户的关系,更是影响客户对服务质量感知与评价的重要因素。可见,人的因素在服务质量的评价中极为重要。因此,在改善服务质量方面,企业应根据服务的特性,真正理解客户看重的服务质量,有效地激励员工并采取相应工作制定服务质量标准,按照合理、有效的服务流程办事,使企业的服务质量得到提高。

1. 制定物业客户服务质量标准的重要性

制定优质、有效的物业客户服务质量标准,对于物业服务企业来说尤为重要。

1) 国家对物业管理服务的质量保障十分重视

国家和地方相继出台相关文件,《普通住宅小区物业管理服务等级标准(试行)》(中物协〔2004〕1号)、《中华人民共和国物业管理条例》等一系列规章制度的出台,从政策层面规范了物业服务企业的服务标准,使物业服务企业不得不重视自身服务质量和物业管理水平的提高。

2) 物业服务行业是劳动密集型行业,更需要以质量赢得业主的信赖

物业服务行业本身就是微利行业,物业服务企业自身也是微利企业及劳动密集型企业。无论是保安、绿化,还是清洁、维修,都是密集型劳动,产生的利润很低。只有达到相应的服务标准,才有权利收取较高的物业服务费。而物业服务收费难是长期困扰物业服务企业发展的"老大难"问题。不交、少交物业服务费在物业服务行业已经成为空见惯的现象,成为制约物业服务企业生存和发展的瓶颈。作为物业服务企业,解决这一难题最有效的途径,就是千方百计地为广大业主提供优质的服务,让广大业主觉得物有所值。可以说,服务是物业服务企业的宗旨,只有通过优质、高标准的服务来满足业主的需求,为业主创造良好的工作和生活环境,才能取得物业服务企业与业主"双赢"的结果。

3) 规范化的服务质量标准是对物业服务企业和员工的监督与约束

规范化的服务质量标准为物业客服团队和服务人员设定了明确的工作目标,使他们清楚自己努力工作的意义和要求,使他们有了工作的目标和方向,从而瞄准目标,向着正确的方向共同努力,这无形中也增强了他们的合作精神。同时,规范化的服务质量标准是企业评价员工服务质量的依据,可作为服务人员选拔和录用的决策文件,是客户服务人员工作职责的具体描绘,它将贯彻到员工的培训工作中,进而将这些服务标准转化为客户服务人员更为具体的、细小的操作标准。此外,物业服务企业制定的优质客户服务标准,不仅对物业服务企业和员工开展物业客户服务工作起到指导作用,也是企业对广大业主的

服务承诺,对物业服务企业和员工起到监督和约束作用。

因此,物业服务企业需要建立完善的物业客户质量服务标准,规范服务流程,服务人员要守信用、守承诺,认真履行物业服务合同,并且不折不扣地执行,给广大业主信任感、踏实感,提升业主的满意度。

2. 物业客户服务标准的要素

一般企业的客户服务标准包括三大要素,即服务硬件、服务软件和服务人员。这三个要素相辅相成,缺一不可,物业服务企业也不例外。

1)服务硬件

服务硬件是企业开展客户服务所必需的各种物质条件。它是企业客户服务的"外包装",起到向客户传递服务信息的作用。它是企业开展客户服务工作必须具备的基础条件,也是将无形服务转化为有形商品的首要因素,它为客户的服务体验奠定了基调。

服务硬件一般包括以下几个方面。

(1)服务地点。一般来说,客户在消费服务时希望更方便、更快捷。因此,服务地点距离自己更近,能够更方便地获得企业及时、高效的服务,成为客户选择服务企业的重要因素。对于物业服务企业而言,物业客户服务中心的选址也应该考虑到业主或非业主使用人的便捷问题,既要使业主方便地享受到物业客户服务,又不影响业主生活、工作的方便性。

(2)服务设施。服务设施主要是指企业为客户提供产品或服务所必需的基本工具、装备等。服务设施包括质量和数量两个方面,服务设施的质量决定了企业为客户提供服务的好坏,服务设施的数量决定着企业提供服务能力的大小。物业所配备的设施设备本身就是物业服务企业管理服务的对象,这些设施设备的正常运转,本身就体现着物业服务企业服务质量的好坏。

(3)服务环境。服务环境主要是指企业为客户提供服务的空间环境的各种因素,包括服务场所的内外装修、环境的色彩、空间大小、光线明亮程度、空气清新度、环境卫生清洁度、温度与湿度、家具的风格与舒适度、座位的安排等。它是客户购买产品或接受服务过程中影响服务体验的主要因素。物业服务企业通过服务为业主提供安全、舒适、优美的生活和工作环境,因此维护和保养环境的意义,对于物业服务企业来说要大于其他服务企业。而物业客服中心的装修,则应与管辖的物业风格、水平相匹配。

2)服务软件

服务软件是指开展客户服务的程序和系统,它涵盖了客户服务工作开展所需的所有程序和系统,提供了满足客户所需的各种机制和途径。

服务软件有以下几种特性。

(1)时间。时间是指企业为客户提供服务时完成服务的时间情况,服务的每个过程、每个步骤都应该规定具体的完成时间。

(2)协调性。协调性是指企业在为客户提供服务时,企业内部各部门、各系统、各员工之间相互配合、相互合作,以使服务能顺利、流畅地完成的情况。

(3)灵活性。灵活性是指在为客户提供服务时,企业的服务系统根据客户的实际需要及时调整、灵活处理的特性。

（4）预见性。预见性是指企业为客户提供服务时对客户的需要进行准确的预测，主动为客户提供服务的特性。

（5）沟通渠道。为了保证企业客户服务系统的正常运行，及时了解客户的实际需要，以便向客户提供优质的服务，企业内部及企业与客户之间必须保持畅通的沟通渠道。

（6）客户反馈。企业必须建立有效而可观测的客户反馈系统，以便及时了解客户对服务工作的意见、客户的想法、客户对服务满意与否。

（7）组织和监管。企业对客户服务部门和服务人员进行有效的监督和管理，有利于客户服务系统正常运行。

3）服务人员

企业的服务硬件和服务软件是理性的、规则的，而服务人员的服务意识、服务精神及他们在服务过程中的一言一行等个性化的东西，则决定着服务质量的好坏。

服务人员的个人因素包括以下几个方面。

（1）仪表。为客户提供服务时，服务人员形象的好坏对客户的心理活动产生着积极或消极的影响。企业要制定能使客户留下良好印象、产生良好情绪的仪表准则。例如，男士客户服务人员头发长度不能盖过耳朵，不能留奇形怪状的发型，不能染发，不能留胡子，指甲不能过长；女士客户服务人员脸部适当着淡妆，着装统一，佩戴服务牌等。

（2）态度。客户服务人员的态度体现在服务人员的表情、身体语言及说话的语气、语调等方面，它是客户对企业客户服务质量评价的重要方面。企业要针对服务态度制定可观测指标。例如，服务人员在为客户提供服务时要微笑，与客户交谈时眼睛要注视对方，语气要平和委婉，站立时手势摆放应得体等。

（3）关注。关注是指要满足客户独特的需要和需求。这种关注或关心是敏感的，它认同客户的个性，要求以一种独特的方式对待每一位客户。企业要制定出以下方面的标准：以何种方式向客户表示关注，如何让客户感觉受到特别的待遇，对哪些不同的客户保持持续、敏感的关注，企业和服务人员为满足客户的独特需求应采取的具体行动。

（4）得体。得体不仅包括如何发出信息，还包括语言的选择运用。某些语言会使客户感到不适，要避免使用。企业要明确客户服务人员在开展客户服务时的具体语言要求。例如，在不同的环境下，说哪些话比较合适；在与客户打交道的过程中，哪些话是必须要说的；应该怎么称呼客户，应该在什么时候称呼客户等。

（5）指导。指导包括服务人员如何帮助客户；如何对客户提出劝告和提供建议；在为客户提供帮助的过程中，应该配备什么资源；服务人员需要具备什么知识水平才能为客户提供正确的指导；企业如何了解服务人员的知识水平是否达到标准，以及如何衡量这个标准等。

（6）服务技巧。服务技巧包括客户服务人员的看、听、说、笑、动方面的沟通技巧，解决问题、处理投诉、化解危机、化解矛盾的技巧，以及抵抗心理压力、保持乐观的心态和饱满的精神面貌的技巧。服务技巧是服务人员必须具备的基本技能。

（7）有礼貌地解决问题。客户不满时，如何采取礼貌的方式使客户转怒为喜，如何以礼貌的方式对待粗鲁、难以应付的客户，由谁负责处理客户的投诉，他们的权力范围有多大等，如何观察和衡量这些指标，这些是解决问题时应全面考虑的问题。

三、客户满意度调查概述

从客户关系管理角度看,客户对一家企业的满意程度及其对企业的忠诚度是制定相关政策的基础,因此评估客户的满意度和忠诚度应该是企业首先要做的事情。在信息化时代,客户获取产品信息更为方便,可以对多种产品的价格、服务等进行分析,并且购买产品不再受时间和地理位置的限制,客户讨价还价的能力自然会有很大幅度的提升。为了吸引和留住客户,竞争者之间的竞争方式也从传统的关注利润向关注客户转移。

按照需求层次理论,随着社会的进步和发展,客户的需求层次不断提高,并且出现了不同层次的差异,只有不断了解客户的需求,适应他们的需求变化,企业才会不断进步。物业行业也应如此。

1. 满意度及客户满意度的含义

满意度是指一个人将对一个产品或服务的可感知的效果(或结果)与他的期望值相比较后所形成的愉悦或失望的感觉状态。这个定义清楚地表明,满意度可表示为可感知效果和期望值之间差异的函数。满意度是客户满意的数值反映。

客户满意度是对产品或服务的综合反映,例如质量、价格、服务等的全面评价。客户满意度并不是一个孤立的概念,它既与消费者的事前期望有关,又与消费者的购后行为相联系;既涉及数量因素,又涉及品质因素。因此,客户满意度的分析与测定,不仅要集中于客户满意度本身,还应研究影响客户满意度的相关变量,从而在整体上、数量上认识客户满意度,分析客户满意度,这里我们会用到满意度指数。

2. 物业满意度调查的作用

有效而稳定的客户满意度调查研究,可以使物业服务企业在不断变化的市场环境中及时发现和捕捉新机会,适时调整经营计划,使自己立于不败之地。从一定意义上讲,物业客户满意度调查是经营决策过程中必不可少的一部分,是物业服务企业经营决策的前提。

物业客户满意度调查的作用如下。

(1)能够了解客户不断变化的需求。物业服务企业是向业主提供服务,因此应了解业主当前和未来的需求,满足业主的要求并争取超越业主的期望。现在国际上普遍实施的质量管理体系能够帮助物业服务企业加强物业管理服务,但是业主的需求和期望是不断变化的,物业服务企业可以通过定期和不定期的客户满意度调查来了解业主不断变化的需求和期望,并持续不断地改进物业服务质量。

(2)有利于提高自身竞争力。物业服务企业进行业主满意度调查,不只是为了得到一个综合统计指数,而是要通过调查活动发现影响业主满意度的关键因素,以便在提高业主满意度的过程中"对症下药"制订有效的业主满意策略。业主满意度的测评始终要考虑竞争对手的情况并进行比较,这样可以使物业服务企业知己知彼,制订合适的竞争策略。

(3)为经营决策提供依据。物业服务企业在制订服务方案及策略之初,就应通过业主满意度调查及时准确地掌握业主情况及需求,以便做出正确、可靠的决策。

3. 物业客户满意度调查的程序

建立一套系统、科学的工作程序,是物业客户满意度调查得以顺利进行、提高工作效率和质量的保证。从客户满意度调查的实践情况来看,客户满意度调查因调查对象、具体内容、目的不同而有不同的设计,但基本程序大致包括以下六个步骤。

(1) 确定调查目标。

(2) 制订调查计划。

(3) 收集资料。

(4) 分析资料。

(5) 撰写调查报告。

(6) 跟踪反馈。

4. 调查住户满意度

物业管理处要定期开展住户满意度调查工作,主动征求小区住户对物业管理处的意见和建议,以便在后续工作中不断改进。开展住户满意度调查的方式有很多种,例如上门询问了解、投票表决等,但在实际的工作中,运用最多的还是采用问卷调查的方式。可以根据实际情况设计调查问卷。

问卷调查结束后,物业管理处工作人员要对回收的问卷进行统计分析,整理住户在问卷中提出的意见和建议。

项目七　物业环境管理

学习目标

（1）理解物业环境、物业环境管理、物业环境的类型等基本概念。
（2）熟悉物业环境管理的特征、内容和目标。
（3）掌握物业环境污染的治理原则、措施和要求。
（4）认识物业环境卫生管理的重要性、主要内容和物业环境卫生管理的要求。
（5）了解物业环境绿化管理的重要性、目标和物业环境绿化的原则。

素质目标

（1）帮助学生树立"预防优于治理"的思想。
（2）培养学生爱护和珍惜水资源的思想。
（3）培养学生珍惜花草树木等绿化植物的意识。

能力目标

（1）能够快速辨别物业项目的类型，并采取对应的物业环境管理策略。
（2）当所在的项目发生环境污染时，能够清楚应该采取哪些有效措施。
（3）能够运用卫生管理的理论和物业环境绿化原则指导实践工作。

任务一　物业环境管理的基本概念

学习准备

利用图书或网络查阅"环境""物业环境""物业环境管理"等的含义。

相关知识

一、物业环境

1. 物业环境的含义

物业环境是物业管理区域内自然环境、社会环境、半自然环境的总称。

（1）自然环境是人们生活、工作周围的，没有加工、改造和利用过的各种自然因素的总和，如阳光、大气、水、自然植物、野生动物、土壤、岩石、矿物等。这是人类赖以生存的物质基础。

（2）社会环境是人们周围人与人之间构成的，对生活、工作和心理产生影响的各种关系因素的总和。例如，朋友关系、亲情关系、同事关系、邻里关系等。

（3）半自然环境是指人类通过长期有意识的、有目的的社会活动，在自然环境的基础上，经过加工、改造和利用而形成的环境体系。它是带有人类意愿再现的自然环境，体现了人对自然的需要。例如，物业管理区域内的花草树木基本上是经过人工设计、种植、养护形成的，不同于山林田野中基于自然形成的花草树木。

在物业环境中，半自然环境占有较高的比例，自然环境所占的比重较小。人们追求城市生活的便捷，也追求优美的自然环境。物业管理区域内精心打造的假山、流水、园林美景等都是人们环境意愿的体现，是典型的半自然环境。

2. 物业环境的类型

（1）居住环境。居住环境是指提供给住宅区物业使用人居住的物业环境，包括建筑物内部物业环境和建筑物外部物业环境两个方面。

建筑物内部物业环境是指建筑物内部公共部分的物业环境，例如楼梯、走廊、过道、电梯、楼顶、地下车库等。建筑物外部物业环境是指建筑物的外部表面和在物业管理区域内独立于建筑物以外的公共场所或场地的物业环境，例如物业管理区域内的草坪、花木和公共道路等。

物业使用人室内的温度、湿度、采光、绿化等环境，通常情况下不应该属于物业环境。因为物业环境管理针对的是物业环境区域内的公众，不是私人部分。物业环境的实践也印证了这一点，例如住宅小区电、水、气的公共管线发生故障由物业负责，物业使用人家庭中的电、水、气等发生故障需要维修时，物业往往收取一定的服务费。

（2）工业生产环境。工业生产环境是指工业生产所在地的物业环境，主要是厂区的物业环境，包括绿化、卫生、景观、交通设施、大气、垃圾、噪声等。

（3）商业环境。商业环境是指商业活动所在地的物业环境。影响商业物业环境的因素主要包括噪声、光照和通风、室内空气、绿化、环境卫生状况、设施设备、交通条件、治安、消防等。

（4）办公环境。办公环境是指主要以各种行政办公为目的的建筑物、场地的物业环境，主要包括两类：各级政府机关办公场所与商务写字楼。

影响办公物业环境的因素主要包括隔声条件、日照条件、室内空气、室内景观布置、环境卫生状况、绿化美化效果、治安状况等。

（5）医院环境。医院环境是指医疗机构实施诊疗活动场所的物业环境，主要是医院的物业环境。影响医院的物业环境的主要因素包括秩序维护、设施设备、卫生保洁，以及医疗垃圾的收集与处理等。

二、物业环境管理

物业环境管理是指物业管理公司或物业服务专业公司按照物业服务合同中有关物业

环境管理条款的规定,对所管辖区域的物业环境进行管理的活动,以营造良好的环境和氛围。

物业环境管理的内涵包括以下几点。

(1) 物业环境管理的主体是物业管理公司或物业服务的专业公司。物业管理公司一般为综合性的物业服务企业,提供综合性服务。物业服务专业性公司提供与物业相关的专业服务,例如提供专门的保洁服务、专门的安保服务或专门的绿化服务等。

(2) 物业环境管理的依据是物业服务合同中有关物业环境管理条款的规定。物业环境服务企业提供环境服务的范围、标准和方式等,需要按照合同中相关条款的规定实施;否则构成违约,需要承担相应的法律责任。

(3) 物业环境管理的对象是所管辖区域的物业环境。对物业环境范围,国家无明确的界定。从物业管理的实践考察,物业环境的范围应包括物业管理区域内的污染防治、卫生保洁、绿化美化、秩序维护,以及和谐人文环境的营造等。

(4) 物业环境管理的根本目的是营造良好的环境氛围。通过一系列的物业环境管理行为,创造安全、宜人的环境,为物业管理区域的物业使用人提供良好的生活、办公和生产环境。

任务二　物业环境管理的特征、内容和目标

学习准备

课前思考下列两个问题。
(1) 物业环境管理的内容有哪些。
(2) 物业环境管理要达到的目标有哪些。

相关知识

一、物业环境管理的特征

1. 环境管理范围的局限性

环境管理是由特定物业服务企业或专业的物业环境管理企业承担,其管理范围局限于特定的物业项目或园区,如一个住宅小区或一个商业中心,甚至是一栋办公楼。

2. 环境管理内容的特定性

环境管理对象的特定性主要表现在针对物业管理区域内的物业环境实施管理,物业环境以外的内容不再是其管理的对象。例如,物业设施设备的维修与养护不是物业环境管理的对象。

3. 环境管理的服务性

环境管理的服务性既由整个物业管理的服务性所决定,也由物业管理的行业性质

所决定。物业管理行业属于服务业,其本质是根据业主或物业使用人的需要提供相关服务。

4. 环境管理的配合性

环境管理的配合性主要体现在两个方面:一方面,环境管理应该与物业管理区域内其他相关的物业管理工作相互配合,例如设备管理、工程管理等;另一方面,环境管理应该与政府相关部门的工作密切配合,例如所在城市的城市绿化部门、环境管理部门等。

5. 物业环境管理个体的差异性

物业环境管理个体的差异性主要是指针对不同类型的物业项目,其环境管理的要求不同,物业环境服务提供的内容、方式、标准等存在着差异。例如,高档商业与普通住宅物业的环境管理就存在着较大差异。

二、物业环境管理的内容

1. 物业环境污染防治

依据污染的范围,环境污染总体上可以分为全球性的环境污染、区域性的环境污染和局部性的环境污染。物业环境管理中的污染防治是针对物业管理范围内的污染,因此物业环境污染的防治是局部性的污染防治。

物业环境服务企业应该采取措施防止物业环境管理区域内污染的发生,对发生的污染应及时采取有效应对措施,迅速制止污染,并把污染的损害降低到最低限度。

2. 物业环境卫生管理

物业环境卫生管理是一项经常性、基础性的环境管理工作,其主要内容包括:①对管理区域的卫生保洁管理,包括垃圾的清扫、公共设施设备外表污渍的清除、垃圾的收集和清运、维护和保养卫生设施等;②灭杀公共场所的各种有毒害虫,对公共场所设施进行消毒管理等。良好的环境卫生可以减少疾病的发生与蔓延、促进物业使用人或业主的身心健康、提升物业环境管理区域的整体形象。

3. 物业环境绿化美化

物业环境绿化美化是由绿化和美化两部分组成的,统称为物业环境绿化管理。环境绿化主要是在物业管理的公共场所种植和养护花草树木,在楼宇公共场地布置和维护绿化植物。环境美化主要涉及绿化地块的形状设计、绿色植物形态、色彩的搭配、绿色植物与建筑物的匹配程度、景观水体、假山雕塑等。

4. 物业环境安全管理

物业环境安全主要包括物业管理区域内的治安保卫、交通安全和消防安全。

物业环境安全管理的基本任务是保护管理区域内居民的生命和财产安全,维护管理区域内的治安秩序、交通秩序和消防防护秩序,防范各种事故,创造安全、和谐的环境。

物业环境安全管理是非执法管理,不同于公安派出所、交警大队、消防大队的执法管理。物业环境安全管理业务要接受区内公安局、派出所、交警大队、消防大队等行政和执法部门的指导和管理,并协助其对相关案件的查处。

5. 人文环境建设

良好的物业环境离不开和谐的人文环境,和谐的人文环境在物业环境管理中处于重要的位置,是物业环境管理的重要内容。物业使用人或业主周围的环境主要包括人与物。因此,和谐的人文环境应是物业环境管理的重要方面。

6. 物业环境的宣传管理

物业环境宣传实质上是物业软环境建设的一种重要措施,主要是普及环境意识,宣传国家政策、法规,引导居民自觉遵守公民行为准则和道德规范,倡导居民爱护身边环境,保护各种设施,共同建设美好的家园。

三、物业环境管理的目标

1. 零污染的健康环境

零污染的环境为物业使用人或业主的生活、工作提供基本的健康保障,也是物业环境管理的基础性目标。零污染的健康环境是其他物业环境管理目标实现的前提。没有零污染的健康环境,其他物业环境管理的目标就失去了存在的基础。例如,小区绿化美化做到极致,如果解决不了大气污染问题,小区的业主也会流失。

2. 整洁的卫生环境

整洁的卫生环境是物业环境管理的基本目标。物业管理区域的卫生是否干净、设施是否整洁,能直观体现物业环境的好坏和管理水平的高低。如果物业管理区域内存在道路及绿地内随处可见杂物、楼道墙角灰尘覆盖、各种设施锈迹斑斑、各种设备破坏严重、公共网线杂乱交织、路面"疤痕累累"等现象,那么就没有达到物业环境管理的目标。

3. 美好的绿色环境

随着人民生活水平的不断提高,仅有洁净的卫生环境还不能满足人民群众日益提高的物质和精神文明的需求。因此,物业环境管理不仅要创造良好的卫生环境,还要对物业环境管理区域进行绿化美化,建设一个适合于业主生活、工作的绿色生态环境。

4. 放心的安全环境

物业服务企业有责任和义务贯彻国家关于物业环境保护的政策、法规、条例、规划等,并制订具体的物业环境安全管理的方案,做好物业环境安全的维护和管理工作,采取有效途径保护和改善物业环境的安全,形成一个生活、工作安全、放心的物业管理区域。

5. 和谐的人文环境

物业环境管理应实现和谐人文环境建设的目标。在和谐的人文环境里邻里和睦,助人为乐蔚然成风,生活、工作其中的物业使用人心情愉悦。和谐的关系包括物业使用人之间的关系、物业环境管理工作人员与物业使用人之间的关系。和谐人文环境的建设目标的实现需要长期的、多方面的努力。

6. 积极向上的舆论环境

积极向上的舆论环境有利于和谐人文环境的建设,有利于克服物业环境管理过程中存在的问题与困难,有利于物业环境管理区域内的安全与稳定。积极向上的舆论环境的营造,一要有正确的舆论导向;二要积极地宣传教育;三要树立榜样。

任务三　物业环境污染的治理

学习准备

课前思考治理各种污染的措施,包括大气污染、水污染、固体垃圾污染、光污染、噪声污染与辐射污染等。

相关知识

一、治理的原则

物业环境污染的治理应坚持以下原则。

(1) 及时治理。及时治理非常重要。污染发生后,如果能及时治理,就可以把污染造成的损失降到最低限度;如果不能及时有效地治理,污染进一步扩大,造成的损失会更加严重。

(2) 科学治理。物业环境污染发生后,需要科学的方法和技术实施治理。如果治理方法不科学、不合理,可能会造成更大的损失。

(3) 做好信息报道与宣传工作。当今社会,随着手机功能的不断扩展和互联网技术的飞速发展,每一个拥有智能手机的用户都成了新闻报道者。当污染事件发生后,往往出现负面信息。因此,物业环境服务企业应及时关注网络舆情,做好信息报道和宣传工作。

(4) 及时总结。物业环境污染事件治理完毕后要及时总结经验和教训,分析其产生的深刻原因,有针对性地采取措施,防止类似污染事件再次发生。

二、治理的措施

1. 大气污染

物业环境空气污染发生后的治理,通常的做法如下。

(1) 控制、去除空气污染源。第一时间控制、去除空气污染源,防止污染进一步扩大或加剧。例如,物业管理区域内有煤气或天然气管道泄漏,造成空气污染。面对此类污染,首先要找到泄漏的位置,堵塞泄漏,防止泄漏蔓延。

(2) 根据大气污染的程度,决定是否疏散受到污染影响的业主。大气污染的程度是不同的,有严重污染、中度污染与轻度污染之分。轻度污染给人造成不适的感觉,但对人的危害程度十分有限,一般不需要疏散、转移人群。当严重的空气污染事件发生时,严重威胁生命健康,此时就要疏散、转移受其影响的人群。

(3) 及时发放防毒器具。对受到严重大气污染的业主,物业服务企业可以向他们发放防毒器具,例如防毒面具、口罩等。当然,前提条件是物业服务企业应该提前备有各种有效防毒器具,并根据空气污染的程度及时发放。防毒器具一般都有保质期,应对防毒器具定时检查,及时更新超过保质期的防毒器具。

(4) 及时上报大气污染事件。对于严重的大气污染,不仅物业环境服务企业要及时采取应急措施,还要把大气污染的详细情况上报当地环境部门,确保在关键时刻能够得到环境保护部门的帮助与支持。另外,大多数严重的大气污染,没有当地环境部门的帮助和支持,是无法得到有效制止的。

2. 水污染

水污染的发生可能是由两种情况导致的:一种是供水公司提供的水在进入物业管理区域之前已被污染;另一种是水在进入物业管理区域内才被污染。因此,当水污染发生后应做好下面几项工作。

(1) 及时告知物业管理区域内的所有业主或物业使用人。很多问题的出现给人们造成的心理冲击远比实际影响大。及时告知物业使用人,使他们在心理上有所准备,以平常的心态对待水污染问题。

(2) 查明原因。水污染问题发生后,应及时查明原因,弄清楚水污染是供水公司造成的,还是由于本物业管理区域内的设备设施损坏等原因造成的。首先,要询问供水公司,确定供水公司提供的水源有无问题。在确定供水公司水源没有问题的条件下,则要检查物业管理区域内部的供水设施设备,寻找水污染的原因。

(3) 迅速采取有效措施。在查明原因之后,应迅速采取措施,解决污染问题。如果水污染是由内部设施设备造成的,则应关闭供水总闸,修复设施设备。如果是外部原因,则应及时告知供水公司,寻求供水企业的帮助和支持。

另外,在物业使用人的生活污水排放的过程中,也会出现污染的可能。由于排放生活污水的设施设备出现故障,污水不能被排除,因此在本物业管理区域内造成水污染。对于这类水污染,应该从以下两方面解决。

(1) 修复污水排放的设施设备。修复好污水排放的设施设备,使污水沿着污水排放的管道顺畅排除。

(2) 清理溢出的污水。在清理溢出的污水时,需要保洁部门的支持和配合。当然,污水的清理可以是在排污设施设备修复完毕,也可以是在修复的过程中。在有大量污水外溢的时候,则需要修复和清理同步进行。

3. 固体污染

在物业环境管理实践中固体污染存在的现象较少。现阶段随着我国物业管理相关的法律法规及条例的实施,包括物业环境服务在内的专业物业服务社会化、法制化,物业服务一般都会有专门的物业服务企业提供,配有专门的物业服务人员,负责保洁服务、秩序维护、设备的维修和养护等。因此,物业管理区域内很少出现固体垃圾污染。如果出现固体污染,通常的做法如下。

(1) 安排相应数量的保洁人员,清扫垃圾。根据固体垃圾污染出现量的多少,安排适量的保洁人员清扫、收集污染垃圾。

(2) 联系清运车辆,清运垃圾。物业管理区域内堆放的垃圾应及时得到清运,把垃圾运送到垃圾处理场地。不同的物业服务企业清运垃圾的方式不同:①物业服务企业自备专门的垃圾清运车辆;②由当地的环卫部门负责清运;③承包给社会上专门的垃圾清运企业。不论何种方式,都需要进行相应的联系和安排。

(3) 清运之后的场地保洁和修复。大量的固体垃圾被清运后,原场地需要认真、仔细地冲洗、打扫,不能简单处理。被污染的场地及周围的环境可能受到严重的破坏,因此需要对原被污染场地与周围的环境进行细致的保洁和修复。

4. 噪声污染

对于噪声污染,一般从以下几个方面入手解决。

(1) 去除噪声污染源。治理噪声污染首先要看能否从源头上解决,消除噪声污染源。例如,休息时间的装修装饰,发出噪声影响邻居休息,此时就可以考虑叫停装修装饰。

(2) 阻断或减弱噪声的传播。在实践中有些噪声源在现有技术条件下无法消除,这时最好的办法是阻断或减弱噪声的传播。例如,为畅通现代城市交通而修建的城市高架,距离楼房很近。高架上通行的车辆不可避免会产生噪声,对这样的噪声只能采取阻断或减弱的方法,用透明的隔音材料把高架桥包围起来。

(3) 加强防护。对于无法去除的噪声污染,除了阻断与减弱外,还可以从加强防护的角度考虑。例如,现代城市住宅的窗户玻璃很多都是双层或双层以上,通过这种方式加强对噪声污染的防护,并在实践中取得了较好的效果。

(4) 不断提升消音技术。加强消音技术的研究,不断提高机械消音的水平,消除或减弱机械噪声,发明无声新型材料,把机械自身摩擦、撞击发出的噪声,以及机械与外物摩擦产生的噪声降到最低程度。

5. 光污染

光污染的治理与预防是相辅相成的。当光污染发生以后,首先调查、分析和研究光污染产生的原因,然后采取相应的对策。

如果是光源数量过多造成的光污染,则需要减少光源的数量。如果是由于光线过亮造成的光污染,则需要调整光源的亮度,更换灯管或灯泡。如果是由于光源控制不当造成的光污染,则需要加强管理,控制好光源发光、发亮的时间。

三、治理的要求

在治理物业环境污染的过程中,要想获得良好的治理效果,必须坚持以下几点要求。

1. 治理要及时

物业环境污染发生后,应以最快的速度及时治理,以防止污染事故的扩大、蔓延,造成更加严重的损失。治理要及时包括两点:一是及时制止污染,如大气污染要阻断、堵塞、叫停污染源,水污染要关闭、堵塞、切断污水源;二是及时处理污染造成的后果。

污染的治理要及时,否则会造成更加严重的后果,后续制止污染、处理污染会更加困难,成本更高、代价更大。

2. 治理方法要正确、得当

在污染的治理过程中,正确、得当的方法非常重要。正确、得当的方法会使污染被迅速制止,污染造成的后果被及时、有效地处理,避免了污染的进一步扩大,最大限度地降低污染造成的损失与不利影响。

正确、得当的污染治理方法源于污染发生之前的充分准备,更源于对科学治理污染方法的学习、研究和掌握。在掌握科学的污染治理方式方法后,还需要有科学、合理的工作安排,以确保正确、得当的治理方法能够得到合理、有效的应用,产生预期的治理效果。

3. 加强宣传教育,做好心理上的治理

物业环境服务区域内发生环境污染事件,所造成的影响包括有形的、物理形态的影响与无形的、心理上的影响。前者一般是能够看见的、具体的、可感的。例如,被污染的空气,给人难闻的感觉;被污染的水,给人视觉上、嗅觉上的不适感。后者造成的影响则是无形的、抽象的。例如,水污染、大气污染给人心理上造成的恐慌与担心。

有形的污染被制止和处理后,还需要消除物业使用人心理上的不良影响,即心理上的治理。心理上的治理方法主要是加强宣传教育。客观报告污染发生的原因、发生的过程、造成的危害、处理污染的人员,以及污染处理的结果等基本信息。科学分析、合理地引导物业使用人正确认识污染,消除有形污染对人们心理上的不利影响。

4. 总结经验和教训

从长远来看,要取得理想的污染治理效果,必须善于不断总结物业环境服务治理的经验和教训。每一次污染治理都会积累成功的经验,也会暴露一些不足。只有对经验和教训进行认真的总结和深刻的反思,才能确保在未来的污染治理中更好地利用成功的经验,避免重蹈覆辙,并克服以前的不足之处。

5. 依据国家的法律法规、政策及标准治理

物业环境管理是基层治理的一部分。物业服务企业不是国家行政机关,没有行政权力,但物业服务企业和基层政权一样,面对的是广大群众,在物业污染预防和治理方面必须依据国家相关的法律法规、政策及标准进行。

四、地表水的功能分类

熟悉地表水的功能分类,有利于解决水污染产生的纠纷,有利于消除业主或物业使用人心理的疑虑,保障物业环境管理的有效实施。以环境质量为维度把地表水分为五个等级,或者称之为五类。

Ⅰ类:主要适用于源头水、国家级自然保护区。例如,位于青藏高原之上的黄河和长江发源地的源头水。

Ⅱ类:主要适用于集中式生活饮用水水源地一级保护区、珍贵鱼类保护区、鱼虾产卵区域等。

Ⅲ类:主要适用于集中式生活饮用水水源地二级保护区、一般鱼类保护区及游泳区。

Ⅳ类:主要适用于一般工业用水及人体非直接接触的娱乐用水。

Ⅴ类:主要适用于农业用水区及一般景观要求水域。

对于上述五类水,每一类水都有对应的详细指标数据。

五、噪声污染的控制标准

根据我国工业噪声卫生标准规定,对于每周工作5天,每天工作8小时的工矿企业的噪声不得超过90dB(A),新建厂矿不得超过85dB(A);噪声每3dB(A),工作时间要减少一半;最高噪声不得超过115dB(A)。

环境噪声标准ISO的调查认为,噪声干扰睡眠休息的极限是白天50dB,晚上45dB。现在各国在制定环境噪声标准时,都以ISO的这一结论为参考基准。

我国城市区域环境噪声标准见表7-1。

表7-1 我国城市区域环境噪声标准　　　　　　　　单位:dB

类别	昼间	夜间
0	50	40
1	55	45
2	60	50
3	65	55
4	70	55

注:0类标准适用于疗养区、高级别墅区、高级宾馆区等特别需要安静的区域。位于城郊和乡村的这一类区域分别按照严于0类标准5dB执行。
1类标准适用于以居住、文教机关为主的区域。乡村居住环境可参照执行该类标准。
2类标准适用于居住、商业、工业混杂区。
3类标准适用于工业区。
4类标准适用于城市中的道路交通干线两侧区域,穿越城区的内河航道两侧区域。穿越城区的铁路主、次干线两侧区域的背景噪声(指不通过列车时的噪声水平)限值也执行该类标准。

室内噪声标准分为住宅室内噪声标准和非住宅室内噪声标准,我国住宅室内噪声标准规定低于所在区域环境噪声标准10dB。非住宅室内噪声标准,是根据房间的不同用途提出来的,以室外传入室内的噪声级为基准。

任务四　物业环境卫生管理基本理论

学习准备

课前尝试解决下列两个问题。
(1)结合生活实际,思考物业环境卫生管理的主要内容。
(2)思考物业环境卫生管理应达到的标准。

相关知识

一、物业环境卫生管理的重要性

物业环境卫生在物业环境管理中处于十分重要的位置,其重要性具体体现在以下方面。

1. 业主和使用人生活、工作的最基本要求

物业环境卫生管理是工作的需要,也是生活的需要,是物业使用人感受最深刻的物业环境服务。整洁、卫生的环境,不仅使人身体健康,而且赏心悦目,有利于提高工作效率。因此,物业使用人很重视物业环境卫生,也往往最挑剔,一旦保洁工作没做好,就会引起投诉与不满。

2. 体现物业服务企业管理水平高低的标志

一般在对管理工作进行详尽的考察之后,才能衡量物业管理水平的高低。但是人们往往凭直觉来衡量,而在直觉方面,卫生保洁给人的印象最深刻。对于环境优美的物业,人们对其管理水平往往给予较高的评价,常用"卫生保洁是美容师""卫生保洁是脸面"来形容保洁工作的重要性。

3. 物业区域建筑和设备维护保养的需要

卫生保洁工作在延长建筑物和设备使用寿命上起到重要作用,外墙瓷砖、花岗石,如果不经常清洗保养,表面就会逐渐受到侵蚀;不锈钢扶手如果不及时保养就会生锈,失去光泽;地毯如果不经常清洗,很快就会变得肮脏不堪等。调查表明,地毯保养不好只能用1~2年,保养得好可以使用3~4年。大堂大理石地面一般使用7~8年后会失去光泽,需要进行磨光处理。但是良好的保养可以延长一半以上的使用时间。因此,应当从建筑物和设备保养的高度、从经济的角度进一步认识保洁的重要性。

4. 社会经济发展的需要

社会上许多人认为保洁就是扫地、扫水与除尘等一些无任何科技含量的小事。其实不然,现代保洁涉及化学、物理、机械、电子等学科的知识。不同的建筑物材料需要使用不同的保洁清洗剂,现代化的保洁设备的操作使用,高层外墙保洁的危险性与复杂性等,使现代保洁工作具有相当程度的技术性。

二、物业环境卫生管理的主要内容

1. 公共场所保洁管理

(1) 室内公共场所清洁和保养,主要是指围绕办公楼、宾馆、商场、居民住宅楼等楼宇内开展的物业保洁,包括楼内大堂、楼道、大厅等地方的卫生清扫、地面清洁、地毯清洗、门、玻璃、墙、柱等物品的擦拭、清洗,卫生间的清扫与清洁。

(2) 室外公共场所的清扫和维护。室外公共场所主要有道路、花坛、绿地、停车场地、建筑小品、公共健身器材等。重点应做好地面清扫、绿地维护、建筑小品维护和清洁等。

(3) 楼宇外墙、楼顶的清洁和保养,主要是指楼宇的外墙清洁和墙面的保养,以及楼顶等附属设施的清洁与维护。

2. 生活垃圾管理

(1) 生活垃圾的收集和清运。根据物业管辖范围内居住人员情况和管辖区域物业的用途确定垃圾产生量,并以此来确定收集设施的规模、数量,合理布设垃圾收集设施的位置,包括垃圾桶、垃圾袋、垃圾箱等,并制订日常的清运计划和时间安排。

(2) 装修建筑垃圾的收集和清运。随着装修量的不断增加,相应的装修建筑垃圾问题日益突出。建筑垃圾产生量大,品种相对稳定,不易降解。建筑垃圾如果混杂在普通生活垃圾中,会降低生活垃圾的热值和增加生活垃圾的数量,使生活垃圾难以采用焚烧处置或占用卫生填埋场地,增加生活垃圾处理的难度。因此,装修产生的建筑垃圾应单独收集和清运,并采取综合利用的办法进行处置。

(3) 垃圾收集设施的维护和保养。近年来,垃圾收集设施品种和规格不断增加,垃圾场、中转设施更加完善,各种形状、规格的垃圾箱、果皮箱逐渐取代了传统的大型铁皮垃圾箱,应根据垃圾收集设施的特点经常对其进行维护和保养。

3. 公共场所卫生防疫管理

(1) 公共场所传染病控制。公共场所包括宾馆、商场、文化娱乐场所、公共浴池、图书馆、博物馆、医院候诊室、公交汽车、火车等。就目前物业管理范围而言,重点涉及的是宾馆、商场、办公楼等公共场所的消毒问题。

(2) 公共场所杀虫、灭鼠。公共场所有许多病媒昆虫、动物,它们容易在人群居住的地方传播疾病,尤其是苍蝇、老鼠、蚊子、臭虫等"四害"以及蟑螂、蚂蚁等。因此,杀虫、灭鼠是物业卫生保洁工作的内容之一。

三、物业环境卫生管理的基本要求

1. 环境卫生管理要责任分明

环境卫生管理是一项细致、量大、烦琐的工作,每天都有垃圾要清运、场地要清扫,涉及物业管理范围内的每一个地方、每一个角落。因此,必须做到责任分明,必须做到"五定",即定人、定地点、定时间、定任务、定质量,对保洁区域的任何地方都要有专人负责清洁卫生,并明确清扫的具体内容、时间和质量要求。

2. 环境卫生管理要明确指标

环境卫生不是能用自然指标来衡量的,它的成果是一个相对比较值。例如,地面的清洁就是一个相对值。只有明确具体的管理指标,才能对卫生清扫、垃圾清运等工作进行评判和验收。例如,物业区域道路的清洁标准可以是每天清扫两遍,每日清洁,并达到"六不""六净",即不见积水、不见积土、不见杂物、不漏收堆、不乱倒垃圾和不见人畜粪;路面净、路沿净、人行道净、雨水口净、树坑墙根净、垃圾箱净。

3. 环境卫生管理要及时快速

垃圾每天都产生,灰尘随时会落下,因此,环境卫生管理必须体现及时性,对每天产生的垃圾必须及时清除,做到日产日清,并建立合理的分类系统。

4. 环境卫生管理要因地制宜

不同类型、不同档次的物业对楼宇内的公共部位清洁卫生的质量标准不同,相同的物业管理区域中不同的管理部位要求的标准也可能不同,物业服务企业应根据实际情况判定相应的清洁卫生标准,制定相应的管理制度。

四、物业环境卫生管理的具体标准

1. 卫生清洁达标标准
1) 物业管理楼宇内卫生标准
(1) 地面无废杂物、纸屑、污迹、泥土、痰迹等。
(2) 墙面、踢脚线、消防排烟口、警铃、安全指示灯、壁灯、各种标牌表面干净,无灰尘、水迹、污迹、斑点。
(3) 电梯的墙面、地面、门框、指示牌表面干净,无油迹、灰尘、杂物。
(4) 玻璃窗(玻璃、窗框、窗帘、窗台)明净、光洁,无积尘、污迹、斑点。
(5) 各种设施外表(如大堂前台、广告牌、信箱、消防栓箱、楼层分布牌等)外表清洁。
(6) 楼梯(所管辖区域内的楼梯、防火梯)无灰尘、杂物。
(7) 扶手、栏杆光洁、无积尘,玻璃无污迹。
(8) 门(各卫生区域内的门)干净,无灰尘、污迹。
2) 物业管理区域楼宇外卫生标准
(1) 所管区域地面和道路整齐、干净,无垃圾、沙土、纸屑、油迹等,无脏乱物品。
(2) 绿化带、花草盆中无垃圾、杂物,花草叶无枯萎和明显积尘,花草盆内无积水和异味。
(3) 建筑小品、健身器材外表干净,无污迹、积尘,无损伤,表面油漆无脱落,无锈。

2. 物业管理区域垃圾容器的存放要求
物业管理区域内各个场所应视情况分别设置垃圾袋、垃圾桶、纸篓、茶叶筐等临时存放垃圾的容器,对于垃圾存放的容器应注意以下几点。
(1) 存放容器要按垃圾种类和性质配备。
(2) 存放容器要按垃圾的产生量放置在各个场所。
(3) 存放容器要易存放、易清倒、易搬运、易清洗。
(4) 重要场所的存放容器应加盖,以防异味散发。
(5) 存放容器及存放容器周围(地面、墙壁)要保持清洁。
(6) 有条件的小区要实行垃圾分类回收,并设立相应的分类回收设施。

3. 垃圾临时存放处的卫生要求
(1) 无堆积垃圾。
(2) 垃圾做到日产日清。
(3) 所有垃圾集中堆放在堆放点,做到合理、卫生,四周无散积垃圾。
(4) 垃圾应实行分类存放;可作为废品回收的垃圾,要分开存放。
(5) 垃圾间保持清洁,无异味,经常喷洒药水,防止发生虫害。
(6) 按要求做好垃圾袋装化。

任务五 物业环境绿化管理

学习准备

物业绿化在物业环境中占据重要地位。请注意观察校园的环境绿化,思考校园绿化的成功之处与不足之处,并思考如何改善绿化环境。

相关知识

一、物业环境绿化的作用

物业环境绿化的作用主要体现在以下几个方面。

1. 美化环境,陶冶情操

铺满绿色植物,同时配以和谐的多种色彩,整个小区就会有一个美好的形象。绿色植物不是一种重要的陪衬,而是富于蓬勃生机和审美情趣的构筑材料,灰色的高楼大厦如果没有繁花绿树的"包装",会给人僵硬死板、单调乏味的感觉。在建筑物四周,有高低参差的乔木、灌木、青青的草地、色彩缤纷的花卉和路面装饰,能将分散的建筑统一起来,使建筑物刚硬的线条变得柔和,使整个建筑群和小区的色彩丰富起来,居民就会感到神清气爽、轻松愉悦。

2. 改善空气质量,有益人体健康

(1)吸收二氧化碳,制造氧气。园林植物对净化空气有独特的作用,它能吸滞烟灰和粉尘,并通过绿色植物的光合作用,吸收二氧化碳等有害气体、释放氧气,这些都对净化空气起到了很好的作用。

(2)杀灭细菌。许多树木分泌杀菌素,具有杀死病菌的功能。城市绿化植物中具有较强杀菌能力的种类有柠檬桉、大叶桉、白千层、臭椿、悬铃木、茉莉花及樟科、松科、柏科等的一些种类。

(3)降尘、防尘。园林植物对空气中的颗粒污染物有吸收、阻滞、过滤等作用,使空气中的灰尘含量下降,从而起到净化空气的作用。

3. 改善小气候,调节温度,保持水土,防风固沙

(1)调节空气湿度。园林植物是湿度的"调节器"。植物通过叶面蒸腾水分,使土地的大量水分被释放到空气中,使空气中的湿度明显增加。增加的空气湿润度,可以减少干燥对人的影响。由于树木强大的蒸腾作用,使水汽增加,空气湿润,从而为人们在生产、生活上创造了凉爽、舒适的气候环境。

(2)调节气温。园林绿化可以调节气温,起到冬暖夏凉的作用。树木通过叶面蒸发水分,带走热量、降低自身与周围的温度。因此,在绿化好的地方,人们会感到空气清新,可以为人们提供消暑纳凉、防暑降温的良好环境。在寒冷的冬季,树木能够降低风速,减弱冷空气的侵入。

（3）保持水土。树木和草地对保持水土有非常显著的功能。树木的茂盛枝叶可以有效地覆盖地面,当雨水下落时会首先冲击树冠,不会直接冲击土壤表面,可以减少表土的流失;树冠本身还能积聚滞留一定数量的雨水,防止其直接落在地面;同时,树木和草本植物的根系在土壤中蔓延,能够紧紧地抓住土壤,防止其被冲走。

（4）防风作用。树木防风的效果非常显著,树木适当密植,可以增加防风的效果。同时气流穿过绿地时,受树木的阻截、摩擦和过筛作用,减弱了风的速度。

4. 减弱城市噪音

利用绿化树木的庞大的树冠和枝干,则可以吸收、减弱或阻断噪音。因此,周围有树木绿化的小区其噪音影响明显低于四周无树木绿化的小区。

二、物业环境绿化的目标

1. 达到一定的绿化率规划标准

在不同的时期、针对不同的区域,国家规定了不同标准的绿化率。现阶段全国城市规划建成区绿地率要达到35%以上。改建旧城区绿化用地不得低于建设用地总面积的25%;单位附属绿地面积占单位总用地面积比例不低于30%,其中工业企业、交通枢纽、仓储、商业中心等绿地率不低于20%,并根据国家标准设立不少于5m的防护林带;学校、医院、疗养院所、机关团体、公共文化设施、部队等单位的绿地率不低于35%。

2. 实现物业环境的美化

物业环境绿化在实现绿化达标的基础上,还需实现美化的目标。不同档次的物业,其美化的标准不同、美化的档次不同。尤其是高档的物业项目,美化环境的效果特别明显。高档次的物业项目精心设计,规模宏大,花草树木珍贵。

3. 实现物业环境绿化的作用

物业环境绿化的作用有多种,特定物业项目的环境绿化的目标可能不同。部分物业项目的绿化是为了减少、减弱噪音,如在道路交通沿线的物业项目;部分物业项目的绿化是为了保持水土,防止水土流失,如项目内部高处的绿化草坪;也有部分物业项目的绿化是为了吸收有毒有害气体,改善空气质量,如在城市的中央交通、人口密集的区域等。

三、物业环境绿化的原则

城市园林绿化的发展应该坚持以下原则。

1. 生态化原则

根据植物的生物生态学特性,因地制宜进行园林绿化的配置非常重要。在保护原有绿化植被的同时,应首先调整树种结构,选用的树种必须对自然环境适应性强、抗病性强且易于栽培管理,植物配置以乔木为主,使乔、灌、草三者搭配比例合理,常绿树种与落叶树种混交,速生树种与慢生树种有机结合,塑造优美的符合自然生态规律的植物景观。

2. 文化指导原则

城市园林绿化建设应有利于当地区域文化的传承与发展、特色城市风格的推动和塑造。环境绿化可以以自然生态条件、区域性培育植被为前提,融入历史文化和现代文化。要想坚持文化指导原则,首先要对于当地的文化特征进行有效的分析,并合理地融入园林城市建设中,使城市园林能够充分地展现当地城市文化。

3. 地域性原则

种植规划以当地典型的自然植物群落为蓝本,坚持因地制宜、适地适树的原则,设计选用地带性植被、乡土植物作为基调,模拟自然植物群落,突出植物景观的地域特色。同时,应用乡土植物要因地制宜,这样不仅可增加观赏植物的品种,而且能实现多样化园林树种的协调发展,使物种多样性更加丰富,生态系统更加稳定,从而达到植物多样性保护和可持续利用的目的。

4. 多样化原则

在植物配置上体现三个多样化,即树种多样性、季相多样性及生态环境多样性。树种多样性体现在规划建设中,即要因地制宜,依据生态学原理和生物学特性,科学地选用树种及合理配置多种花草树木。季相多样性体现在植物的形状、颜色和姿态,随着四季的交替变换而呈现出丰富多彩的园林季相景观。生态环境多样性体现在场地内有不同的绿化地段,应尽可能体现不同的生态环境。

项目八　物业公共秩序管理

学习目标

（1）领会物业治安管理的重要性和物业治安的特征。
（2）掌握物业治安的任务、物业治安的方式。
（3）掌握物业消防管理的原则、任务和方法。
（4）掌握物业车辆交通管理的意义、目标和内容。

素质目标

（1）培养学生的安全意识。
（2）培养学生的消防意识。
（3）树立学生的交通安全意识和礼让意识。

能力目标

（1）能够恰当地使用物业治安管理方法实现物业治安的任务。
（2）能够根据燃烧的条件与所管项目的实际情况采取适当的火灾预防措施。
（3）能够熟练使用灭火器，并且根据火情使用对应的灭火方法。
（4）能够根据物业消防管理、车辆管理的任务安排好各项工作。

任务一　物业治安管理

学习准备

有人说国家有公共安全部门，地方有公安局、派出所，物业管理无须考虑治安问题，物业安保人员是浪费资源。你认为这种说法正确吗？

相关知识

一、物业治安的含义

治安有两层含义，一是指社会治安秩序；二是指维护治安秩序的社会活动。

治安管理是指国家为维护公共秩序和社会治安而依法组织的行政管理工作。

物业治安管理是指物业公司依照我国治安管理的法律法规和规章,运用物业管理的手段和方法,为维护物业管理区域内的治安秩序,预防各种治安危害的发生,针对所管物业实施的一系列活动。

二、物业治安的价值

1. 预防和制止违反治安管理的行为及犯罪行为

预防和制止扰乱公共秩序的行为;预防和制止妨碍公共安全的行为;预防和制止侵犯他人人身权利的行为;预防和制止妨碍社会管理秩序的行为;预防和制止违反消防管理的行为;预防和制止违反户口和居民身份证管理、出租屋管理的行为。

2. 维护小区正常秩序

保护各类治安现场,疏导群众,维护秩序;维护小区内的交通秩序;协助小区内住户的报警,为行人、住户指引带路,救助突然受伤、患病、遇险等处于无援助的人,帮助遇到困难的伤残病人、老人和儿童;受理拾遗物品,设法送还失主或上交;巡视小区安全防范情况,提示公司有关部门、商铺、住户消除隐患。

三、物业治安的特征

1. 综合性强,管理难度大

物业治安管理对象大部分为居住小区或者办公楼,它们的特征是楼层高、面积大、进出人员多且复杂,因此管理起来存在一定的难度。

2. 服务性强

物业治安管理本身是为业主服务,为用户提供保卫安全服务,在服务过程中治安人员要坚持"服务第一,用户至上"的服务宗旨,才能为业主提供满意优质的服务。

3. 制约性强

物业治安人员在对物业进行治安管理过程中,虽然可以协助公安部门办案,维护物业安全,但是会受国家公安主管部门、物业管理服务合同等的制约。

4. 灵活性和能动性强

物业治安的方法与措施应具有较强的灵活性,以适应不同物业、不同人群的需要;充分发挥物业服务企业和广大业主的积极性和主动性;坚持灵活多样的安保措施,坚持群防群治。

四、物业治安的任务

1. 维护物业服务区域内正常的治安秩序

巡逻时发现四处游荡的闲杂人员,要及时查询清楚,了解情况,尤其对于拉帮结派的闲杂人员更要认真对待,并及时进行清理。对于打架斗殴或聚众闹事的人员,要及时劝阻、制止。发现有人在辖区内无理取闹，影响正常秩序时，应予以劝阻，以维护正常秩序。对于私自进入物业区域的摊贩，要按照相关规定加以清理。巡逻时，对于重点区域应认真巡查，对于可疑的人或事要查明情况，及时处理，以防发生事故。

2. 保护物业区域内重点目标的安全

科学安排巡逻间隔时间，在夜间应尽量缩小巡逻的间隔时间，以便对重点目标实行有效控制。科学安排巡逻路线，应把重点目标作为巡逻的必经路线，以便随时巡查，科学配置巡逻力量。在巡逻时，对重点目标要加大巡逻力量，必要时可以采取双组交叉巡逻的方法，使重点目标时刻处于保安员巡逻的视线之内。

3. 及时发现事故苗头，预防灾害事故发生

在举办大型文体娱乐活动的场所，人群流量高度密集的进场、退场期间，要积极宣传疏导，防止拥挤推搡致使安全事故的发生。在物业区域内部和周边交通干线机动车往来频繁，与非机动车辆、行人混杂行驶期间，应加强分道行驶和互相礼让等疏导指挥工作，防止交通事故发生。对物业装修工程施工现场，重点应检查消防器材设施设备是否完备，电线与电器设施设备有无漏电、断线、产生火花，现场施工是否有违章使用明火或使用明火与易燃品同步作业等现象，一经发现应立即报告，并及时消除。

4. 及时发现各种嫌疑情况，协助制止和打击违法犯罪活动

保安员在执行巡逻任务过程中，对一切可能影响或危及巡逻区域及重点目标安全的各种现象，应及时发现，严格控制，果断处理，以确保巡逻区域内的治安秩序和业户人身、财产的安全。巡逻中需要及时发现的问题主要包括以下方面。

1) 可疑的人员

对于擅自进入巡逻区域内的不明身份的人员，保安员要进行必要的盘查，以查明其身份、进入巡逻区域的原因和方法等。凡是擅自进入的闲杂人员，应及时要求其离开。对形迹可疑的人员，应报告相关部门进行审查。对于行为鬼祟或在窥视重点目标的人员，要提高警惕，密切监视；发现其有不轨行为时，应采取果断措施，制止违法犯罪行为。对嫌疑人要严格控制，并及时报告公安机关，协助公安机关打击违法犯罪活动，维护治安秩序。

2) 可疑的物品

保安员在巡逻时应细心观察，认真巡查，对于突然出现的不明物体或异常物品要及时查明有无危害并查清其来路，对于有危害性或破坏性的物品要及时清理，对于犯罪嫌疑人放置的作案工具要及时报告有关部门处理。

3) 可疑的现象

保安员在巡逻过程中要善于发现异常现象和异常事物。例如，重点目标本身或周围的某些变化，应锁闭却被开启的门窗、夜间突然断电、有不正常的响声、围墙或隔离网的损坏等各种异常现象都要及时发现，密切关注，并查明原因，及时处理，使违法犯罪者无机可乘。需注意的是，各种异常现象的存在或出现并不明显，有些还很隐蔽。因此，保安员必须以高度负责的精神，细心观察、认真对比、综合分析，及时发现各种异常现象，防止发生各种违法犯罪行为。

在巡逻执勤中一旦发现物业区域内发生案件、事故，无论产生的原因是什么，都应采取行动，一方面报告公安机关和有关部门；另一方面立即采取措施，划定现场区并实施封闭,设置警戒,严禁无关人员进入,同时紧急抢救伤者,保护好证据,注意发现各种可疑情况和抓获违法犯罪分子,倾听现场周围群众的各种议论反映等。对于犯罪嫌疑人正在作案的犯罪现场,保安员应根据现场的实际情况采取果断措施予以制止,并及时将其抓获,防止其逃跑或毁灭证据,同时报告公安机关予以处理。

5. 做好巡逻工作

1) 保安巡逻的方式

巡逻方式是指保安员实施巡逻服务时所采用的方法,主要有步行巡逻、自行车巡逻、电瓶车巡逻。在物业管理中,步行巡逻和电瓶车巡逻这两种方法运用得最为普遍,巡逻方式要因地、因时制宜,同所处环境相适应。

2) 保安巡逻服务的实施方法

(1) 定点巡逻法。定点是指巡逻区域内的重点目标或重点部位。定点巡逻法是指保安员按照相关规定的要求,对巡逻区域内重点目标、要害部位进行重点巡查的巡逻方法。

(2) 定线巡逻法。定线是指巡逻的路线。定线巡逻法是指保安员在一定的时间和区域范围内,按照指定的巡逻路线作有规律的往返警戒和看护检查的一种固定线路的巡逻方式。

(3) 点线结合巡逻法。点线结合巡逻法是指以巡逻区域的重点目标为中心,围绕中心确定巡逻路线,组成点线结合巡逻网络的巡逻方法。

(4) 不定线巡逻法。不定线巡逻法是指保安员在巡逻区域内,根据实际任务的需要自由选择巡逻路线,自由灵活实施巡查的方法。

3) 保安巡逻服务的要求

(1) 制订完备的巡逻方案和详细的巡逻计划。执行巡逻任务前应制订详细具体的巡逻计划,明确巡逻范围、巡逻任务、职责要求、人员配置、巡逻路线、巡逻方式、应急处置等具体内容,并严格按照计划执行巡逻执勤,以保证巡逻任务的顺利完成。

(2) 建立一支经过专门训练的保安巡逻队伍。保安巡逻服务的涉及面广、机动性较强,随时都可能遇到突发事件或意外事故,面对情况比较复杂,对执行巡逻服务的保安员应提出更高的要求。因此,需要有一支素质高、业务能力强的保安队伍执行巡逻任务,要求每一个保安员都经过专门训练,掌握巡逻执勤的业务知识和方法技能,才能较好地完善巡逻任务。

(3) 加强保安通信器材和装备的配置。巡逻服务具有突发的运动性特点,业务空间较大,经常会遇到各种各样的情况,需要及时通报、联络请求援助,在发生突发事件时,也需要相关的装备配置进行处理。因此,应按照有关规定,确保执行巡逻任务的保安员之间、巡逻人员与指挥系统之间的正常联系,一旦发生突发事件或意外事件,便于及时报告和请求援助,同时也可以大幅提高保安员的应急处置能力。

(4) 合理科学地配置和使用巡逻力量。对于巡逻范围大、重点保护目标多的巡逻区域,可设立巡逻队,布置足够的力量执行巡逻任务。对于巡逻空间小、没有重点目标或重点目标较少的巡逻区域,则可适当安排巡逻力量,以免造成人员上的浪费。

(5) 增强巡逻人员的防范意识。保安员必须时刻保持警惕,加强防范意识;巡逻执勤时要善于观察,善于分析、善于发现问题,不放过任何异常情况和可疑的迹象;发现问题,果断决策,及时处理。

(6) 加强与公安机关及有关部门的联系。维护巡逻区域内的正常秩序和良好的治安环境,协助公安机关制止和打击违法犯罪活动,是保安巡逻服务的一项重要任务。巡逻中遭遇的许多突发事件离不开公安机关的支持,需要公安机关进行处理。因此,必须加强与公安机关的联系,取得业务上的支持和帮助。

五、物业治安的方式

1. 封闭式管理

封闭式管理是以楼宇的整体为管理单位,用隔离体将楼宇(含附属场地)与外界分开,在管理范围内对进出楼宇区域的人员、车辆等流动性因素进行控制管理,并为业主提供周密细致的衣、食、住、行、用等方面的服务。

物业入口有保安员 24 小时值班,并且有门禁系统。出入口门禁安全管理系统是新型现代化安全管理系统,它集微机自动识别技术和现代安全管理措施为一体,涉及电子、机械、光学、计算机技术、通信技术、生物技术等诸多新技术,是解决重要部门出入口实现安全防范管理的有效措施。用户有专用通行证件进入,外来人员必须征得物业同意并办理登记手续方可入内。这种方式适用于政府机关、部队等一些要害部门或别墅、高级写字楼等一些高档物业及业主、使用人有特别要求的物业管理。其管理特点是整个物业为封闭体系,物业出入口有专门的保安人员看守,业主、使用人有专用通行证件,外来人员须征得业主、使用人同意并办理登记手续方可入内。

在实际工作中会采用全封闭式管理、半封闭式管理和局部封闭式管理。

1) 全封闭式管理

全封闭式管理是对进出物业的人、车、物全部实行查验放行的管理方法。全封闭式管理要求物业具有物质上的全部隔离装置,采用先进技术来防止翻越及翻越报警,对物业所有的出入口都进行管理,具体管理内容主要包括以下方面。

(1) 人:访客必须得到业主的许可,并进行登记;其他人员禁止入内。

(2) 车:所有机动车辆进行登记发卡,验证后放行。

(3) 物:禁止物业不允许存放的物品入内(如危险品、剧毒物品等),大件或具有一定价值的物品需由业主本人同意方可运出。

全封闭式管理安防效果好,但成本较高,较高档次的住宅物业,尤其是高层住宅楼宇较多采用这种管理方法。

2) 半封闭式管理

半封闭式管理是对进出物业的人、车、物实行部分查验放行的管理方法。半封闭式管理要求物业具备实施限制、隔离和管理的物质条件、技术手段和管理方法。当实行全封闭式管理条件不足时,可考虑进行半封闭式管理,一般较大型的住宅小区、写字楼、工业区较多选用半封闭式管理。

半封闭式管理同样需要根据物业的实际情况进行设计。通常情况下有下列几种类型。

(1) 对大型住宅小区的半封闭式管理:对人和物品进行选择性限制(选择性限制是指

保安员根据目测、观察和经验,有选择性地对可疑的人员和物品进行查验放行),而对全部机动车辆进行扫描车牌后放行。

(2) 对写字楼的半封闭式管理:对人和进入物品进行选择性限制,对大件的运出物品进行验证放行,对全部机动车辆进行扫车牌后放行。

(3) 对工业区的半封闭式管理:对人和进入物品进行选择性限制,对全部的运出物品进行验证放行,对全部机动车辆进行扫车牌后放行。

3) 局部封闭式管理

局部封闭式管理是对物业进行区块上的划分,对部分区域进行封闭式管理而对其他区域进行开放式管理,多数运用于混合型物业。例如,对包含商业街的住宅区,可以对住宅部分进行封闭式管理,而对商业部分则进行开放式管理。

2. 开放式管理

一些大的住宅小区或商业楼宇都采用开放式管理,即业主、使用人无须办理专用通行证件,而且外来人员只要着装整洁均可自由进出。不过一些商业楼宇在非办公时间也采用封闭式治安管理,以确保业主、使用人的财产安全。

任务二 物业消防管理

学习准备

自1998年《中华人民共和国消防法》实施,已经过去30多年,但是每年仍有许多人在火灾中丧失宝贵的生命。请思考出现这个问题的原因。

相关知识

一、物业消防的基础知识

1. 燃烧

燃烧是物质剧烈氧化并发光发热的化学现象。燃烧必须同时具备以下三个基本条件。

1) 可燃物

凡是能与空气中的氧或者其他氧化剂发生燃烧反应的物质,都属于可燃物。按其物理状态分为气体可燃物、液体可燃物和固体可燃物三种类别。例如,木材、纸张、汽油、酒精、煤气等。

2) 助燃物

凡与可燃物结合能支持和导致燃烧的物质,即为助燃物,一般是指氧和氧化剂,主要是指空气中的氧。这种氧称为空气氧,在空气中约占21%。可燃物质没有氧参加化合是不会燃烧的。例如,燃烧1kg石油需要10~12m³空气,燃烧1kg木材需要4~5m³空气。当空气供应不足时,燃烧会逐渐减弱,直至熄灭。当空气的含氧量低于14%~18%时,就不会发生燃烧。

3) 点火源

凡能引起可燃物燃烧的点燃能源即为点火源。例如,明火、摩擦、冲击、电火花等。

具备以上三个条件,物质才能燃烧。例如,生火炉只有具备了木材(可燃物)、空气(助燃物)、火柴(点火源)三个条件,才能被点燃。

燃烧充分条件:可燃物要有一定的数量;助燃物要有一定的浓度;点火源要有一定的热量;未受抑制的链式反应。

2. 火灾

火灾的分类有两种形式,一种是按照燃烧物特性不同划分,另一种是按照人员伤亡和财产损失数不同划分。

(1) 按照燃烧物特性不同划分为 A、B、C、D、E 五类。

A 类火灾:固体物质的火灾,如木材、纸张。

B 类火灾:指液体和可熔化的固体物质火灾,如汽油、煤油等。

C 类火灾:指气体火灾,如天然气、煤气等。

D 类火灾:指金属火灾,如钾、钠、镁等。

E 类火灾:电器火灾和精密仪器火灾。

(2) 按照人员伤亡和财产损失数不同划分为特大火灾、重大火灾和一般火灾。

① 特大火灾:死亡 10 人以上;重伤 20 人以上;受灾 50 户以上;烧毁财物损失 100 万元以上。

② 重大火灾:死亡 3 人以上;重伤 10 人以上;受灾 30 户以上;烧毁财物损失 30 万元以上。

③ 一般火灾:不具备前两项情形的为一般火灾。

3. 火灾预防基本措施

1) 控制可燃物和助燃物

用难燃或不燃材料代替易燃或可燃材料;用防火涂料浸涂可燃材料,以提高其耐火极限;对易燃易爆物质的生产,要在密封设施设备中进行;对于易形成爆炸性混合物的生产设施设备要用惰性气体保护。

2) 控制或消除点火源

通常引起火灾主要是由于有明火点燃,因此,超前控制这些火源的产生和使用范围,严格用火管理,控制或消除点火源是防火的重要措施。经常引起火灾的常见点火源大致有下列九种:①生产用火;②生活用火;③燃放爆竹;④炉火及飞灰,如锅炉、加热炉、电炉等内的炉火,烟道喷出的过热飞灰;⑤电器设施设备发热,如由于长时间用电、短路、超负荷等原因产生的表面高温、电弧或电火花;⑥机械设施设备发热;⑦物质本身由于升华作用产生的能引起燃烧的热;⑧静电火花、雷击等火源;⑨人为纵火,如为图报复故意纵火、为掩盖罪行而纵火等。

3) 阻止火势扩散蔓延

阻止火势扩散蔓延是指防止火焰或火星等火源窜入有燃烧、爆炸危险的设施设备、管道或空间,或者阻止火焰在设施设备和管道中扩展,或者把燃烧限制在一定范围避免火势向外延烧。

4. 灭火基本方法

1）冷却法

冷却法是指采取措施将燃烧物的温度降至着火点（燃点）以下，使燃烧停止。具体措施如下。

（1）用水扑救一般固体物质火灾。

（2）用二氧化碳扑救精密仪器、图书馆等贵重物品及特殊建筑物火灾。

（3）用水冷却受威胁的可燃物、建筑物等，阻止火势蔓延。

2）窒息法

窒息法灭火的主要灭火机理是降低氧浓度，二氧化碳灭火剂主要依靠窒息作用和部分冷却作用灭火，往着火的空间充灌惰性气体、水蒸气等，这样的灭火方法称为窒息法。具体措施如下。

（1）用浸透水的海棉被、湿麻袋、沙子等难燃或不燃材料覆盖燃烧物，阻止空气进入燃烧区。

（2）用泡沫覆盖固体或液体表面。

（3）用水蒸气或惰性气体（如二氧化碳、氮气）灌注容器设施设备稀释空气含氧量。

3）隔离法

用难燃或不燃物体遮盖受火势威胁的可燃物质的灭火方法称为隔离法。具体措施如下。

（1）关闭可燃气体、液体管道的阀门，以减少和阻止可燃物质进入燃烧区。

（2）将火源附近或燃烧区周围受到火势威胁的可燃物和助燃物搬走或移开。

（3）拆除与火源或燃烧区相连的易燃建（构）筑物，形成阻止火势蔓延的空间地带。

4）抑制法

抑制法是将有抑制作用的灭火剂喷射到燃烧区，并参加到燃烧反应过程中，使燃烧反应过程中产生的游离基消失，形成稳定分子或低活性的游离基，使燃烧反应终止。目前使用的干粉灭火剂等均属此类灭火剂。

5. 扑救火灾的一般原则

1）报警早，损失少

报警应沉着冷静，及时准确、简明扼要地报出起火部门和部位、燃烧的物质、火势大小；如果拨打119火警电话，必须讲清楚起火单位名称、详细地址、报警电话号码及自己的姓名，同时派人到消防车可能来到的路口接应，并主动及时地介绍燃烧的性质和火场内部情况，以便迅速组织扑救。

2）边报警，边扑救

在报警时，要及时扑救初起火。在火灾初起阶段，由于燃烧面积小，燃烧强度弱，放出的辐射热量少，是扑救的有利时机，可以用很少的灭火器材，如一桶黄沙或少量水就可以扑灭。因此，就地取材，不失时机地扑灭初起火灾是极其重要的。

3）先控制，后灭火

在扑救火灾时，应首先切断可燃物来源，然后争取灭火一次成功。

4) 先救人，后救物

在发生火灾时，如果人员受到火灾的威胁，人和物相比，人是主要的，应贯彻执行救人第一、救人与灭火同步进行的原则，先救人，后疏散物资。

5) 防中毒，防窒息

在扑救有毒物品时，要正确选用灭火器材，尽可能站在上风向，必要时要佩戴面具，以防中毒或窒息。

6) 听指挥，莫惊慌

平时应加强防火灭火知识学习，并积极参与消防训练，这样才能在发生火灾时不会惊慌失措。

6. 灭火器的选用和使用常识

火灾发生初期，火势较小，如果能正确使用灭火器材，就能将火灾消灭在初起阶段，不致小火酿成大灾，从而避免重大损失。通常用于扑灭初起火灾的灭火器类型较多，使用时必须根据火灾燃烧物质的性质选择合适的灭火器，否则不但灭不了火，甚至可能发生爆炸。由于各种灭火器材内装的灭火药剂对不同火灾的灭火效果各异，因此必须熟练地掌握不同类型灭火器在扑灭不同火灾时的使用方法。

目前小区主要使用的是 ABC 型干粉灭火器及二氧化碳灭火器，灭火器的种类很多，按其移动方式可分为：手提式和推车式；按所充装的灭火剂又可分为：干粉、二氧化碳、泡沫、酸碱、清水等。

二、物业消防管理的原则

1. 谁主管谁负责原则

物业项目的主要负责人要对本项目的消防安全全面负责，是消防安全责任人；分管项目消防的分管领导，要对分管业务范围内的消防安全工作负责。

2. 依靠业主的原则

消防安全管理工作的基础是做好业主工作，要采取各种方式方法，向业主普及消防知识，增强和提高业主消防意识和防灾抗灾能力；要组织、建立义务消防组织，开展群众性防火、灭火工作。

3. 依法管理的原则

依法管理就是消防行政职能部门依照国家相关的法律法规、规章，对消防安全事务进行管理；依法加强对物业项目消防设施设备的运行状况、物业消防的制度建设、人员配备等进行监督检查；对违反消防管理的行为和火灾事故责任者认真追究，严肃处理。

4. 科学管理的原则

消防安全管理首先要遵循客观规律办事，包括火灾发生、发展的规律，以及与人们心理和行为、行业、季节、时间相关的规律等。其次要学习和运用管理科学的理论和方法提高工作效率和管理水平，并与实践经验有机地结合起来。此外，还要逐步采用现代化的技术手段和管理手段，以取得消防管理的最佳效果。

5. 综合治理的原则

消防安全管理的方式、运用管理的手段、管理所涉及的要素及管理的内容都表现出较强的综合性质。消防管理不能仅依赖单个部门或单一手段,而应与行业、单位的整体管理统一起来。管理中不仅要运用行政手段,还要结合法律、经济、技术和思想教育等多种手段进行治理。管理中需要考虑各种有关安全的因素,对人、物、事、时间、信息等进行综合治理。

三、物业消防管理的任务

物业消防工作的任务是:坚持贯彻"预防为主,防消结合"的方针,严格做好物业辖区的消防监督与管理,加强消防安全队伍建设和消防工作业务建设,努力防止火灾的发生,有效地扑灭各类物业火灾,减少辖区火灾损失,保护公司财产及小区业主的生命财产安全。

1. 消防队伍的建设与培训

物业服务企业的专(兼)职消防管理人员应具备一定的防灾灭火知识,熟悉《中华人民共和国消防法》及相应法律法规。消防控制室的操作人员必须经消防部门的教育培训后持证上岗,具有现代消防技术方面的知识,熟练掌握消防设施的运行情况和操作方法。

1)消防队伍的建设

(1)专职消防队。物业服务企业应根据所管物业的类型、档次、数量,设立专职消防管理队伍,负责消防工作的管理、指导、检查、监督与落实。

专职消防人员的职责如下。

① 熟悉并能正确使用各种消防设施和器材。

② 管理好小区内各种消防设施设备和器材。

③ 定期巡视、试验、检查、大修、更新各种消防设施和器材,指定专人管好设施设备,对产生的故障和不足,应及时报告给主管领导,并订维修计划。

④ 定期检查所管小区内要害部位,及时发现和消除火险隐患。

⑤ 抓好义务消防队的训练和演习。

⑥ 发现火警火灾时,立即投入现场指挥和实施抢救。

(2)义务消防队。义务消防队是群众性的基层消防组织,是我国消防力量中的一个重要组成部分。义务消防队的主要工作是预防工作。

义务消防人员的职责如下。

① 认真学习有关消防知识,掌握各种消防器材操作技术和使用方法。

② 积极做好火灾防范宣传工作。

③ 一旦发生火警火灾,立即投入现场抢救。

2)贯彻落实"谁主管,谁负责"的消防原则

(1)"谁主管,谁负责"原则的中心是层层落实防火责任制,从而调动各部门、各岗位和全体员工搞好消防工作的积极性。

(2)物业管理公司的法定代表人是本单位的防火安全工作第一负责人。

(3)物业管理公司各管理部门负责人是本部门的防火安全工作第一负责人。

(4) 各班组负责人以至每个职工都要对自己管辖工作范围内的防火安全负责。

2. 消防教育宣传

在小区内设置消防宣传标志牌,在居民楼道内张贴固定消防警语,编制居民消防公约,组织宣传消防安全知识,强化人们的消防安全意识,形成家庭一般火灾防范的基本概念,懂得起初火灾处理的基本方法。充分发挥物业与广大居民群众之间的联系和纽带作用,组织消防灭火训练演习,使广大人民群众掌握灭火的基本方法和火场自救逃生的基本技能。

3. 消防设施设备的配备与管理

在楼宇内应常备一些消防器材,有些楼宇还应安置一些消防装置。配备专职消防队的物业公司还应备有消防车和其他消防设施设备。

1) 灭火器

灭火器是一种可由人力移动的轻便灭火器具,它由筒体、筒盖、瓶胆、喷嘴等部件组成。灭火器种类较多,按其移动方式主要有手提式和推车式灭火器。

灭火器的使用方法如下。

(1) 水型灭火器:距离燃烧物10m,直立摘下保险帽,用手掌拍击顶端的突头,对准最猛烈处喷射,并逐渐靠近燃烧物。

(2) 空气泡沫灭火器:距离燃烧物6m,直立拔出保险栓,一手握压把,一手握喷枪,对准最猛烈处喷射,并逐渐靠近燃烧物。

(3) 干粉灭火器:距离燃烧物5m并在上风处,摇动几下,拔下保险栓,一手握压把,一手握喷嘴,保持直立。

(4) 二氧化碳灭火器:距离5m,一手压压把,一手戴手套握喷筒,对准火焰喷射,保持直立,灭火后操作者应打开门窗通风,迅速撤离。

2) 消火栓系统

消火栓系统主要由供水泵、管网、消火栓、水带、水龙头、喷水栓、报警按钮及报警电话等组成。为了确保其正常工作,应定期进行放水试验,检查系统是否能够正常出水。

3) 火灾自动报警系统装置

火灾自动报警系统由探测器、区域报警器和集中报警器组成。它的作用是尽早地探测到火灾的发生并发出警报,以便采取措施,预防和减少火灾的发生和造成的损失。按监测的火灾特性不同,火灾探测器常分为以下几种。

(1) 感烟式火灾探测器。

(2) 感温式火灾探测器。

(3) 感光式火灾探测器。

(4) 可燃气体火灾探测器。

4) 自动喷淋灭火系统装置

自动喷淋灭火系统是按照适当间距和高度装置一定数量喷淋头的供水灭火系统,主要由喷头、阀门、报警控制装置和管道等组成,具有安全可靠、控制灭火成功率高;结构简单、操纵养护方便;使用时间长,一般可保持几十年完好无损;灭火成本低且对环境无污染;可用电子计算机进行监控,便于集中管理和分区管理;自动化程度高,适用范围宽等优点。目前一些高档公寓、别墅、酒店及商贸楼宇都已安装了该种装置。

5）防排烟系统

现代化的高层楼宇里在安全通道附近都安装排烟装置。

6）加压送风系统

发生火灾时,为防止烟雾、毒气进入疏散通道及消防电梯厅,除安装防火门外,还在每一层的疏散楼梯及消防电梯前安装百叶式加压送风系统,以供应充足的新鲜空气,确保人员疏散和消防电梯的正常运行。

7）安全通道与消防电梯

当发生火灾时,人员可通过安全通道（即防火楼梯）进行紧急疏散直达室外或其他安全处（如避难层、平台等）。消防电梯是供消防灭火、抢救伤员、运输消防器材的专用电梯,高层建筑必须设置消防电梯,运送器材或人员。起火后,全部电梯归首,确认无人。消防电梯则由消防队员操纵投入灭火救援工作。

8）防水箱

低层建筑水箱贮存 10 分钟的消防用水量；高层一类建筑不应小于 $18m^3$，二类建筑和一类住宅建筑不应小于 $12m^3$，三类住宅建筑不应小于 $6m^3$。

消防水泵轴承温度不超过 75℃,无大的噪声或振动,各种仪表正常。

9）火灾事故照明和疏散指示标志

在楼梯、走道、消防电梯、配电室、控制室、水泵房、发电机房设事故照明；指示灯应设在墙面及转角处、楼梯间门口上方,间距不大于 20m,距地 1.5～1.8m。事故照明方式:一是手提式照明灯具,断电会自动亮灯,可手提；二是荧光涂料（硫化锌）,是一种发展趋势,无放射性。保证通道上的必要照度。火灾事故照明和疏散指示标志如图 8-1 所示。

4. 消防管理制度制定

物业服务企业应根据所管物业的实际情况,制定出适合所管物业的消防制度和防火规定,避免火灾事故的发生。

1）消防制度的内容

（1）消防管理岗位职责。消防管理岗位职责包括消防主管岗位职责、消防领班的岗位职责、消防值班员岗位职责。

（2）消防中心值班制度。对于消防值班员,应明确出工作职责和要求,交接班制度,定时巡逻,定期对消防设施设备进行检查和保养。消防值班人员必须树立高度的责任感,严肃认真地做好消防中心的值班监控工作。此外,还应制定消防中心值班制度和消防监控室值班制度。

（3）消防档案制度。建立完善的消防档案资料,对火灾隐患、消防设施设备状况、重点的消防部位都要记录在案,以便有案可查。消防档案包括:防火档案（负责人、平面图、管理制度、重点部位、工作概要、设施设备状况、交通及水源）；火灾档案（调查、扑救、责任人、通知书）；消防设施档案（设施数量、位置、储水）。

（4）消防安全检查制度,具体内容如下。

① 每月末及节日前,对公共区域、公共设施进行检查；由总负责人组织检查,工程、保安、部门负责人配合检查；检查项目为各灭火器材、消防栓；检查各机房的设施设备的运行

图 8-1 火灾事故照明和疏散指示标志

状况;检查电梯厅、通道、烟感及指示灯的正常与否。

② 执行消防检查制度,定时进行消防安全巡逻,做好记录,发现问题及时上报;重大节日、活动前夕进行消防安全检查;突击检查监控中心值班情况及对系统操作的熟练性、规范性;每年进行年终消防安全大检查,包括客户单元;检查发现的问题,由保安部及时发整改报修通知,并进行复查。

(5) 编制消防安全公约。消防安全公约主要是为了加强消防工作,保护公共财产和广大居民生命财产安全,根据《中华人民共和国消防法》和有关消防管理规定而编制的。

(6) 动用明火管理制度。为了贯彻执行国务院颁发的消防监督条例,加强对消、防、检的管理,严格控制火源,物业管理公司应根据所管物业情况制定动用明火管理制度。

(7) 施工防火安全管理制度。凡是进入物业服务区域内入室装修的施工单位,都必须遵守装修安全管理规定,以确保施工中的防火安全。

2) 防火规定

防火规定是指从预防的角度出发,对与火灾相关的各种行为作出规定,以杜绝火灾隐患。主要包括消防设施、设备的使用、维护、管理规定;公共楼道、楼梯、出口等部位的管理规定;房屋修缮和装修中明火使用规定;电气设施设备安全使用规定;易燃、易爆物品的安全存放、贮运规定等。

5. 消防演习

物业服务公司每年应组织一至两次消防演习,通过演习来检验防火、灭火工作;通过演习增强员工及业主、使用人的消防意识,提高业主、使用人逃生及自救能力;通过演习检验员工灭火、疏散业主、使用人、保护物业等能力；通过演习来检验消防设施保养及运作情况。

任务三　物业车辆交通管理

学习准备

随着社会的发展，小汽车成为家庭的日常用品，城市居民几乎每家都有小汽车，甚至有的家庭不止一辆。在城市小区相对狭小的空间里，请思考如何管理好这些车辆，以保证小区内外道路的畅通、行人的安全、车辆的安全等。

相关知识

一、物业车辆交通管理的重要意义

1. 保证物业区域内外道路的畅通

随着人们生活水平的提高，汽车也日渐成为每个小康家庭的标配。车辆的急剧增加导致城市出现了不同程度的停车难、堵车等问题，其中在各个城市的小区表现得最为明显。各小区车位本来已满，由于小区使用时间较长，或无车位线，或车位线不清晰，使车辆停放散、乱现象较为严重。在高峰时段，小区的双向车道经常被挤成单向车道，甚至楼宇的行人通道也时常停满了车辆。

2. 保证车辆的安全

如果各小区车辆没有相应的车卡管理，非小区车辆随意进出小区和非小区车辆随意停放的现象都大量存在。这导致车辆堵塞通道，互相擦、碰、刮、蹭，造成出入、停靠困难等情况，严重影响了小区住户的正常生活秩序。为快速通行，车辆频繁鸣笛并制造噪声，严重影响和干扰小区居民的生活。

3. 保证物业管理区域内行人的安全

物业车辆交通管理主要任务是做好车辆停放和交通安全管理，保障车辆和行人的安全。因此，良好的交通管理对物业环境管理与服务至关重要，人车分流、出行便利、交通安全是各个物业项目的基本需求，这些方面除前期规划设计要重点考虑外，在后期物业管理过程中同样需要重视。物业良好的车辆交通管理解决了小区车辆停放、出入困难的局面，有效消除了区域内交通安全隐患；保护了物业管理区域内行人的安全。

二、物业车辆交通管理的内容

物业车辆交通管理是物业管理服务中的一个重要部分，主要包括道路管理、交通管理、车辆管理、停车场管理。

1. 道路管理

道路管理是车辆与停车管理的重要基础。道路管理的主要工作内容如下。

(1) 掌握各类设施的布局、结构情况,方便对道路进行管理。

(2) 负责道路的日常巡查,随时发现并纠正违反物业管理规定的现象,并根据管理规定进行相应的处理。

(3) 及时执行物业企业下达的道路维修计划,保证行人和车辆的安全。

(4) 负责道路设施的日常养护工作,随时了解设施的运行状况,发现异常及时上报和处理。

2. 交通管理

物业区域内的交通管理是指处理好人、车、路的关系,在可能的情况下做到人车分流,保证物业区域内的交通安全、畅通。交通管理的重点是机动车、电瓶车管理,其主要内容如下。

(1) 建立机动车通行证制度,禁止过境车辆通行。

(2) 根据小区内道路情况,确定部分道路为单行道,部分交叉路口禁止左转弯。

(3) 禁止乱停放车辆,尤其在道路两旁。

(4) 限制车速(5km/h),确保行人安全。

3. 车辆管理

物业区域内的车辆管理主要是对机动车、摩托车、自行车、电瓶车的管理。车辆管理的主要职责是禁止乱停乱放和防止车辆丢失、损坏。车辆管理必须建立起严格的管理制度,包括门卫管理制度和车辆保管规定。车辆管理人员的职责主要是熟悉物业管理区域内的车辆流通、车位情况,合理引导业主使用车位;负责对停车场内的机动车、非机动车进行管理;实行24小时轮流值班,服从统一调度;按规定着装,佩戴工牌,对出入车辆按规定程序指挥放行;负责指挥物业管理区域内车辆行驶和停放,维持物业管理区域内的交通、停放秩序;负责对停车场进行巡视和查看,保障车辆安全。

1) 机动车管理

机动车管理是通过落实门岗管理制度和车辆停放规定来实现的。门岗包括停车场门岗和小区大门门岗。对外来车辆要登记。对长期(以月为最短计时单位)停放于小区的车辆,公司与业主/住户签订《车位租赁协议》,确定停车点(地面或地下车库),收取停车费,明确双方责任。

车辆出入注意事项如下。

(1) 车辆进场。当有车辆驶入时,应指引车辆扫牌后缓行,安全地停放在相应的车位上;提醒司机关锁车辆门、窗,车内不要存放贵重物品,并检查是否漏水漏油。

(2) 车辆保管。每小时巡视检查一次车辆是否正常,如果有车被损坏、车门未关、车未上锁、漏油漏水等情况,应及时通知车主处理并做好记录;未通知到车主时,应及时向上级汇报。严密注意车辆情况和驾驶员的行为,若遇醉酒驾车者应立即劝阻,并报告上级及时处理。

(3) 车辆出场。当车辆驶出车库时,应仔细核对出场的车辆和驾驶员,查对无误后放行;若对出场车辆和司机有疑问,应立即到车前向司机敬礼,再向司机询问核对有关情况;

若在询问和核对中发现有问题,应立即扣留车辆,机智地应付司机,并用对讲机向上级报告请求帮助。

(4) 车辆被盗、被损坏的处理规程。当发现停车场里的车辆被盗或被损坏时,执勤保安人员应立即报告上级,属撞车事故的,执勤保安人员不得放行肇事车辆,并保护好现场,并通知肇事人对造成的事故进行书面确认;执勤保安人员应认真进行记录,如属车辆在停车场被盗的,执勤保安人员应报上级,由公司确认后协同车主向警方报案;发生被盗或损坏事故后,被保险人双方(车主、停车场)应立即通知保险公司,执勤保安人员应配合警方和保险公司做好调查处理工作。

2) 电瓶车、摩托车、自行车的管理

电瓶车、自行车、摩托车实行统一保管,包括月保管和临时保管,业主需要保管车辆时,先到管理处办理登记手续,领取存车牌,挂于车上,凭牌享受月收费待遇,门卫查收。管理处(或客户服务中心)负责月租车位登记,守车员负责核证放车或凭牌放车。

4. 停车场管理

停车场分为地面停车场和地下停车场两大类。停车场管理是物业综合管理的重要内容之一,进入物业管理区域内的车辆必须服从物业管理企业的停车场管理。

1) 停车场管理的基本要求

(1) 场内车位划分明确。为安全有序地停放车辆,避免乱停乱放现象,停车场内应用线框明确划分停车位。停车位分固定车位和非固定车位,大车位和小车位。车主必须按类使用车位,需经常停放的车辆,应办理手续有偿使用固定车位;外来车辆和临时停放的车辆有偿使用非固定车位。

(2) 场内标志清楚。场内行驶标志要清楚明确。为便于管理,停车场一般只设一个进口和出口,进出口的标志一定要明确,场内行驶路线要用扶栏、标志牌、箭头指示清楚。

(3) 车辆进出停车场管理严格。进出停车场管理要严格,车辆进出停车场要实行智能或人工查验,对外来车辆要计时收费。在车辆进出高峰期间,管理人员还要做好现场的车辆引导、行驶、停放与疏散工作。

(4) 车辆防盗和防损坏措施得力。车辆防盗和防损坏措施要得力,为避免在场内车辆被盗和被撞等事件发生,一方面保安人员要加强对车辆进入的登记与车况的检查,实行24小时值班制度和定期巡查制度;另一方面要提醒车主在场内要服从管理人员的指挥与安排,缓慢行驶,注意安全,按规定车位停放车辆,离开时锁好车门,随身带走贵重物品。

2) 停车场巡查

保安人员在进行停车场巡查时要礼貌待人、热情服务,维护车辆的停放及行车秩序,指挥车辆的出入,引导车辆正确停放,及时制止并纠正违章车辆。认真检查停放车辆,发现漏水、漏油等现象,设法尽快通知车主,并提供相应的服务。

3) 停车场收费

停车场的收费标准是按照政府指导价定价,并需要报物价部门审核备案。

4) 车辆受损处理

当发现车辆被碰撞、摩擦造成损坏时,车管员要记下肇事车辆号牌,通知收费岗暂不放行该车辆并及时通知领导和受损车主,由肇事车主与受损车主协商处理;车辆被损未及时发现,应及时通知主管领导和车主,由领导和车主共同协商处理。

5) 车辆被盗处理

车辆被盗后,由上级主管确认后,立即通知车主,协同车主向公安机关报案,事故发生后,投保人(车主、停车场)双方应立即通知保险公司,保管单位要协助车主向保险公司索赔,车管员、停车场车主要配合公安机关和保险公司做好调查处理工作。

6) 熟悉常见的停车场交通设施

地面箭头包括直行标志、左转弯标志、右转弯标志、直行左转弯标志、向左、右转弯标志和人行横道标志,确保进入车辆快速、安全有序地出入停车场。

三、物业车辆交通管理的目标

物业相对于其外部环境,车辆交通是对外联系的主要载体与通道,在物业使用中有着特殊的重要性。车辆交通管理的目的是建立良好的交通秩序、车辆停放秩序,确保物业使用人和受益人的车辆不损坏、不失窃。

1. 合理规划交通,实现规范化管理

根据所管物业区域的实际交通道路情况,合理规划物业的进出口和行驶路线。对交通车辆实行规范化管理,具体表现在标志规范、指挥规范、制度规范等方面。例如,确定道路的使用性质、行驶方向、时间或区间限制等内容,并确保使用人知晓;配备相应的交通标识,包括指示牌和道路线;制定并贯彻有关交通管理制度;根据实际情况制定相应的限速规定,必要时铺设限速装置。

2. 实施车辆环保管理

车辆鸣喇叭将会给业主的生活、工作和学习等带来严重的噪声污染,因此有条件的物业可以增加噪音监测系统等智能化硬件设施,对此严格管制,以维护物业良好的办公、居住环境。

3. 机动车停放管理目标

物业的道路交通是管理运作的动脉及联络各功能区的基本因素。因此,物业服务企业首先要考虑规格的设计与设施配套的合理性,其次是日常管理监控力度。

规格设计上要减少动态车流对物业的滋扰,解决好静态交通车,缩减车流进入车库的最短路径,使车库内的车流方向自成一环流。另外,要重考虑消防通道的畅驶问题。

配套设计方面要加设必备的减速墩、反光镜,各交叉口处设立各类交通标志或铺设颜色明显的警示地砖,交通主干道方向种植绿灌植物,减少司机眼睛疲劳。交通控制以确保交通顺畅为主,安排进出停车场交通疏导,处理控制系统失灵导致的交通阻塞等。

4. 非机动车停放管理目标

电瓶车、自行车的管理也是一项非常重要的工作。物业服务企业应针对业主电瓶车、自行车状况做专项调查,制订合理的方案,安排专人管理,确保位置统一、摆放整齐。

四、物业车辆交通管理的方式

在进行物业车辆交通管理过程中,根据道路网规划可以分为人车分行和人车混行。

1. 人车分行

人车分行的布局原则：车行与步行在空间上分开，形成两个独立系统；车行系统分级设置；设必要的停车空间和枝状尽端回车场；步行路应结合绿地、户外活动场地、公共服务设施设置。

人车分行的特点：保持居住区内部的安全和安宁，保证区内各项生活与交往活动正常舒适地进行；居住区内汽车和行人分开，避免车辆对生活环境产生影响；车行道分级明确，常设在居住小区或住宅组团的周围，并且以枝状或环状尽端道路深入区内或组团内；步行道贯穿在区内，将绿地、户外活动空间、公共建筑联系起来；可以通过立体空间的处理达到人车分流的目的。

2. 人车混行

人车混行是指机动车与行人在同一的道路断面中通行，这种方式是居住区道路交通规划组织中最常见的一种体系。该方式经济方便、车行道分级明确，并贯穿于居住区或小区内部，道路系统多采用互通式、环状尽端式或两者结合使用。

在人车混行的住区，通常使用完全人车混行或局部人车混行的方式布局道路。

项目九　房屋建筑工程的物业管理

学习目标

(1) 了解房屋结构的分类及组成部分。
(2) 掌握房屋维修管理的特点及内容。
(3) 理解房屋日常养护的原则和程序。

素质目标

(1) 培养认真、细致的工匠精神,树立程序意识。
(2) 树立对物尽心、对人负责的意识。
(3) 树立"防患未然"的理念。

能力目标

(1) 能够在实践中依据房屋完损等级标准给房屋实施评级。
(2) 能够对房屋维修实施有效管理与养护,并做好相应的宣传工作。

任务一　房屋的质量管理

学习准备

思考家和学校的房屋结构,它们是钢筋混凝土结构、框架剪力墙结构、钢结构,还是砖混结构?你还见过其他结构的房屋吗?通常如何判断一个房屋是否是危房呢?

相关知识

一、房屋结构的分类

1. 钢筋混凝土结构

钢筋混凝土结构是指建筑物中的主要承重结构由钢筋混凝土制成,如承重墙、柱、梁、楼板、天花板等;非承重墙则使用砖块或其他材料填充。这种结构具有抗震性能好、防火性强、耐久性好、耐腐蚀性强等特点。钢筋混凝土结构的房屋结实,安全性高,是现代建筑中常用的结构类型之一。

2. 砖混结构

砖混结构是一种常见的房屋结构类型,它的主要承重构件是砖块砌筑,常用的钢筋混凝土构件有柱、梁和顶棚板。这种结构的房子造价较低,安全性较高,性价比较高。在住宅建设中,砖混结构被广泛应用,建造量也大。砖混结构的优点是抗震、耐火、耐腐蚀,适用于各种建筑结构和用途。

3. 木结构

木结构是指建筑物中承重墙和柱子采用砖砌和其他材料砌筑,楼板和屋架采用木构架。木结构的房子冬暖夏凉,住着很舒服,但是容易发生火灾。与砖混结构相比,木结构更加坚固,不会出现开裂和坍塌的情况。然而,木结构的房子施工成本较高,而且需要大量的木材来支撑结构。因此,木结构的房子较少见,且主要用于景区和传统建筑。

4. 混合结构

混合结构是指承重的主要构件是用钢筋混凝土和砖木建造的。这种结构常用于超高层民用建筑和地标建筑。混合结构的优点是可以有效地减小混凝土柱子的尺寸,减少结构自重,并加强柱子的抗震和承重性能。此外,混合结构可以比普通框架剪力墙结构修得更高,最高可以修建到300m,甚至更高的高度。混合结构在150～300m的建筑中广泛使用,其缺点相对较少。

5. 框架剪力墙结构

框架剪力墙结构是一种由梁、板、墙体组成的建筑承重结构,其中一部分墙体在结构中受力。这种结构由框架和剪力墙组成,可以承担各类荷载引起的内力,并能有效控制结构的水平力。这种结构在高层房屋中被大量运用,可以有效地支撑建筑物的结构。

6. 框架结构

框架结构是一种由梁和柱以钢接或铰接相连接而成的承重体系结构。它的墙体不承重,仅起到围护和分隔作用。框架结构的房屋墙体可以采用预制的加气混凝土、膨胀珍珠岩、空心砖或多孔砖、浮石、蛭石、陶粒等轻质板材等材料砌筑或装配而成。这种结构的房屋梁和柱构件易标准化、定型化,整体性、刚度较好,可以将梁或柱浇成需要的截面形状。框架结构住宅适合大规模工业化施工,效率较高,工程质量较好。

7. 钢结构

钢结构是一种建筑物的主要承重结构。钢结构房子是指房子的整体承重采用钢材制成,这种类型的房子一般出现在超高层建筑或者厂房中。钢结构的特点是材质轻,承重能力强,适用于超高层建筑。与其他结构类型相比,钢结构房子安全性好,施工速度快。

8. 筒体结构

筒体结构是一种将剪力墙或密柱框架集中到房屋内部和外围而形成的空间封闭式的结构。它的特点是剪力墙集中而获得较大的自由分割空间,多用于写字楼建筑。与其他结构形式相比,筒体结构具有更好的抗震性能和整体稳定性。因此,在房屋建筑中,筒体结构被广泛应用,以满足建筑物的结构和安全需求。

9. 墙体结构

墙体结构是指以墙体作为支撑水平构件及承担水平力的结构。在建筑结构中,墙体承重结构是一种常用的结构类型,它主要由墙承重构件组成,用于承受由屋顶、楼板传来的荷载。承重墙不需要支撑上部楼板,仅仅起到分割房间的作用,可以随便拆。总之,墙体结构在建筑中起到了支撑和分割空间的重要作用。

10. 复式房屋结构

复式房屋结构是指按照两层楼的结构来设计的住宅。每层都有自己独立的空间,通过夹层实现空间的互通。复式住宅的特点是通风采光好,利用率高。虽然设计上有面宽大、进深小、部分户型朝向不佳、自然通风采光较差等缺点,但经济效益明显,价格相对偏低。

11. 板楼结构

板楼结构是一种由多个住宅单元组合而成的住宅建筑结构,每单元均设有楼梯、电梯。板楼的特点是户型规矩,布局合理,利用率高,南北通透,通风、日照良好等。板楼一般建筑层数不会超过12层,平面图上长度明显大于宽度。高品质的板楼全部采用板式结构,让电梯与楼道位于后立面,保证私密性和采光通风。

12. 空间结构

空间结构是一种建筑类型,它通过使用空间构架或结构来承受房屋的荷载。这种结构适用于需要大空间但内部无法设柱的大型公共建筑,如体育馆。这种结构的设计和制造需要考虑建筑的功能需求和结构的稳定性,以确保房屋的安全和舒适性。

13. 排架结构

排架结构是指由柱和屋架构成的排架作为其承重骨架,外墙起围护作用,例如单层厂房。排架结构是建筑结构中的一种类型,它由屋架、柱和基础组成,柱与屋架铰接,与基础刚接。排架结构的广泛应用使得单层工业厂房建筑更加坚固和稳定。此外,排架结构还可以根据承重结构的不同分为深梁结构、拱结构、网架结构、钢索结构、空间薄壳结构等。排架结构的优点是能够满足建筑结构的重量需求,同时也能提高建筑结构的稳定性和安全性。

14. 大跨度结构

大跨度结构是指建筑结构中跨度在40~50m。这种结构的特点是通过网架等空间结构将荷重传到建筑四周的墙、柱上。大跨度结构在建筑中常用于大型建筑物,如体育馆、游泳馆、大剧场等,它能够承受各种正常荷载和偶然事件的影响,保持建筑结构的稳定性和功能。大跨度结构的优点在于结构整体性、安全性、适用性和耐久性好,能够满足建筑物的各种需求,同时也具有良好的抗震性。

15. 框筒结构

框筒结构是一种在框架结构中设置部分筒体的结构,它具有较高的抗侧移刚度,因此被广泛应用于超高层建筑。这种结构的特点是框架和筒体通过设置部分筒体相互结合,形成一个整体的结构。框筒结构的设置可以增强结构的抗侧移能力,使结构更加稳固和稳定。同时,框筒结构也可以提高超高层建筑的抗震性和安全性。

16. 筒中筒结构

筒中筒结构是一种由心腹筒、框筒及桁架筒组合的结构,多用于高层建筑中。它的特点是内外筒共同抵抗水平力作用,具有很好的空间整体作用,类似一个多孔的竖向箱形梁,有很好的抗风和抗震性能。

17. 束筒结构

束筒结构是一种将建筑平面按模数网格布置,由外部框架式筒体和内部纵横剪力墙组合而成的结构。它可以适应不同高度的体型组合,丰富了建筑的外观。与其他结构相比,束筒结构具有更高的稳定性,能够承受更大的荷载而不易变形。此外,束筒结构还可以提高建筑物的采光和通风效果,使建筑内部更加舒适和美观。因此,束筒结构在建筑设计和建筑装饰中具有重要的应用价值。

18. 塔楼

塔楼是一种以共用楼梯、电梯为核心,布置多套住房的高层住宅。它的平面图特点是:一层有若干户,以电梯、楼梯为布局核心,上到楼层之后,可以向四面走直接进入户内。塔楼的缺点是通风采光不好,使用率低,但其优势在于节约土地资源,房价较低,户型灵活,适合改造,结构强度高,抗震性好。

19. 其他结构

承重的主要结构是用竹木、砖石、土建造的简易房屋。

二、房屋的结构组成部分

房屋的结构组成部分分为基础、承重构件、非承重墙、屋面和楼地面五项;房屋的装修组成部分分为门窗、外抹灰、内抹灰、顶棚和细木装修五项;房屋的设备组成部分分为水卫、电照、暖气及特种设备(如消防栓、避雷针、电梯等)四项。

三、房屋质量管理的实施

对于房屋质量管理,我国主要在《商品房销售管理办法》《中华人民共和国产品质量法》《中华人民共和国消费者权益保护法》中进行了相关法律规定。

房屋质量管理是指定期和不定期地对房屋的完损情况进行检查,评定房屋完损等级,随时掌握所管房屋的质量状况和分布,组织对危险房屋进行鉴定,并确定解危方法等。

1. 房屋完损等级

房屋完损等级是指对现有房屋的完好或损坏程度划分等级,即划分现有房屋的质量等级。房屋完损等级是根据中华人民共和国住房和城乡建设部制定并颁布的《房屋完损等级评定标准》为依据,该标准将房屋完损等级分为五个类别,分别是完好房屋、基本完好房屋、一般损坏房屋、严重损坏房屋和危险房屋。在评定等级时,主要检测房屋结构、地基基础、屋面、装修情况、承载能力、稳固性等方面,各方面都设有完好标准要求,需要综合考量。对于比较重要的房屋,其地基基础和承重能力要着重测量。根据房屋的结构、装修、设备等组成部分的完好和损坏程度来划分等级。

(1) 完好房屋,是指结构构件、装修、设备齐全完好,成色新,使用良好的房屋。凡符合下列条件者可评为完好房:①房屋的结构、装修、设备等组成部分各项完损程度符合完好标准;②在装修、设备部分中有一两项完损程度符合基本完好的标准,其余各项符合完好标准。

(2) 基本完好房屋,是指结构构件、装修、设备基本完好,成色略旧并有少量或微量损坏,基本能正常使用的房屋(如墙面粉刷部分脱落,如图 9-1 所示)。凡符合下列条件者可评为基本完好房:①房屋的结构、装修、设备等部分各项完损程度符合基本完好标准;②在装修、设备部分中,有一两项完损程度符合一般损坏标准,其余符合基本完好以上标准;③结构部分除基础、承重构件、屋面外,可有一项和装修或设备部分中的一项符合一般损坏标准,其余符合基本完好以上标准。

图 9-1 墙面粉刷部分脱落

(3) 一般损坏房屋,是指结构构件、装修、设备部分损坏或变形(见图 9-2)、老化,需进行中、大修理的房屋。凡符合下列条件之一者可评为一般损坏房:①房屋的结构、装修、设备部分各项完损程度符合一般损坏标准;②在装修、设备部分中,有一两项完损程度符合严重损坏标准,其余符合一般损坏以上标准;③结构部分除基础、承重构件、屋面外,可有一项和装修或设备部分中的一项完损程度符合严重损坏标准,其余符合一般损坏以上标准。

(4) 严重损坏房屋,是指结构构件、装修、设备有明显损坏或变形,并且不齐全,需进行大修、加固或翻修的房屋。凡符合下列条件之一者可评为严重损坏房:①房屋的结构、装修、设备部分各项完损程度符合严重损坏标准。②在结构、装修、设备部分中,有少数项目完损程度符合一般损坏标准,其余符合严重损坏标准。

(5) 危险房屋,是指房屋承重结构已属危险构件,主体构件强度严重不足,稳定性很差,丧失承载能力,随时有倒塌的可能,采用局部加固的修理仍不能保证安全,已丧失举修价值,因结构严重毁损需要拆除、翻修的整幢房屋。

针对鉴定严重受损和危险房屋,各方面标准要求都要严格执行。如果存在严重的安

图 9-2　屋面板变形

全隐患,例如倾斜、变形、破裂、腐蚀、塌陷等情况,必须根据《危险房屋鉴定标准》来评定是严重损坏房屋还是危险房屋。对危险房屋的鉴定与处理,应按照国家建设行政主管部门颁布的《城市危险房屋管理规定》和《危险房屋鉴定标准》进行。

2. 房屋完损等级评定的做法

房屋完损等级评定的基本做法可分为定期评定和不定期评定两类。

(1) 定期评定一般是每隔 1～3 年(或按各地规定)对所管房屋进行一次全面的逐幢完损等级的评定。

(2) 不定期评定是不定期地在某个时间内对房屋进行检查,以评定完损等级。不定期评定主要是在发生灾害后或者在大修大改后重新进行。一般在以下几种情况下进行不定期检查。

① 房屋经中修、大修、翻修和综合维修竣工验收以后,重新评定完损等级。

② 接管的新建房屋进行完损等级评定。

③ 在雨季、台风、暴风雨、山洪等特殊天气到来前,重点对一般损坏房、严重损坏房和危险房屋等进行完损等级评定。

3. 房屋完损等级评定的要求

(1) 掌握评定等级的决定因素和标准,认真对待结构部分的完损程度的评定,这是决定房屋完损等级的主要条件。

(2) 评定严重损坏房屋时,结构、装修、设备等各分项的完损程度不能下降到危险房屋的标准。

(3) 在评定房屋完损等级时,对于重要房屋或断面明显不足的构件,必要时经过复核或测试才能确定完损程度。

(4) 评定房屋完损等级时,如果超过规定允许的下降分项的范围时,则整幢房屋完损等级可下降一个等级,但不能下降到危险房屋的等级。

(5) 以实际完损程度为依据评定,不能以年代代替标准,也不能以原设计标准代完损等级。

(6) 在评定出结构、装修、设备等各个组成部分的完损程度的基础上,对整栋房屋的完损情况进行综合评定。

任务二　房屋维修管理

学习准备

新建房屋或新交付的房屋需要维修吗?说出你的理由。

相关知识

在住宅小区、商业建筑或者商住房建筑的房屋竣工验收合格交付投入使用后,会因为人为的因素或者自然的因素等各种不同因素的影响或作用而逐渐陈旧、损坏。为了保证房屋的正常使用和寿命,需要在房屋的使用过程中对房屋进行维修管理。因此,经常性地及时对房屋进行维修保养,是物业服务企业重要的基础性工作内容之一。

一、房屋维修管理的含义

为了保证房屋的正常使用功能和寿命,对已建成的房屋进行的小修、中修、大修、翻修、综合维修和日常维护保养,以及对房屋完好状态、损坏等级的检查与评定,对不同等级房屋功能的改善更新改造等工作,统称为房屋维修管理。

二、房屋维修管理的目的

房屋维修管理的目的主要包括以下方面。
(1) 为了保持、恢复或提高房屋的安全性,延长房屋的使用寿命。
(2) 改善或改变房屋的使用功能。

减缓房屋损耗速度、延长房屋使用年限、维持和恢复房屋原有质量和功能、保障住用安全和房屋正常使用,以达到房屋保值、增值的目的,做好房屋维修管理工作是十分必要和具有重大意义的。

三、进行房屋维修管理的原因

房屋竣工验收合格交付使用后,会受各种因素的影响或作用而逐渐损坏。房屋损坏的原因很多,主要包括自然损坏和人为损坏。

(1) 自然损坏。例如,自然界的风、霜、雨、雪及空气中有害物质的侵蚀,虫害(如白蚁等)、菌类(如霉菌等)的作用均会造成房屋损坏。自然损坏的速度一般都是缓慢的(洪水、地震、台风等特殊自然灾害情况除外)。

（2）人为损坏。例如，在房屋建造期间设计缺陷或施工质量存在问题（见图9-3），在房屋使用期间由于违规装修、改造、搭建及不合理地改变房屋用途或维修保养不善，都会造成房屋损坏。

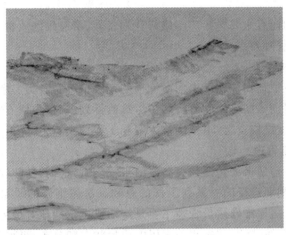

图9-3 屋面板裂缝

在实际生活中，上述因素往往会相互交叉重叠，影响或作用于房屋，从而加剧房屋损坏的程度和速度。

四、房屋维修管理的特点

房屋维修管理的主要特点如下。
（1）修维工作量大，涉及面广，且零星分散。
（2）维修的限制性。
（3）独特的技术性。

由于受原有房屋条件、环境的限制，维修工作只能在原有房屋基础上进行，因此维修设计与施工都只能在一定范围内进行。维修活动与新建同类房屋建筑施工过程不同，维修技术不仅包括建筑工程专业及相关专业的技术，还包括独特的设计和施工操作技能。例如，房屋结构部分受损后的加固补强、防水堵漏等，以及随着时间的推移，房屋的各个部分，如主体结构、外墙、楼地面、设备的零部件等，都会有不同程度的损坏，需要根据损坏的程度进行小修、中修或大修。

五、房屋维修管理的原则

在房屋维修养护时，要做到真正树立为业主服务的思想，建立健全科学合理的房屋维修服务制度，保持房屋正常使用功能和基本完好；综合考虑不同建筑结构、不同等级标准的房屋，采取不同维修标准，制订合理的维修计划与方案。严格按照国家规范和行业标准，合理使用人力、物力、财力，尽量做到少花钱、多修房修好房。为此，必须坚持服务至上、区别对待、爱护使用、注意保养、及时维修、安全合理、经济实用、有偿服务等原则。

六、房屋维修管理的内容

房屋维修管理的内容主要包括房屋维修计划管理、房屋维修质量管理、房屋维修施工管理、房屋维修资料管理。

1. 房屋维修计划管理

物业服务企业应根据物业辖区内房屋完损的实际情况及各类房屋的建筑、设备、设施的保养、维修、更新周期等制订切实可行的房屋维修计划,确定维修方案;有计划地组织房屋按年轮修;分配年度维修资金、审核维修方案和工程预决算。

2. 房屋维修质量管理

房屋维修质量管理是指为保证和提高修缮工程质量,贯彻"预防为主"、对下道工序负责、为住户负责的原则而进行的一系列工作的总和。房屋维修的质量管理是房屋维修管理中最重要的一环。房屋维修质量管理主要是定期或不定期地对房屋的完损情况进行检查,评定房屋的完损等级,随时掌握相关房屋的质量状况和分布,组织对危险房的鉴定,并确定解危方法等的管理活动。

物业服务企业应根据《城市房屋修缮管理规定》《建设工程质量管理条例》及《房屋修缮工程质量检验评定标准》等,强化维修工程的质量监督、检查,验收与评定,完善维修工程的质量保修制度等。

房屋修缮质量管理一般要注意做好以下几个方面的工作。

(1) 建立、健全质量监督检查机构,配置专职或兼职质检人员,分级管理,层层负责,并相互协调配合。

(2) 质量机构和质检人员必须坚持标准,参与编制工程质量的技术措施,并监督实施,指导执行操作规程。

(3) 坚持贯彻严格自检、互检和交接检查制度,对地下工程、隐蔽工程,特别是基础与结构关键部位,必须经过检查合格、办理签证手续后,才能进入下一道施工工序。

(4) 在施工准备阶段,熟悉施工条件和施工图纸,了解工程技术要求,为提高施工组织设计质量,制订质量管理计划与质量保证措施,提供控制质量的可靠依据。

(5) 在施工过程中,加强中间检查与技术复核工作,特别是对关键部位的检查复核工程质量的评定工作。

(6) 搞好施工质量的检查验收,坚持进行分项工程检查工作,做好隐蔽工程的验收及工程质量的评定工作,不合格的工程不予验收签证。

(7) 加强对建筑构配件、成品与半成品的检查验收,检查出厂合格证书或测验报告。

(8) 对建筑材料的品种、规格和质量进行严格检查验收,主要材料应有产品合格证或测验报告。

(9) 发生工程质量事故,按有关规定及时上报主管技术部门,并查清事故原因,进行研究处理。

(10) 对已交付使用的修缮工程,要进行质量跟踪,实行质量回访。在保修期内,因施工造成质量问题时,按合同规定负责保修。

3. 房屋维修施工管理

房屋维修施工管理就是指按照一定施工程序、施工质量标准和技术经济要求,运用科学的方法对房屋维修施工过程中的各项工作进行有效的、科学的管理。物业服务企业的房屋维修施工工程,可以由自己组织的维修施工队伍来完成;也可以通过招标,将房屋维修工程承包给专业维修施工企业来完成。专业承包的维修施工管理应做好维修工程招标工作、维修工程设计、技术交底工作、维修施工合同管理、施工质量控制管理、维修工程的竣工验收、价款结算工作管理和维修技术档案资料管理。自行组织施工的维修施工管理,应编制好施工工程计划,更新维修技术,控制工程质量、工程进度、工程成本,进行工料消耗、工程质量的检查鉴定,建立健全房屋的维修档案,并进行科学管理等。

4. 房屋维修资料管理

物业服务企业在制订房屋维修计划,确定房屋维修、改建等方案,实施房屋维修工程时,不可缺少的重要依据是房屋建筑的档案资料。因此,为了更好地完成房屋维修任务,加强房屋维修管理,对房屋维修过程中产生的档案资料要做好收集、管理工作。

七、房屋维修工程的分类

根据房屋的完好或损坏程度,房屋维修工程分为小修工程、中修工程、大修工程、翻修工程和综合维修工程。

1. 小修工程

小修工程是指为确保房屋正常使用,及时修复房屋使用过程中构件、配件和设备正常的小损小坏,以保持房屋原有完损等级的预防性养护工程。这种工程用工量少、费用低(综合平均费用占房屋现时总造价的1%以下)。小修工程的主要特点是项目简单、零星分散、量大面广、时间紧迫、服务性很强。小修工程范围主要包括以下方面。

(1)房屋检查发现的危险构件的临时加固、维修等。

(2)屋面补漏、修补屋面、屋脊等(见图9-4)。

图9-4 屋面补漏

（3）抽换个别檩条、木梁、屋架、木柱，修补木楼梯等。

（4）钢、木门窗的整修，拆换五金件，配玻璃，换纱窗，刷油漆等。

（5）修补内外墙、窗台、腰线和抹灰等。

（6）拆砌挖补局部墙体、个别拱圈，拆换个别过梁等。

（7）水、卫、电、暖气等设备的故障排除及零部件的更换等。

（8）修补楼地面层，抽换个别楞木等。

（9）下水管道的疏通，修补明沟、散水、落水管等。

物业服务企业的房屋小修养护工程项目信息，主要是通过房屋管理员的走访查房的定期检查与业主和使用人的随时报修这两个渠道收集取得。小修工程的主要作用如下：经常进行房屋的养护工程，可以维护房屋和设备的功能，保证用户的正常使用；使发生的损失及时得到修复，不致使其扩大而造成较大的损失；对一些由于天气的突变或隐蔽的物理、化学损坏导致的猝发性损失，不必等大修周期到来就可以及时处理；经常检查房屋完好状况，从养护入手可以防止事故发生、延长大修周期，并为大、中修提供查勘、施工的可靠资料。

2. 中修工程

凡需牵动或拆换少量主体构件，一次费用在该建筑物同类结构新建造价的20％以下，保持原房的规模和结构的工程为中修工程。中修后的房屋70％以上必须符合基本完好或完好标准的要求。中修工程主要包括以下方面。

（1）少量结构构件形成危险点的房屋。

（2）整幢房屋的公用生活设备（如上下水管道、通风采暖设备管道、电气照明线路等）需局部进行更换、改善或改装，新装工程的房屋及单项目维修的房屋。

（3）一般损坏房屋的维修，例如整幢房屋的门窗整修，楼地面、楼梯的维修，抹灰修补，油漆保养，设备管线的维修和零配件的更换等。

中修工程的主要特点是：工地比较集中，项目较小，工程量大，常有周期性。

3. 大修工程

大修工程是指需牵动或拆换部分主体构件和房屋设备，但不需全部拆除，一次费用在该建筑物同类结构新建造价的25％以上的工程。大修后的房屋必须符合基本完好或完好标准的要求。大修工程范围主要包括以下方面。

（1）主体结构的大部分严重损坏、无倒塌或有局部倒塌危险的房屋。

（2）需对主体结构进行专项抗震加固的房屋。

（3）因改善居住条件，需局部改建的房屋。

（4）对整幢房屋的公用生活设备（包括上水、电照、通风、采暖等），必须进行管线更换、改善新装的房屋。

大修工程的主要特点是：工程地点集中、项目齐全、具有整体性。

4. 翻修工程

翻修工程是指原来的房屋需要全部拆除，另行设计，重新建造或利用少数主体构件在原地翻修改建、移地翻修改建、小区复建房等。翻修工程应尽量利用旧料，其费用应低于该建筑物同类结构的新建造价。这类工程一般投资大、工期长。翻修后的房屋，一般必须达到完好房屋的标准。翻修工程适用范围主要包括以下方面。

(1) 房屋主体结构全部或大部分损坏,有倒塌危险。
(2) 主体结构、围护结构简陋,无修缮价值的房屋。
(3) 地处陡峭且易发生滑坡地区的房屋,或地势低洼长期积水的房屋。
(4) 因自然灾害破坏不能再使用的房屋。
(5) 国家基本建设规划范围内需要拆迁恢复的房屋。

5. 综合维修工程

综合维修工程是指成片多幢(大楼可为单幢),大修、中修、小修等一次性应修(全项目修理),维修工程的费用达到该片(幢)房屋同类结构新建造价的20%以上的工程为综合维修工程。这类维修工程应根据各地情况、条件不同,考虑相关特殊要求(如抗震、防灾、防风、防火等),并在维修中一并解决。经过综合维修后的房屋应达到基本完好房或完好房的标准。综合维修工程主要适用于以下方面。

(1) 该片(幢)楼大部分严重损坏,或一般性损坏需进行有计划维修的房屋。
(2) 需改变该片(幢)楼面貌而进行有计划维修的工程。

任务三 房屋日常养护

学习准备

房屋在什么情况下需要养护?什么情况下需要维修?

相关知识

一、房屋日常养护的含义

房屋日常养护是指为确保房屋的完好和正常使用所进行的经常性的日常修理、季节性预防保养及房屋的正确使用维护管理等工作,是物业管理企业房屋修缮管理的重要环节。房屋日常养护与房屋修缮一样,都是为了保证房屋能正常使用,但两者又有区别。日常养护是对房屋及时的预防保养和经常性的零星修理;修缮则是相隔一定时间后,按需要进行的大修、中修等。房屋日常养护可以维护房屋和设备的功能,使发生的损失及时得到修复,不必等大修周期到来就可以及时处理。同时,经常检查房屋完好状况,定期养护,可以防止事故发生,延长大修周期,并为大修、中修提供查勘、施工的可靠资料,最大限度地延长房屋的使用年限。同时,可以不断改善房屋的使用条件,包括外部环境的综合治理。这是物业服务企业对业主和使用人最直接、最经常、最持久的服务工作。

二、房屋日常养护的原则

(1) 因地制宜,合理维修。
(2) 对不同类型的房屋制定不同的维修养护标准。

(3) 定期检查,及时维护。
(4) 监督房屋的合理使用,确保安全。
(5) 有效合理使用维修基金。
(6) 最大限度地发挥房屋的有效使用功能。

三、房屋日常养护的类型

1. 零星养护

零星养护是指结合实际情况确定或因房屋突然损坏而引起的住户临时发生报修的养护工程。零星养护具有修理范围广、项目零星分散、时间紧、要求及时等特点,主要包括以下几个方面。

(1) 屋面补漏、修补泛水等。例如,平屋面装修补缝;瓦屋面清扫补漏及局部换瓦;屋脊、泛水、檐沟的整修等。

(2) 修补楼地面层,普通水泥地的修补及局部新做、楼地面刷涂料等。

(3) 修补内外墙、墙面抹灰、窗台、踢脚线等。例如,墙体局部挖补;墙面局部粉刷;踢脚线的修补、刷浆。

(4) 门窗整修、油漆等。例如,木门窗维修及少量新做。

(5) 维修后的门窗补刷油漆,装配玻璃及少量门窗的新做油漆等。

(6) 水暖电等设备的故障排除及零部件的维修等。例如,水管的防冻保暖;废水、排污管道的保养、维修、疏通;阀门、水嘴、抽水马桶及其零配件的整修、拆换;面盆、坐便器、浴缸、菜池的修补拆换;屋顶压力水箱的清污、修理等。电线、开关、灯头的修换;线路故障的排除、维修及少量拆换;配电箱、盘、板的修理、安装;电能表与电分表的拆换及新装等。

(7) 下水管道的疏通,散水、雨水管维修等。例如,明沟、散水坡的养护和清理;室外排水管道疏通;井盖、井圈的修配;雨水井的清理等。

(8) 房屋检查发现的危险构件的临时加固、维修等。例如,钢门窗整修;白铁、玻璃钢檐沟、天沟、斜沟的整修、加固。

2. 计划养护

计划养护是指物业管理企业通过平常掌握的检查资料从房屋管理角度提出来的养护工程。房屋的各种结构、部件均有合理的使用年限,超过这一年限一般就开始出现问题。因此要管理好房屋,就不能等到问题出现后再采取补救措施,而应当提前制定科学的大修、中修、小修三级修缮制度,对房屋进行定期的养护保养,以保证房屋的正常使用,延长其整体的使用寿命,这就是房屋的计划养护。

计划养护从性质上来看是一种房屋保养工作,它强调要定期对房屋进行检修保养,才能减少房屋的问题,更好地为业主和使用人的生产、生活服务,延长房屋的使用寿命。计划养护任务一般安排在报修任务不多的淡季。如果报修任务较多,要先保证完成报修任务,然后安排计划养护任务。房屋计划养护是物业服务企业通过平常掌握的检查资料或房屋完损等级状况,从物业管理角度提出来的养护种类。

四、房屋日常养护的程序

1. 项目收集

日常养护的零星养护项目,主要通过房屋管理员的走访查房与业主和使用人的随时报修两种渠道来收集。

(1)走访查房是房屋管理员定期对辖区内业主和使用人进行走访,并在走访中查看房屋,主动收集住户对房屋维修的具体要求,发现业主和使用人尚未提出或忽略的房屋险情及公用部位损坏现象的活动。为了加强管理,提高服务质量,应建立走访查房手册。

(2)物业服务企业接受业主和使用人报修的途径主要有以下几种。

① 设立客户服务中心或报修接待中心。物业服务企业在管理辖区内设立客户服务中心或报修接待中心,配备专职接待员,负责全天接待来访、记录电话和收受信函,协调业主和使用人与维修工程部门之间的关系。

② 设置报修箱。在辖区内的繁华地段、主要通道设置报修箱,供业主和使用人随时投放有关报修单和预约上门维修的信函。物业服务企业要及时开启报修箱,整理报修信息。

③ 组织咨询活动。一般利用节假日时间,物业服务企业在辖区内主要通道处、公共场所摆摊设点,征求业主和使用人提出的意见并收集报修内容。

2. 编制零星养护工程计划

通过走访查房和接待报修等方式收集到零星养护工程服务项目后,应按轻重缓急和维修人员工作情况,作出维修安排。对室内照明、给水排污等部位发生的故障及房屋险情等影响正常使用的维修,应及时安排组织人力抢修。对暂不影响正常使用的零星养护项目,由管理人员统一收集,编制养护计划表,尽早逐一落实。

3. 落实零星养护工程任务

管理人员根据急修项目和零星养护计划,开列零星养护单。物业零星养护工程凭单领取材料,并根据零星养护单上的工程地点、项目内容进行零星养护施工。对施工中发现的房屋险情可先行处理,然后由开列零星养护单的管理人员变更或追加工程项目手续。

4. 监督检查零星养护工程

在小修养护工程施工中,管理人员应每天到零星养护工程现场解决工程中出现的问题,监督检查当天零星养护工程完成情况。

五、房屋修缮工程

房屋修缮工程按中华人民共和国住房和城乡建设部颁布的行业标准《民用建筑修缮工程施工标准》(JGJ/T 112—2019)等执行。房屋修缮应注意做到与抗震设防、虫害防治、改善居住条件等结合起来。在民用建筑修缮工程施工中,要做到安全文明、技术先进、经济合理、确保质量,恢复改善现有建筑的使用功能,延长使用年限。

1. 房屋修缮项目及标准

房屋修缮分为屋面工程、主体工程、木门窗及装修工程、抹灰工程、油漆粉饰工程、水、电、卫、暖等设备工程、金属构件、楼地面工程及其他工程等。相应的修缮标准如下。

（1）屋面工程。屋面维修必须确保安全，不渗漏、排水畅通。

（2）主体工程。主要指屋架、梁、柱、墙、楼面、基础等主要承重构部件的维修，主体工程的维修必须做到牢固、安全，不留任何隐患。

（3）木门窗及装修工程。门窗应开关灵活、不松动、不透风，木装修应牢固、平整、美观、接缝严密。要求较高等级房屋的木装修应尽量做到原样修复。

（4）抹灰工程。抹灰应接缝平整、不起壳、不起泡、不开裂、不松动、不剥落。

（5）油漆粉饰工程。油漆粉饰应色泽均匀、不起壳、不剥落，尽可能与原色保持一致。对木构件和各类铁构件，应进行周期性涂料保养。

（6）水、电、卫、暖等设备工程。水、电、卫、暖等设备应保持完好，保证运行安全，正常使用；电气线路、电梯等要定期检查，严格按照有关规定定期保养，对房屋内部电气线路破损老化严重、绝缘性能降低的，应及时更换线路；水箱要定期清洗；对供水、供暖管线定期进行检查维修。

（7）金属构件。金属构件应保持牢固、安全、不锈蚀，损坏严重的应及时更换，无保留价值的必须尽快拆除。

（8）楼地面工程。楼地面工程的维修要平整、牢固、不起砂、不开裂、不空鼓，地坪无倒泛水现象。厨房、卫生间长期处于潮湿环境，要增设防潮层。

（9）其他工程。对属于物业管理范围的庭院、院墙大门、院落内道路、沟渠下水道、窨井损坏或堵塞的，要尽快修复或疏通。庭院绿化不应降低绿化标准，并注意对庭院树木进行检查、剪修。

此外，对坐落偏远、分散、不便管理，且建筑质量较差的房屋，维修时应保证满足不倒不漏的基本住用要求。

2. 房屋修缮工程考核

房屋修缮工程考核是指按照《房屋修缮工程质量检验与评定标准》执行，对单位工程评定质量等级不合格的工程考核并及时返工。在整体工程正式验收前，应对整体工程项目、设备运转情况和有关技术资料进行全面检查。对于存在的所有问题都要做好记录，定期解决，然后通知建设单位、设计单位等正式进行考核验收，在验收合格后及时办理验收签证手续，随后尽快交付使用。

3. 房屋维修管理的考核指标

房屋维修工程考核指标有基本效率标准（时间效率标准、成本效率标准）、大修及中修工程质量合格（优良）品率、房屋完好率、小修工程考核指标（定额指标、服务指标、安全指标及经费指标）等。房屋维修工程考核指标是考核房屋维修工程量、工程质量及房屋维修管理服务质量的重要指标。

项目十 物业设施设备管理

学习目标

(1) 理解物业设施设备的价值与重要作用。
(2) 掌握物业设施设备管理的概念、目标和内容。
(3) 掌握高压配电管理制度、规定和操作规程。
(4) 熟悉低压配电操作规程。

素质目标

(1) 强化安全意识,树立按照流程办事的习惯。
(2) 培养细致、耐心的工作态度。

能力目标

(1) 能够在工作实践中对物业设施设备实施有效的管理。
(2) 能够顺利解决电工操作过程中的各种问题。

任务一 物业设施设备概述

学习准备

回想你见过的物业设施设备,并思考物业设施设备的重要性。

相关知识

一、物业设施设备的价值

物业设施设备的重要价值体现在其货币性,更体现在对业主或其他物业使用人的重要性。

(1) 业主或物业使用人生活之必需。城市居民的生活与生活在农村的人们有很多不同之处。农民几乎不需要物业设施设备也能正常生活,而城市居民离开物业设施设备基本上不能正常生活。高层的城市居民如果没有电梯,没有城市供水设施设备,特别是二次供水设施设备,几乎是无法生活的。物业设施设备是城市居民必不可少的基本生活条件之一。

(2) 生命、财产安全之必需。物业设施设备中部分设施设备是业主或物业使用人生活所必需,也有部分设施设备是保障业主或物业使用人生命健康和财产安全所必需,最典型的是物业消防设施设备。在发生火灾时消防设施设备能够正常使用,及时、迅速地扑灭火灾,保障业主或物业使用人的生命健康和财产的安全。在现有的物业设施设备中,除消防设施设备外,还有防雷装置设备。夏天雷电天气时而出现,物业的防雷设备装置有效地化解了雷电可能造成的人员伤害与财产损失。

(3) 还原事情发生的经过,有助于解决各类治安或刑事案件,有助于保障业主或物业使用人的人身与财产安全,有助于业主或物业使用人获得心理上的安全感。物业设施设备中的监控设施设备最为典型。例如,一件物品在物业管理区域内丢失,能够通过监控调查清楚物品的去向。这无疑对犯罪分子或其他具有作案动机的人起到一种无形的震慑作用,增强了业主或物业使用人心理上的安全感,不用担心物品丢失,也不用担心坏人作案。

(4) 降低了物业管理的成本,提高了物业企业的经济效益。过去,物业管理区域内的治安很大程度上依靠安保人员的全天候巡逻。一天至少两个班次,每个班次白天至少两人,夜间至少三人。监控设施设备在物业管理上的充分应用,最大程度减少了巡逻安保人员的数量。智能化门禁系统的使用,改变了过去车辆进出靠人员登记的管理方式。这也减少了门口安保人员的数量,同时方便了业主车辆的快速进出。安保工作人员数量的减少,节约了物业服务企业人员工资的支出,提高了物业服务企业的盈利水平。

(5) 提供了良好的工作环境。对于商业物业类型而言,物业设施设备提供了工作所必需的基本条件。供水设施设备解决了工作人员的用水问题;供电设施设备保障了各种办公设施设备的用电问题;电梯设备保障了工作人员快速上下楼的需要;中央空调或其他的供暖或供冷设施设备为工作人员提供了舒适的办公环境;消防设施设备解决了工作人员对火灾发生之后扑救与逃生的担心与顾虑,促使工作人员安心工作。

二、物业设施设备管理的概念

对于物业设施设备管理,可以从物业管理的概念、设施设备的词义解释和物业管理的实践三个方面进行简要的分析。

尽管国家的《物业管理条例》几经修订,但物业管理的概念解释始终未变。根据其中关键性的词语"房屋及配套的设施设备",可以明确地看出物业设施设备是与房屋密切联系在一起的,与房屋不可分割。与房屋分开的设施设备,例如生产加工鞋帽的设施设备、生产加工空调的设施设备等,就不能称作物业设施设备。物业设施设备不是为了生产加工产品,而是为了满足人们生活或工作的需要。前者是住宅物业的设施设备;后者是办公物业的设施设备,此外还有商业物业的设施设备等。不同业态的物业都有相应的设施设备。

"设施"的词义解释是为进行某项工作或满足某种需要而建立起来的机构、系统、组织、建筑等。"设备"的词义解释是进行某项工作或供应某种需要所必需的成套建筑或器物。根据设施设备的词义解释，不难看出满足需要是设施设备的本质属性。词义的解释仅仅停留在较为落后的科技水平阶段，认为设施设备是建筑或器皿。结合现阶段的科技发展水平与物业管理实践来看，物业设施设备更多的是包含一定科技水平的各种智能机械、机器。

通过上述分析，可以将物业设施设备定义为：物业设施设备是指与房屋密不可分的，满足人们生活或工作需要，具有一定的科技含量的各种机械、机器。随着科技水平的不断发展与提高，物业设施设备的智能化水平不断提升。

物业设施设备管理是指物业服务企业通过安排设施设备技术人员、制定制度，以及按时对设施设备进行检查、维修、保养，以确保物业设施设备的安全、可靠运行。

三、物业设施设备管理的目标

1. 掌握物业设施设备的基本状况

物业管理区域内设施设备的种类、数量繁多，涉及给水排水设施设备、通风设施设备、空调设施设备、消防设施设备、供电配电设施设备、电梯设施设备、监控设施设备、门禁设施设备。一般情况下，每一类设施设备同样数量众多，例如电梯。在现代的住宅物业管理区域中，通常会有10栋以上的楼房，每栋楼至少配备2台电梯，因此一个住宅物业的电梯数量均在20台以上。消防设施设备也是必不可少的，每一栋楼、每一层楼都会配备，一层楼一般会有多个消防设施设备；而且会配备一部分隐蔽的消防设施设备。小区的监控设施设备数量比消防设施设备更多。通过物业设施设备管理，物业服务企业能够准确地摸清物业管理区域内的各种设施设备，及其在物业管理区域内的分布情况，确保设施设备管理过程中能够全面、有效实施管理，避免疏漏现象的发生。

2. 确保物业设施设备的正常运行，满足物业使用人的生活或工作的需要

物业设施设备的基本功能应满足物业使用人的生活或工作的需要。物业设施设备在长期使用过程中，难免会出现故障，影响物业使用人的生活或工作。物业设施设备频繁出现故障，会造成物业使用人对物业服务企业产生负面情绪。物业服务企业通过对物业设施设备的定期检查、保养，有预见性地提前更换易损件，能够极大地减少设施设备故障发生的次数。另外，通过工作制度安排，对于偶然出现的故障能够及时进行维修，把因设施设备故障造成的不良影响降到最低程度。

3. 提高物业设施设备的使用寿命

在物业设施设备的使用过程中，起初可能只是一些小问题，如一个小垫片或一个小螺丝出现损坏，如果能够及时检查发现、及时更换，问题就能轻松解决；如果疏于管理，小问题不能被及时发现和解决，最后往往演变成大问题，甚至导致整个设施设备的毁坏。通过对物业设施设备的检查、保养和对小问题的及时解决，能够显著地延长整个设施设备的使用年限。

4. 节约能耗、提高经济效益

物业服务企业可能会聘请高水平的物业设施设备技术人员，负责对设施设备实施管理。该技术人员作为设施设备管理的主要负责人,对其实施有效管理,可节约能耗。

5. 满足物业使用人和其他组织或个人多方面的需要

物业设施设备的基本功能应该是满足物业使用人的生活或工作的需要。例如,电力设施设备满足物业使用人用电照明,用电烧水、做饭、洗衣等需要;给水设施设备满足物业使用人用水洗衣服、洗菜做饭、洗澡等用水需要。这些都是基本的生活需要。其实物业设施设备在满足这些基本需要之外,还可以满足物业管理区域外单位或个人的需要。例如,监控设施设备就可以满足公共安全部门调查取证的需要。

四、物业设施设备管理的内容

1. 物业设施设备的安全、正常运行管理

保证物业设施设备的安全、正常运行,是物业设施设备管理的最基本要求,也是满足物业使用人需要的必然要求。要实现物业设施设备正常运行目标,通常需注意以下两点。

1) 选购质量可靠厂家的设施设备

一种物业设施设备一般都会有数个不同的生产厂家。不同厂家因技术积累、人才聚集程度和管理制度等因素存在着一定的差异性,生产的物业设施设备质量各有不同,对产品的后续使用造成不同的影响。质量好的物业设施设备,在后续使用过程中,故障率小、寿命长,管理起来省时、省心、省力,运行成本低。质量可靠的物业设施设备生产厂家,由于具备严格的管理制度,其产品的质量有保障,同时在设施设备的安装调试等方面提供了充分的保障。

2) 打造一支技术过硬的设施设备管理队伍

优秀的设施设备管理队伍是做好设施设备管理的有力保证。他们能够做到防患于未然,把设施设备的故障发生率降到最低程度。事故发生后,他们能够迅速、准确地找到问题的症结,快速地解决问题。如何打造这支高技术的物业设施设备管理队伍,至少要考虑以下三方面的因素。

(1) 招聘专业的技术人员。物业设施设备具有很强的专业性,其中一部分关系到物业使用人的生命安全与身体健康,例如强电、电梯、消防设施设备等。因此,管理人员必须具备相应的专业技术。

(2) 对通过招聘进入公司的物业设施设备专业技术人员实施系统性培训。尽管招聘的专业技术人员具有一定的专业知识、专业技能基础,还需要结合本物业管理区域内的设施设备实际状况进行有针对性的培训,使他们快速了解本物业管理区域内的设施设备状况,掌握这些设施设备所需要的具体操作要求和技术要求。

(3) 建立科学、规范的操作流程与严格的工作制度培训。物业设施设备与一般的设施设备一样,在安装、维修和保养的过程中有着严格的操作流程,这些流程环环相扣,不能有一丝疏漏,也不能颠倒操作顺序。一旦出错,后果十分严重。因此,必须在技术人员正式操作设施设备之前对他们进行相应的培训。

2. 物业设施设备的维修管理

物业设施设备在使用过程中,难免会出现故障。相对来说,新设施设备故障率较低;

如果日常的保养、维护工作做得好,也会降低故障率。一旦出现故障,就需要进行维修。及时、快速、高效的维修会赢得物业使用人的认可,有利于物业服务企业开展各项活动,包括物业收费。要实现物业设施设备故障问题的快速解决,需要做好以下几方面的准备工作。

1) 落实好故障维修人员

高素质的故障维修人员是解决故障的基本保障。他们的高素质主要体现在两点。一是技术水平高,针对不同故障能够及时准确地发现问题的症结,快速解决问题,把因设施设备的故障给物业使用人造成的不便降到最低程度。二是服务意识强,始终把业主或其他物业使用人的需要放在心上,无论何时,只要业主有需求,他们都能第一时间赶到现场解决问题。

2) 做好相应的制度安排

物业使用人在物业设施设备的使用过程中遇到问题,能够及时找到求助的线索,包括电话、微信、QQ等有效的联系方式,即打电话有人接,发微信或QQ有人及时回复。物业使用人求助后,物业服务企业要第一时间安排维修人员赶到现场。同时需要注意克服实践中的一些不良现象:故障出现后,物业使用人打电话没有人接;通过微信、QQ发求助信息,没有人回复;有人接电话、回复微信或QQ,但没有维修人员及时赶到现场,或者是赶到现场的不是专业维修人员,而是值班的安保人员或其他人员。要解决这些问题,都需要做好相应的制度安排。

3) 做好配件的准备工作

在物业设施设备管理的实践中,常常出现故障被及时发现,设施设备需要更换零部件,但由于之前没有备货,需要在发现故障之后再向商家订货,商家在接到订单后,才能安排物流发货。这样就耽误了维修时间,影响了设施设备的使用,给业主或其他使用人带来诸多不便,甚至造成业主对物业服务企业的不满。因此,物业服务企业日常应做好设施设备中易损件的备货管理,避免因为零部件的准备不足而耽误维修时间。

3. 物业设施设备的保养管理

对物业设施设备进行日常保养,能够有效预防设施设备故障的发生,延长设施设备关键零部件的寿命,通过保养使设施设备处于良好的运行状态。

1) 保养方式

物业设施设备保养的方式主要有清洁、紧固、润滑、调整、防腐、防冻及外观表面检查。对长期运行的设备要巡视检查,定期切换,轮流使用,进行强制保养。

(1) 紧固。为了防止设备发生更大震动导致螺帽脱落、连接错位、设备位移及由于密封面接触不严而产生泄漏等故障,必须经常检查设备的紧固程度,对于松动零部件及时紧固。

(2) 润滑。金属设施设备通过润滑,可以保护金属部件,减少零部件之间的摩擦损耗。润滑是正确使用和维护设备的重要环节。不同的设施设备对润滑油的品种、型号、质量、润滑方法、油压及加油量等都有严格的规定,应严格按照规定实施润滑。

(3) 调整。设备零部件之间的相对位置及间隙是有其科学规定的。由于设备的震动、松动等因素,零部件之间的相对尺寸会发生变化,容易产生不正常的错位和碰撞,造成设备的磨损、发热、噪声甚至损坏。因此,必须对设施设备的有关位置、间隙尺寸进行定量管理、定时测量与调整。

(4) 外观检查。对设施设备的外观进行目测或测量观察,检查设施设备的外表面有无损伤裂痕,磨损是否在允许的范围内,防护罩等安全装置是否齐全,温度、压力等运行参数是否正常,电动机是否超载和过热,传动带是否断裂或脱落,震动和噪声是否异常,设施设备密封的严密程度如何,设施设备外表面是否锈蚀及设施设备的防腐保温层是否损坏等。

2) 保养周期

保养工作主要包括日常保养和定期保养。

(1) 日常保养。日常保养要求设备操作人员在操作之前对设备进行外观检查;在操作过程中按照要求操作设备,定时巡视并记录设施设备运行参数,随时注意运行中有无异声、震动、异味、超载等现象;在操作之后对设备做好清洁工作。在冬天,如果设备即将停用,应在操作之后放尽设备内剩水,以免冻裂设备。日常保养是设施设备维护管理的基础,应该坚持实施,并做到制度化,特别是周末或节假日前更应注意。

(2) 定期保养。定期保养是以操作人员为主、检修人员协助进行的。它是有计划地将设施设备停止运行,进行维护保养。根据设施设备的用途、结构复杂程度、维护工作量及人员的技术水平来确定维护的间隔周期和维护停机时间。定期保养需要对设施设备进行部分解体,应做好以下工作:脚底清扫、擦洗、疏通;检查运行部件运转是否灵活及其磨损情况,调整配合间隙;检查安全装置,检查润滑系统油路和过滤器有无堵塞,清洗油箱,检查油位指示器、换油;检查线路和自动控制元器件的动作是否正常。

4. 物业设施设备的更新改造管理

物业设施设备使用到一定年限后,其效率降低、消耗增大、年维护费升高,还可能发生问题严重的事故,为使其性能得到改善和提高,降低年维护成本,需对有关设施设备进行更新改造。设施设备更新就是以新的设施设备代替原有的设施设备。任何设施设备都有寿命,如果设施设备使用达到了它的技术寿命或经济寿命,就必须更新。设施设备改造就是应用先进的科学技术,对原有的设施设备进行技术改进,提高设施设备的技术功能及经济特性。设施设备改造的主要途径如下。

(1) 对设施设备结构进行局部改进。

(2) 增加新的零件和装置。

(3) 对设施设备的容量、功率、转速、形状和外形尺寸等进行调整。由于设施设备改造并不舍弃原有设施设备,所以其费用一般比设施设备更新要少得多。因此,只要通过设施设备改造能达到同样的目的,一般就不采用设施设备更新方式。

5. 物业设施设备的档案管理

物业设施设备档案管理可以为物业设施设备管理提供可靠的条件和保证。在对物业设施设备进行管理的工作中,对所管理物业的设备设施系统,要有齐全、详细、准确的档案资料,主要包括设施设备原始档案资料、设施设备技术档案资料和维修档案资料。

1) 物业设施设备原始档案管理

物业设施设备在接管后均应建立原始档案,原始档案主要有:设备验收文件(包括验收记录、测试记录、产品与配套件的合格证、订货合同、安装合同等)、设备安装图及设备使用维修说明等。

2) 技术档案资料

物业设施设备管理部门对所管理的所有设施设备均应建立设备卡片,记录有关设备的各项明细资料。例如,房屋设备的类别、编号、名称、规格、技术特性、附属物所在地、建造年份、开始使用日期、中间停用日期、原值及预计使用年限、预提大修更新基金、进行大修次数和日期、报废清理情况等。

3) 物业设备维修档案资料

物业设施设备管理部门应对所管理的设施设备建立维修资料档案,并进行妥善管理。维修资料档案应包括以下方面。

(1) 报修单。对维修部门填写的报修单,应每月统计一次,每季度装订一次,由物业设施设备管理部门负责保管备查。

(2) 运行记录。值班人员填写的运行记录应每月一册,每月统计一次,每年装订一次,由物业设施设备管理部门保管备查。

(3) 技术革新资料。物业设施设备运行的改进、革新、技术改进措施等资料由物业设施设备管理部门汇总存查。

任务二　物业设施设备的管理办法

学习准备

查阅相关资料,了解从事物业设施设备的维修、保养与管理需要的条件。

相关知识

现代物业设施设备大多是电气化、智能化,为保证设施设备操作人员与管理人员的安全、设施设备本身的安全及进入设施设备附近其他人员的安全,必须制定设施设备的管理办法。具体包括设施设备的操作规程要求、操作程序要求与制度安排等。

一、高压配电管理制度、规定和操作规程

1. 高压配电管理制度

(1) 高压配电是项目供电重要部位,未经领导或专业人员许可,除机电维修管理人员外,其他任何人不得擅自进入。

(2) 操作维护责任人必须是持高压类电工进网作业许可证、特种类电工进网作业许可证的合格人员。

(3) 凡进入高压室作业(包括清洁性工作),必须由两人以上进行,严格执行操作监护制度,遵守操作规程。进行清洁卫生工作时必须保持规定的安全距离。

(4) 室内严禁存放与操作无关的一切杂物,保持室内清洁卫生,设备状况良好。

2. 高压配电管理规定

(1) 必须由物业领导批准的或持有高压操作许可证的人员方可进入高压配电房。

(2) 保持室内清洁,设备干净无尘,不得堆放杂物。

(3) 严禁在室内吸烟。

(4) 操作配电房设施前,应仔细阅读配电房说明书及注意事项。

(5) 断电后,必须进行接地保护。

(6) 合闸前,必须断开接地保护。

3. 高压开关柜操作规程

(1) 操作人员必须持有市级以上供电局颁发的高压类电工进网作业许可证,必须熟悉一次系统接线及开关柜操作原理,操作时必须穿戴好绝缘手套、穿绝缘鞋。

(2) 操作人员必须严格遵守操作票制度,操作时至少有两人在场,一人操作一人监护。

(3) 操作时先打开接地开关操作孔锁、真空开关操作孔锁、检查三相电源指示灯。

(4) 严禁操作进线柜接地开关及出线联网开关。

二、低压配电操作规程

1. 合闸送电操作规程

(1) 非机电组人员不得进行合闸操作。

(2) 合闸前,应断开各分路全部空气开关。

(3) 确定整个线路无人进行操作,无短路现象。

(4) 对各电源开关进行合、断一次试送电合闸后检查各表指示,并观察5分钟。

2. 停电操作规程

(1) 断开各分回路的空气开关,拉下各回路刀闸开关。

(2) 断开低压配电柜总开关。

(3) 挂好"有人操作严禁合闸"的警示标牌。

3. 停(送)电操作程序

(1) 停电程序:先断开低压侧各分路负荷开关和闸刀,再断开低压侧总空气开关,最后断开低压侧总刀开关。

(2) 送电程序:与停电顺序相反,先合上低压侧总刀开关,再合上低压侧总空气开关,最后合上各分路刀开关及负荷开关。

4. 市电—发电转换操作程序

1) 有自动投入功能的市电—发电供电系统

市电停电数秒钟后,发电机启动并建立电压,电气联锁装置动作,线路自动转入发电供电。此时,电工对中央空调、分体空调等设备,以及需人工转换的部分线路进行手动转换。市电恢复后,对于上述设备、线路再行转换及重新启动。转换操作应参照停(送)电操作顺序进行。

2) 无自动投入功能的市电—发电供电系统

市电停电时,手动启动发电机,待电压稳定后,逐级依次进行转换。市电恢复后,则依照与之相反的顺序进行转换电操作。转换操作应参照停(送)电操作顺序进行。

5. 维护作业

(1) 严禁带电操作。特殊情况必须带电作业时,应有可靠的防护措施,并按照安全操作规程进行作业,现场有专人监护,以防触电事故。

(2) 每天巡视设备运行情况,如实填写运行记录表,发现问题及时检修。

(3) 定期对设备进行维护保养,保持配电房整洁,防止尘物污染及小动物进入造成短路事故。除必要的配套工具外,配电房不得存放易燃易爆及其他物品。

三、电工安全操作规程

1. 保证安全的组织措施

(1) 在电气设备室工作,必须执行工作票制度,保证工作人员的安全,避免事故发生。

(2) 工作票由物业负责人或电工班长根据系统情况和操作内容进行签发。

(3) 工作许可手续,可以通过工作票履行工作许可手续。

(4) 执行工作监护制度,使工作人员受到监护人的指导与监督,及时纠正违反安全规章的行为。

2. 保证安全的技术措施

(1) 停电:必须将全部设备或部分设备的电源完全断开,有一个明显的断开点。

(2) 验电:对已停电设备的进出线进行校验,确认设备无电。

(3) 施工或设备检修应设接地线:对于可能送电至停电设备的电源侧均应三相短路接地。

(4) 悬挂指示牌:一经合闸即可送电到施工或检修设备的开关和刀闸操作把手上悬挂"禁止合闸,有人工作"的标识牌。

3. 安全操作规定

(1) 电气设备的操作人员,必须掌握变配电系统的分布、性能及操作方法。

(2) 电气设备操作必须由两人执行,一人操作,一人监护,且对设备比较熟悉者做监护人。

(3) 按设备的电压等级穿戴好绝缘劳保用品,按操作要领进行操作。

(4) 送电操作程序:先合上电源侧隔离开关,再合上负荷侧隔离开关。

(5) 停电操作程序:先拉开负荷侧隔离开关,再拉开电源侧隔离开关。

四、水泵房管理制度

水泵房提供业主生活用水、消防用水,直接影响业主生活和生命财产安全。为管理好水泵房,明确职责,应制定以下规定。

(1) 水泵房及地下水池,以及消防系统全部机房设备由机电人员负责监控,定期检查保养、维修及清洁打扫,做好记录。解决不了的问题应及时书面报告领导。

(2) 水泵房内机电设备由机电人员负责,其他人不得操作,无关人员不得进入泵房。

(3) 水泵房内所有设备在正常运转下,开关应放在自动位置,所有操作标志简单明确,主接触器开关每半个月检查一次。

(4) 消防泵按定期保养规定进行检查,每月进行一次自动或手动操作检查,每年进行一次全面检查。

(5) 水泵球阀定期检查保养,泵房每周打扫一次,水泵管道每月检查擦洗一次。

(6) 水泵控制回路每月进行一次紧固,检查是否可靠,检查备用水泵能否在主机出现故障的情况下自动运行。

(7) 注意电机运行时的电流、升温情况、声音是否正常,机械是否滑动灵活,定期进行对轴加油,使水泵达到最佳状态。

(8) 污水池常清扫,水泵、管道常保养。

(9) 地下水池、中位水箱、高位水箱的液位阀每周检查一次,确保处于良好状态。

五、给排水系统维修养护职责

(1) 定期检查生活泵、气压罐、排污泵、水池、水箱管道、阀门、公共卫生间、管道井内的上下管道,阀门、集水坑、室内外排水沟渠(井)。

(2) 生活泵、污水泵、管道、阀门定期进行维修保养,要求设备运行正常,压力符合要求,仪表指示准确,无跑、冒、滴、漏现象。备用泵、污水泵、消防泵一般半个月要启动一次,如果发现问题要及时处理。

(3) 集水坑、污水坑、室内外排水沟渠(井)定期疏通、清掏,排水畅通无堵塞;化粪池每年清掏两次。

(4) 生活水箱(池)入口封闭,加盖加锁,溢水管、赤水管道气口要加金属网,室外的通气口要有防护设施。

(5) 雨水和污水分离,不得混排,污水排放要达标。

(6) 二次供水的贮水(箱)不得同其他用途的贮水设施混用。

(7) 每半年应对二次供水水池(箱)进行全面清洗、消毒,水质经有资质的疾病预防控制机构检测并达标。

(8) 制订临时停水、保管及水污染等应急处理方案,计划停水要提前通知业主。

任务三 物业设施设备维修养护计划与实施

学习准备

假如你是物业设施设备的技术人员,请你制订一份设施设备的养护计划。

相关知识

一、机电设备管理的原则和目标

1. 机电设备管理的原则

（1）以预防为主，并采取日常保养与计划性维修并重的原则，使之时时处于良好状态。

（2）做到用好、修好、管理好；维修人员会维修、会使用、会保养、会检查；坚持定时、定量、定人、定点、定质的方针。

（3）操作人员与专业人员相结合，遵循以操作人员日常维护为主、专业人员定期处理相结合的原则。

（4）建立和完善设备档案，并对设备档案进行有效的动态管理。

（5）完善设备管理和定期维修制度，制订科学的操作规程、合理科学的维护计划。

（6）修旧利废，合理更新，降低成本，提高经济效益。

（7）规范供配电维修管理工作，确保中心正常用电。

2. 消防监控室管理的总则

（1）建立24小时值班制度。

（2）值班人员严格执行交接班记录。

（3）准确、真实、清晰地填写记录。

（4）无关人员不准入内，值班人员不做与工作无关的事。

（5）室内应配备灭火器材、应急灯作备用。

3. 设备设施管理的目标

通过日常养护与及时的维修，使其时时处于最佳运行状态，延长设备使用寿命，提高物业的运作效益，确保主要设备的完好率达100％，零修、急修及时率达100％。

二、机电设备设施管理目标的实现

1. 工作职责

工程部负责管理整个设施和设备的操作、运行、检查、保养和维修，负责设备档案的建立和管理，负责设备各种操作规程和流程的制定和实施，负责对维修人员和服务供方的组织和调度，负责维修人员的技能培训。

1）分管管理人员的职责

（1）制订部门工作计划，审核各班组和工程师的工作计划。

（2）负责与机关事务局进行工作对接并定期向事务局汇报设施设备运行情况。

（3）负责本部门服务质量的监督和控制。

（4）负责各下属班组及人员的组织、调度和沟通。

（5）负责联系和配合质监部门、安检部门、消防和卫生检查部门的监督和检查。

（6）负责审定和选择服务供应方并对其服务质量进行评审。

2）工程师的职责

（1）负责本部门的技术指导和监督。

（2）负责制订设备设施的年度和月度维修保养计划并监督执行。

（3）负责各种技术资料的整理和设备档案的建立。

（4）负责维修材料的询价、采购，并与服务供方进行工作对接和监督其工作。

（5）负责维修人员的技能培训和指导。

（6）负责制定各种操作规程和管理制度。

（7）参与设备季度以上的保养工作和设备维修检查工作。

3）维修班长的职责

（1）负责本组工作计划的制订和执行。

（2）负责并参与水电维修工作，并做好相关的记录。

（3）负责水电维修工的调度和工作安排。

（4）负责配合工程师协调各班组之间的协作配合。

（5）负责保管和检查维修工具、器材和仪器，并对其进行定期检查和保养。

（6）参与维修材料的采购和对服务供方的监督。

4）维修工的职责

（1）按计划对水电设施和设备进行日常巡检和维修保养工作。

（2）按操作规程或流程对各种设备进行操作。

（3）负责临时性的各种修理工作。

（4）负责值班和交接班并认真填写相关记录。

（5）服从上级的工作安排，主动协助其他维修人员的工作。

2. 机电设施设备的接管和建档

1）机电设施设备的接管

（1）由物业公司组织机电设备专业人员对现有设施设备进行检查、清点，内容包括设施设备的完好情况和存在的问题、备品备件的数量等并做详细的记录备案。

（2）对设备的各种资料的清点和移交，包括原设施设备的建施、水施、电施的竣工图，设施设备的使用说明书（含电气原理图），设施设备的验收情况记录和相关职能部门的验收报告，以及各种设备的合格证及安全检测报告，设备使用3年的年检报告和年检记录（电梯、二次供水、消防系统、供配电系统等）。

2）机电设备设施档案的建立和管理

（1）设备档案的建立。建立一机一档的设备档案，档案内容应包括设备使用说明书、设备安装及调试图纸和记录、设备配套设备的使用说明书、设备本身和配套设备的合格证、设备验收记录、设备安全检查记录、设备定期检查记录、设备维修和保养记录。

（2）建立设备台账。对设备进行分类并建立台账，台账内容应包括：设备型号和参数、设备标号、设备名称、设备安装地点、设备资料明细、主要配件的型号和参数、中大型修理和配件更换记录等。

（3）建立设施一览表和分布图。对消防系统、排水排污系统、公共照明系统及景观、休闲设施应分类编号列入表中并按分类标注在分布图上，便于统一管理和查找。

3) 设备档案的管理

(1) 设备档案安排专人进行统一编号管理,定期进行档案的更新。

(2) 对档案实行计算机管理,有利于档案的不断更新和查找。

(3) 必须由工程师以上人员签写档案借阅记录,方可借阅档案。借阅人员不得将档案带出档案室。

3. 机电设备设施的检查和维护保养

1) 机电设备的检查

(1) 日常检查:由设备操作人员,按照设备日常检查记录规定的内容和频次按时进行检查,并做好相应的检查记录。

(2) 月度检查:由设备技师会同维修工共同进行,根据设备月检记录的内容逐项检查,发现问题及时处理,并做好相应的处理记录和检查记录。

(3) 季度检查:由设备技师进行,根据设备季度检查记录所规定的内容逐项检查,发现问题及时处理,并做好相应的处理记录和检查记录。

(4) 年度检查:由工程师组织进行,按照年度检查的内容逐项进行,并填写年度检查记录,将检查结果汇总形成报告。

2) 机电设备的维护保养

(1) 日常维护保养:主要由操作人员通过日常经验,用听、闻、视、摸等方式对设备进行巡检,利用仪器仪表对主要部位进行检测,发现故障及时处理。操作人员巡视至少两次,维修技师每周至少检查一次。

(2) 针对月检、季检发现的问题和设备隐患,维修技师对设备进行局部或全面修理,清洗或更换零部件。

(3) 每年根据设备运行情况和设备年检情况对主要部件进行维修调试,更换易损件并全面加油润滑,局部外观进行除锈刷漆等。

(4) 监督和管理外包设备的维修和保养,要求服务供方按时进行保养并经检查后在维修保养记录上签字认可。

(5) 临时维修和抢修:如果设备发生故障,工程部人员应立即安排维修人员进行修理,为了能够提高修理的及时性,工程部应准备必要的备品和备件。

三、各系统设备设施的管理要点及措施

1. 供配电系统的管理

1) 供配电系统的管理目标

供配电系统是整个物业的命脉,没有安全、可靠的供配电系统,就无法保证整个物业的安全和正常运行。因此,为达到供配电系统的安全可靠,供配电系统的管理工作必须达到下列基本要求。

(1) 安全。在电力供应、分配、使用和维护过程中,不发生人身事故和设备事故。

(2) 可靠。应满足整个物业对供电可靠性及连续供电的要求。

(3) 优质。应满足整个物业各部分用电的电压质量和频率质量。

(4) 经济。通过合理的配电方法和技术手段及管理制度,降低运行费用,尽可能地节约电能,并在保证安全性和可靠性的前提下,尽可能降低设备维护费用,延长设备使用寿命。

2) 供配电系统的管理原则

根据质量体系的管理要求及国家《电力供应与使用条例》的要求制定管理原则。

(1) 供配电系统由所在物业服务企业按业主要求及供配电管理部门的要求进行管理,公司工程部对该系统进行不定期检查并提供必要的技术支援。

(2) 积极配合电力管理部门对用电的监督管理,禁止危害供电、用电的安全和违章操作的行为。

(3) 供配电管理方式应当按照安全、可靠、经济、合理及便于管理的原则进行。

(4) 对供配电系统的管理应该采取以检查维护、防患未然为主,以修理抢修为辅的手段,保证系统的正常运行。

3) 供配电系统的安全管理

(1) 所有操作及维修人员都必须持有国家颁发的电工证及电工进网作业许可证,并经公司统一培训,达到公司管理要求方可上岗。

(2) 严格执行安全操作规程。

(3) 根据国家颁布和现场制定的安全操作规程严格执行。

(4) 维修操作人员必须具备以下条件:身体健康、精神正常,两年进行一次体检;具备必要的电气知识,熟悉操作规程并经考试合格;学会紧急救护方法,特别是要学会触电急救。

(5) 在高压设备上工作,必须遵守下列规定:填写工作票或接受口头、电话命令;至少应有两人在一起工作;完成确保工作人员安全的组织措施和技术措施,其中组织措施包括工作票制度、工作监护制度及工作间断、转移和终结制度,技术措施包括停电、验电、装设接地线、悬挂标示牌等。

(6) 加强用电设备的运行维护和检修试验工作,包括以下内容。严格执行验收接管制度,对已完工的设备按照设计安装规范进行仔细检查验收,如果发现问题必须要求施工方及时整改,达到验收标准后方可接管;所有设备必须有设备说明书、试验记录及安全认证标志;实行供配电系统日检、月检、季检和年检的检查规定,并做到有记录、有检查时间、有检查和核查人员签字;按事先制订的维护保养计划对供配电系统进行定期维护保养;按规定采用符合安全要求的电器配件及保护用具;所有更换的电器配件都必须使用国家认可的安全电器配件,且电压、电流及防爆指标应符合系统要求;安全保护用具应齐全、可靠,并定期进行耐压试验,发现不合格的应立即更换。

(7) 通过有效的管理,保证供配电系统优质、可靠地运行。主要包括以下方面。

① 根据所管物业的具体情况,编制符合国家标准及业主要求的供配电系统作业指导书,并按作业指导书中的要求进行日检、月检、季检和年检。认真填写检查记录,并定期对检查记录进行分析,确保发现的问题能够有计划地进行解决,消除设备的故障隐患。

② 及时检测设备运行情况,实时进行必要的参数调整,保证供电质量。

③ 提高供配电系统的维护保养水平,按系统各设备的使用保养要求,制订维护保养计划,并按计划进行保养(包括小修、中修和大修),使设备达到使用要求。

④ 操作维护人员必须具备中专以上学历,并取得电工上岗资格证。操作维护人员应不断学习专业知识,提高业务能力。

⑤ 为使设备在发生故障时能够及时修复,应配备一定数量的易损件及关键部件作为备件,各备件质量应达到设备的要求。

(8) 通过管理和技术手段,使系统经济运行,节约开支。主要内容包括对系统进行定期保养,延长设备使用寿命,节约配件开支;通过合理调配各用电设备的操作和使用,节约用电,降低运行费用;通过电容补偿,使系统功率因数保持在 0.9 以上,降低无功损耗;给业主提出节电的合理化建议或技术改造措施,并完善用电管理制度,在必要处张贴标识提醒节约用电。

4) 配电系统的维护保养及检查

(1) 配电房人员的职责包括:积极钻研业务,认真学习和贯彻有关规定,熟悉输配电系统的接线及设备的装设位置、结构型能、操作要求和维护方法,掌握各种安全用具和消防器材的使用方法和触电急救法;监视配电房内各种设备的运行状态,按规定抄报各种运行数据,发现设备问题应及时处理并做好相关记录;按命令指示进行操作,发生事故时进行紧急处理并做好相关记录;负责配电房内的卫生及工具、消防器材的摆放。

(2) 为了确保运行安全,防止误操作,倒闸必须根据设备负责人的命令,值班人员复述无误后执行。倒闸操作人员在倒闸前应填写倒闸操作票,由另一值班人员复核无误后,方可按操作票逐步执行。倒闸操作必须由两人执行,如果单人值班,只能执行固定的倒闸操作程序,并需在平时进行反复练习。

2. 给排水系统的管理

1) 给排水系统的管理目标

(1) 保证正常的生活和消防用水。

(2) 保证供水水质符合国家的规定和标准。

(3) 通过对设备的管理,保证供水质量(水压、流量等)。

(4) 保证排水通畅,符合卫生和环保的要求。

(5) 降低运行费用。

2) 给水系统的养护计划

给水系统的养护计划如表 10-1 所示。

表 10-1 给水系统的养护计划

序号	项目名称	计划时间	系统维护方案	达到的标准
1	供水设备及控制系统	每日	① 检查泵房卫生,照明 ② 检查变频器功能是否正常 ③ 检查压力表是否符合要求	① 设备清洁,照明完好 ② PID 显示值正常 ③ 压力表指示值正常 ④ 水泵运行电流符合要求,盘根漏水 10～20 滴/分钟
		每月	① 检查水泵运行时是否正常 ② 检查盘根是否漏水 ③ 检查润滑情况 ④ 检查控制柜是否正常,接触器、继电器无异响,接头无松动过热现象 ⑤ 检查液位控制器、浮球阀是否正常	
		每年	① 电机绝缘测试 ② 进出水闸阀、止回阀除垢清洁 ③ 泵体管道除锈刷漆	

续表

序号	项目名称	计划时间	系统维护方案	达到的标准
2	水池	每年	① 水池清洗消毒 ② 检查水池有无渗漏 ③ 检查孔、门、窗及爬梯是否完好	符合水质要求
3	卫生设施	每日	① 检查冲水阀、冷热水嘴是否异常,发现问题及时处理 ② 检查巡检室外水龙头是否异常	杜绝长流水现象,维修及时率100%

与本计划实施相关的记录:供水日/月/年检记录;巡检记录;设备设施维修保养记录

3) 排水系统的养护计划

排水系统的养护计划如表10-2所示。

表10-2 排水系统的养护计划

序号	项目名称	计划时间	系统维护方案	达到的标准
1	下水管及雨落	每日	检查下水管道有无堵塞,卫生间有无泛水现象,遇异常及时疏通	维修及时率100%
		每季	检查雨落管是否完好	
2	明暗沟、集沙井、化粪池	每季	巡检明暗沟及盖板是否畅通完好,遇暴雨时定专人巡查,发现问题及时排除集沙井、化粪池无泛水、无污物溢出,定时清掏,定时清运	盖沟板、井盖完好率100%且闭合严实,集沙井1次/季,化粪池1次/年

3. 消防系统和通风系统的管理

1) 消防系统和通风系统的养护计划

消防系统由消防泵、喷淋泵、水幕设备、控制中心设备、消防备用电源、消防水池、防排烟设备及各种末端设备组成,其养护计划如表10-3所示。

表10-3 消防系统和通风系统的养护计划

序号	项目名称	计划时间	维护保养方案	达到的标准
1	控制中心	每日	① 检查各控制按钮及仪表显示屏工作是否正常 ② 启动系统自检程序检测系统和各末端设备工作情况,发现问题及时解决 ③ 打扫机房卫生 ④ 定时检查消防值班记录,发现问题及时处理并做好记录	① 外观清洁、标识清晰 ② 报警显示功能正常有效 ③ 显示及打印设备工作正常 ④ 能及时准确发出各种报警信号及控制信号
		每年	① 清洁柜内各部位 ② 整理内部接线和紧固接线螺丝,保证设备接地良好 ③ 检测供电电压和柜内各板块电压;检查备用电池电压	

续表

序号	项目名称	计划时间	维护保养方案	达到的标准
2	消防泵、喷淋泵、水幕、气压给水设备	每季	① 检查各泵润滑是否良好,运行是否正常平稳,有无异响 ② 控制系统各指示灯显示是否正常 ③ 检查各种标识是否齐全清晰 ④ 检查水泵盘根有无严重漏水现象并及时补充或更换 ⑤ 清洁泵体及控制柜内外灰尘,检查控制柜各电器工作是否正常 ⑥ 检查报警阀工作是否正常	① 设备清洁,标识齐全清晰 ② 水泵运行平稳无异响 ③ 确保系统可随时正常启动运行 ④ 绝缘电阻大于 0.5MΩ
		每年	① 各泵加油润滑 ② 检查密封件、轴承等部件磨损情况,及时更换易损坏部件 ③ 控制柜接地检查及绝缘测试 ④ 锈蚀部位除锈刷漆	
3	消防水池及管路	每季	① 检查水池水位及液位控制器 ② 检查各管路、阀门有无漏水现象,发现问题及时处理 ③ 检查水池、箱盖是否完好	① 水池无渗水漏水现象 ② 水质清洁,水量充足 ③ 管路、阀门无漏水现象,外观整洁 ④ 水池清污时间为 1 天 ⑤ 水池盖、门完好,外观整洁 ⑥ 标识齐全清晰
		每年	① 对水池或水箱进行一次清污 ② 检查各阀门开闭灵活并润滑活动部位 ③ 对水池盖、门进行修理 ④ 对管路、托架及水池进行除锈油漆 ⑤ 各管路阀门标识巡检	
4	末端设备及消防栓箱	每季	① 检查室内外消防箱栓标识是否齐全清晰,各种配件是否齐全 ② 烟感、温感、手动报警、警铃等安装牢固;外观清洁 ③ 各末端设备测试 ④ 检查灭火器材摆放是否符合规定,是否有效	① 保证各消防箱栓外观整洁,配件齐全并随时可用 ② 灭火器材摆放规矩且在有效期内 ③ 各末端设备每季检查 30%,保证每年检查率 100%,合格率 100%
		每年	① 修理消防箱栓部件并除锈刷漆 ② 逐个测试各末端设备是否正常工作;发现不合格设备立即更换 ③ 测试消防电话插接盒,清洁插头触点	
5	防火卷帘门	每季	① 检查卷帘门是否能开关到位 ② 检查卷帘门各部位运行是否平稳,有无异响	① 卷帘门运行平稳、能关闭到位 ② 外观整洁无变形
		每年	① 对各部件加油润滑 ② 调校卷帘轨道 ③ 除锈刷漆	

续表

序号	项目名称	计划时间	维护保养方案	达到的标准
6	通风排烟装置	每季	①检查风机运行是否平稳,有无异响 ②检查控制柜各元件工作是否正常 ③清洁风机及控制柜 ④检查各排烟阀动作是否灵活	①风机及控制柜外观整洁,安装牢固 ②风机运行平稳无异响,控制可靠 ③排烟阀开闭自如
6	通风排烟装置	每年	①紧固风机各机械部件及支架 ②对风机电机轴承加油润滑 ③检查测量电机绝缘电阻 ④检查整理控制线路 ⑤油漆风机外壳、风管、托架、出口删网等部位	
7	消防指示灯及应急照明	每日	①检查灯具是否清洁 ②抽查灯具工作状态是否正常	①保证有电时消防指示灯正常工作 ②停电时应急照明满亮度工作
7	消防指示灯及应急照明	每季	①检查各应急灯蓄电池是否失效并及时更换 ②检查各灯具是否安装牢固	
8	灭火器	每季	①检查压力表压力是否在规定的标识区域内,失效灭火器送检并充气 ②外观清洁、脱漆部位重新除锈刷漆	①压力表显示指针在绿色区域以上 ②外壳不能起泡 ③重新灌充气瓶要有合格证和使用期限时间

2) 消防设备设施管理作业指导书

消防设备设施日常检查、定期检查及相关试验严格按作业指导书进行操作,具体规定如下。

(1) 确保消防系统正常运行,保证办公和公共区域的消防安全。

(2) 职责包括:护卫人员或消防控制中心工作人员负责实施消防安全日常巡视检查和日常管理;设备维修或管理人员负责消防系统设备设施检查和维护保养;工程管理部、品质管理部代表公司对消防安全检查和消防设备检查维护行使监督管理职能。

3) 消防系统作业/检查标准

消防系统作业/检查标准如表 10-4 所示。

表 10-4　消防系统作业/检查标准

序号	系统主要项目	作业/检查标准
1	消防箱	外观清洁,开启灵活;消防龙头、水枪、水带等设备齐全无漏水;外表油漆完好无锈迹;标识清晰无脱落
2	消防栓	外观完好、无损,无锈蚀
3	灭火器	有效期内,外观完好

续表

序号	系统主要项目	作业/检查标准
4	消防主机	外观清洁、无灰尘、无损坏;电压测试正常;指示灯、显示屏正常;报警情况打印正确、无误
5	联动柜	外观清洁、无灰尘、无损坏;指示灯正常,联动控制准确
6	模块	外观清洁、无灰尘、无损坏
7	烟感/温感	外观清洁、无灰尘、无损坏、无缺少;内部清洁、无灰尘、无锈蚀;线路/底座安装牢固
8	声光报警器	外观清洁、无灰尘、无损坏,接报能正常发光和报警
9	手动报警按钮	外观清洁、无灰尘、无损坏、无锈蚀,能正常使用
10	消防喇叭	外观清洁、无灰尘、无损坏、无锈蚀,线路接通正常;启动时能准确播放
11	应急指示灯疏散引导灯	外观清洁、无灰尘、无损坏;正常发亮
12	送风/排烟机	外观清洁、无灰尘、无损坏;电源/电压正常;运转无异响

4) 消防系统的管理范围

(1) 消防监控中心负责对消防报警系统实行24小时值班制度,值班人员必须将值班期间消防系统发生的情况及时向主管报告,并如实填写消防控制中心日常值班记录。

(2) 专管员或设备维修人员对消防报警系统有关设备设施进行检查和维护保养,并做好记录。

(3) 消防报警系统设施设备定期检查。

5) 月检

(1) 由消防控制中心专管员负责执行,填写消防设施巡检卡。

(2) 消防箱开启灵活,无损坏、标识清楚、完好,抽查区域20%。

(3) 消防带、枪、接扣、栓柄、专用扳手齐备、完好,并放置于规定位置,抽查30%。

(4) 室外消防栓无渗水、损坏,检查100%。

(5) 室内外消防设施附近不允许堆放杂物,保持通道畅通,灭火器在指定位置正确摆放并在使用期内。

(6) 消防控制中心日常值班检查记录准确无误。

6) 季度检查

(1) 由设备维修或专管人员负责执行,填写消防系统季检记录。

(2) 对各类型探测器视检红/绿发光管60秒左右频闪一次为正常,抽查10%。

(3) 手动报警按钮完好无损,报警后控制中心能接收报警信号,抽查10%。

(4) 消防广播喇叭完好无损,按规定时间播放便于检查视听系统运行是否正常,抽查5%;如发现损坏,必须于3日内更换。

(5) 消防电话接插盒完好无损,能与控制中心联系通话,抽查50%。

(6) 消防栓启动按钮完好无损,报警后控制中心能接收报警信号,设备能正常启动和运行,抽查5%。

(7) 声光报警器完好无损,能发出闪烁的信号和报警声,抽查10%。

(8) 报警监测时间段向业主公布。

(9) 对人员密集的区域,不定期随机抽取不低于3%的烟感器,重要设备机房随机抽取不低于2%的烟感器,现场喷烟并检查消防报警装置是否反应灵敏。

(10) 检查烟感器、温感器安装与底座接触是否良好,外观是否洁净完好。

(11) 对报警控制柜、联动控制柜等进行清扫除尘,线路如有松动应进行紧固。

(12) 灭火器外观完好,瓶体不脱漆、无气泡,压力表显示指针在绿色区域以上,确保能随时正常使用。

7) 消防系统年度检查

(1) 风机除尘、加油。

(2) 消防控制柜除尘。

(3) 对高位水箱进行全面检查。

(4) 对消防进出水闸阀进行检查。

(5) 对楼宇各类探测器、消防喇叭、手动报警按钮等进行全面检查。

(6) 检查完毕,必须填写消防系统相关记录。

(7) 试验联动系统使消防泵、喷淋泵各启动一次。

(8) 试验湿式报警阀一次,检查系统是否正常。

(9) 送/排烟风机现场启动、联动各一次。

(10) 水池清洗、蓄水。

8) 消防系统呈报制度

(1) 凡在消防管理工作中涉及安全隐患、突发质量事件或事故,必须第一时间呈报公司总经理和品质管理部,以便协调处理。

(2) 品质管理部组织相关部门对报送的安全隐患、突发质量事件或事故过程进行分析及纠正,经总经理审批后,统一上报行业主管部门备案。

项目十一　物业多种经营管理

学习目标

（1）掌握物业多种经营增值服务的基本内容。
（2）熟悉物业多种经营增值服务的主要类型。
（3）了解物业多种经营增值服务的发展方向。

素质目标

（1）强化学生开拓创新的精神。
（2）能够辩证地认清事物的发展。

能力目标

（1）具备胜任多种经营专员的岗位能力。
（2）能够辨别物业公司开展多种经营业务的基本模式。
（3）具备举一反三探索物业多种经营业务新形式的能力。

任务一　物业多种经营的发展现状

学习准备

从网上收集资料，了解当下物业多种经营的发展情况。

相关知识

一、开展多种经营的必要性与基础

1. 开展多种经营的必要性

（1）物业服务企业生存的需要。相较于不断上涨的人力成本，由于物业费涨幅极小、涨价难，使得人力资源密集型的物业服务企业已无法依靠传统物业服务在激烈的市场竞争中立足。为了解决企业的生存问题，改变行业"无利"或"微利"带来的不利局面，物业服务企业必须引入新的服务方式,拓宽盈利渠道,重塑商业模式。

(2)物业服务企业做强做大的需要。物业服务企业要在激烈的市场竞争中处于优势地位,在行业中处于前列,必须做强做大。做强做大意味着企业的规模大,也意味着企业的盈利能力强,利润率高。开展多种经营则是在原有的服务范围内,不断拓宽服务领域,增强物业服务企业的利润途径与利润点。

2. 开展多种经营的基础

(1)物业服务企业拥有较为广泛的、规模庞大的业主群体。大多数物业服务企业都有数个、数十个甚至上百个服务项目。现代城市的一个住宅项目,通常情况下人口在千人之上,多的达数千人。按照这样的方式计算,物业服务企业服务的业主一般都有数千人,规模大的物业服务企业服务的业主可达数万人。因此,这庞大的业主群体就是潜在的消费群体。

(2)物业与业主之间建立的信任关系。物业服务企业为业主提供物业服务,与业主之间有长期良好的互动,彼此熟悉、了解。绝大多数业主与物业之间建立了良好的信任关系。物业了解业主的需求和业主的经济状况;业主也对物业表示信任。这为物业开展多种经营提供了极为有利的条件,在了解业主的需求和经济实力的前提下,能够明确为业主开展多种经营的项目。

(3)国家的大力支持。物业开展多种经营,方便了业主、增加了物业的盈利能力、促进了物业行业的发展,因此自2020年以来,国家发布多项政策,明确提出支持物业多种经营、多样化发展,多种商业模式和业务领域被允许介入。例如,养老、托幼、家政、文化、健康、房屋经纪、餐饮等业务。物业多种经营业务的开展对企业营收的贡献越来越大,重要性越来越明显。从整体发展现状看,多种经营营收占比越来越高,并呈现持续增长的趋势。

二、物业开展多种经营的现状

1. 物业多种经营的探索

行业内,大中型物业企业凭借自身资源和实力在增值服务领域不断试错,从失败中汲取经验。小型物业公司往往选择模仿头部企业的做法,降低试错成本。当前行业内企业开展的多种经营服务类型很多,主要有生活服务、社区零售、居间服务、美居服务等。

随着居民对于社区增值服务的依赖性增强,社区超市、便利店、生鲜电商等成为人们购置食物及生活用品的主要渠道,反映了社区多种经营增值服务不可或缺的基础地位。

同时,社会各界对于物业管理行业及社区管理的关注度提高,居民对社区多种经营增值服务的期待也日益高涨。在过去,传统的社区商业主要满足居民的日常生活基本需要。然而随着收入及消费水平提高,居民的需求也相应提高,培训教育、运动健身、生活娱乐及养老等相关的增值服务成为新的需求增长点。由此可见,社区多种经营增值服务的发展不仅要满足居民的生活需求,还要兼顾居民情感与体验层面的需求。

2. 物业多种经营存在的问题

物业多种经营是近年来在物业行业出现的新现象,然而国家层面没有相关的法律法规对其进行规范;行业内部也尚未形成统一的规则与习惯。因此,难免会出现一些问题。

在物业服务企业的不断努力下,多种经营增值服务迅速发展,但对应的流程、风险管控仍未形成标准的体系,容易导致物业管理企业在运行多种经营服务过程中面临风险,包括项目招商风险、材料采购风险、合同管理风险、商家履约风险、业主投诉风险、法律处罚风险等。因此,对社区多种经营增值服务制定标准化的流程及完善的风险应对措施是非常有必要的,也是目前亟待解决的实际问题。

三、物业服务企业多种经营业务范围

(1) 衣着方面,包括服装销售、洗涤服装服务和裁剪、制作服装服务。
(2) 饮食方面,包括餐馆店、快餐服务和音乐茶社、咖啡屋、酒吧等便民服务。
(3) 家居方面,提供搬家、房屋装修、房屋修缮、家具整修和家政等服务。
(4) 教育方面,可合作开办幼儿园、托儿所、小学中学辅导机构、社区大学、老年大学。
(5) 娱乐方面,包括成立棋牌社、读书社,举办影视、歌舞、健身、旅游活动等。
(6) 购物方面,包括日用百货供应和副食供应等社区零售。
(7) 金融方面,引进各银行的分理处或信用社。
(8) 经纪中介服务方面,包括房屋出租、出售中介,房屋评估、公证,保姆介绍等。
(9) 广告业务方面,可利用小区的户外广告牌、电梯和小区的闭路电视进行广告宣传。

任务二 物业多种经营的发展动力

学习准备

从网上收集资料或实地调研,了解物业企业经营的困难。

相关知识

一、内部驱动力

1. 业主需求多样化

随着现代生活水平的提高,业主对于物业企业提供服务的范围与质量有更高的要求,不仅不再局限于传统的清洁、绿化、秩序维护等服务,而且需求层次不断提升。例如,随着老龄化的加剧,业主倾向于在社区内部获取医疗服务。业主在日常生活中也需要便捷、高效、及时的社区家政服务,如提供家电及家具保养和维修、房屋装修、家庭保姆、月嫂等。此类需求旺盛,布局成本低,物业企业可迅速开展。

2. 企业利润率偏低

物业企业的经营具有收入来源单一、物业费涨价空间有限的特点,这导致了企业利润

率偏低。一方面，物业企业的主要收入来源是收取的物业费，除此很少涉及其他收费；另一方面，物业费收取依据物业服务合同，服务内容和收费标准具有明确约定，调价空间有限。这使多种经营成为毛利润增长的第一驱动力。

3. 企业兼并频繁

物业企业为实现规模效应，提高市场占有率，频繁进行企业兼并。随着新型城市化的不断推进，物业服务企业作为城市发展不可或缺的重要力量也随之快速发展。物业企业的不断兼并重组，物业服务行业"多强"将不断出现。物业企业面对被兼并收购，应当在稳步推进传统物业服务的基础上积极开展多种经营，不断提升盈利能力和服务水平，增强市场竞争能力。

二、外部驱动力

1. 国家政策的支持

随着时代的发展，物业服务在人们生活中扮演的角色越来越重要，政府出台了多项政策支持和鼓励物业为业主提供综合性解决方案，在为业主带来更好的体验和优质高效成果的同时服务社会整体发展。例如，《关于推动物业服务企业发展居家社区养老服务的意见》中，推行"物业服务+养老服务"居家社区养老模式，鼓励物业服务企业组建专业化养老服务队伍，参与提供医养结合服务及开展老年人营养服务和健康促进。"十四五"循环经济发展规划》鼓励物业服务企业等合作设立可循环快递包装协议回收点，投放可循环快递包装的专业化回收设施。《关于推动物业服务企业加快发展线上线下生活服务的意见》等政策文件，鼓励物业服务线上线下融合发展，搭建智慧物业平台，对接各类商业服务，构建线上线下生活服务圈，要求增加社区生活服务消费，以解决诸如当前我国社会面临的日益多样化多层次的养老服务需求，高龄、空巢、独居、失能老年人生活照料和长期照护难题，同时满足居民多样化、多层次生活服务需求，增强群众的获得感、幸福感、安全感。因此，物业服务企业对于相关政策的研究、国家战略与城市发展把握，有助于提前布局新业态、新赛道，推进自身商业模式的创新。

2. 居民需求的变化

随着社会生产力的提高和人民生活水平的不断提升，人们的需求呈现出多样化、多层次和多方面的特点。人们不再满足于简单的温饱问题，而是希望享受更好的食品、更美的服饰、更舒适的居住环境及更便捷的出行方式。此外，人们对教育、就业、收入、医疗和消费等方面都有更高的期望。物业服务企业的优势体现在常驻社区、紧贴居民、反应迅速等方面，加速物业行业的发展，推动物业服务向高品质和多样化方向升级，能够满足人民群众日益增长的优质居住环境需求。

3. 互联网技术的发展

近年来，伴随着大数据、云计算、人工智能等技术的发展和应用，"互联网+"对物业服务行业产生了更加深刻的影响。"互联网+物业"作为互联网应用技术的产物，能够满足物业服务企业经营管理过程中的多样化需求。在"互联网+"的背景下，物业服务企业借助科技手段创新管理模式，整合线上线下资源，打通多个环节的通路，有助于提升客户满意度,提高管理效率,拓宽收入渠道及增强企业竞争力。相较于物业传统服务往往只能通过缩编减员、减低服务标准来节省成本支出,物业增值服务可利用技术升级手段调整业务结构,提升盈利空间。面对增值服务这一跑道,资金实力雄厚的头部物业企业已通过互联网、智能化技术搭建了一套自有的物业服务系统,而缺乏财力的中小物业公司可以选择购买成熟的解决方案实现商业模式的转变。

任务三 物业多种经营存在的问题

学习准备

收集资料,了解现阶段开展物业多种经营业务存在的问题。

相关知识

一、盈利能力相对较弱

传统物业公司具有整体盈利较低的行业特点,其原因如下。

(1) 由于物业公司在我国发展历史较短,传统物业公司的规模较小,市场竞争力相对较弱,导致行业发展具有一定的局限性。

(2) 日常的物业收费工作模式老旧,制约了物业公司的进一步发展。

(3) 由于物业公司的收费标准并不统一,收费率相对较低,其结果直接影响了物业服务的质量及效率,导致物业公司降低了服务标准,形成恶性循环。

(4) 由于水电、绿化及人力等方面的管理成本不断上升,使得物业公司的支出不断增加,导致物业公司难以确保收支平衡,经常入不敷出。而且传统物业公司的经营模式相对单一,主要的经济来源都是管理收费,并未设置各种增值服务与创收项目,难以实现资金积累。

二、从业人员素质低且待遇不高

(1) 劳动力密集、待遇低。物业服务是劳动密集型产业,大部分物业公司都是微利经营,甚至存在亏损运作的情况,经营业绩表现相对不佳,使得物业行业从业人员整体薪资待遇普遍比其他行业低。

(2) 物业从业人员素质低。由于物业行业总体上工资待遇较低,行业对优秀人才的吸引力弱,造成物业行业的从业人员素质整体上处于低下水平。保洁、安保岗位大多是文化水平低、接受能力差的老年人,管理人员的学历层次整体上也处于中下水平。低素质从业人员直接影响了物业多种经营的开展与效果。

三、行业问题突出

（1）物业费收缴难。目前，物业公司虽然在收费标准上存在较大的差异性，但物业费迟交、欠交甚至是拒交等难题依然是行业通病，其主要原因基本是源于单位或者是开发商建设小区时期产生的遗留问题，使得业主只能用拒交物业费的方式来维权。还有一类业主的服务消费意识较弱，相对于缴费的义务而言，业主更为注重权利，因此不能接受各种有偿服务。此外，由于物业公司的一线员工较多，人员综合素质偏低，偶尔会出现日常物业服务与管理方面的问题，缺乏和业主之间的良性沟通，进而导致业主的合理诉求无法及时得到解决，长此以往，导致了业主和物业之间的隔阂。

（2）缺乏创新意识。现阶段不可忽视的是，物业公司的管理思想观念过于传统、缺乏创新意识，也直接影响了增值服务的经营。物业企业相关领导自身管理能力较差，欠缺战略性眼光，无法凝聚高超的市场洞察力及风险判断的决策力。部分领导人员无法从战略管理的角度思考及规范企业日常经营行为，过分关注物业事务的日常管理经营，无法突破传统物业企业的管理模式，固守落后的管理经验，没有有效的企业长期发展规划，导致物业经营管理中的增值服务无法得到科学的指导。

任务四　物业多种经营的发展前景

学习准备

浏览几个物业企业的微信公众号，并了解该物业企业多种经营业务的现状。

相关知识

一、多种经营增值服务的经营策略

1. 建立客户在线平台

利用信息化手段进行多种经营增值服务推广尤为重要。例如，物业企业应建立统一业主在线平台，以智能家居、智慧门禁、智慧停车、智能报事报修、智能缴费等传统物业服务来提高用户黏性，通过每次为业主提供的线上线下服务及售后服务记录，来分析业主行为，完善业主信息，为每个业主画像，形成标签，进而提供更精准的增值消息推送，使工作成效最大化。

2. 制定合理的利润分配体系

引入激励机制以充分调动每个员工的积极性。个性化服务是在常规化服务基础上的延伸，大部分的多种经营增值服务是立足于原有的服务团队来开展经营，这样一来，难免会增加员工的工作时间及工作强度。物业企业应考虑将开展增值服务的员工的提成与业主满意度评价挂钩,形成服务反馈闭环,既保证了员工的稳定性与积极性,同时也创造了业主、物业公司、员工的三赢良性局面。

3. 增值服务应注重服务品质

对业主提供增值服务必须明码标价、诚实守信,每项增值服务必须做到有计划、有安排、有落实、有跟踪、有回访、有评估。由于业主对个性化服务的要求往往比较高,物业企业更要注重服务的时效性。物业公司服务人员本就在服务区内工作,当业主有需求时,他们具有天然的距离优势,能够迅速响应。从服务角度来看,他们更容易获得业主的认可与信赖。物业企业应牢牢抓住这个天然的优势提升自己的服务品质。

二、多种经营增值服务的发展前景

在政策法规的持续完善、房地产行业进入寡头时代等诸多因素的推动下,中国物业服务行业正在迎来迅猛发展的黄金时期。在我国,除传统的物业服务业务外,和社区居民日常生活密切相关的增值服务业务有望成为该行业未来发展的新空间。

增值服务业务因其具备业务类型多样、增长潜力巨大等优势,正在逐渐发展成为各个物业服务企业之间差异化竞争的必争之地,是物业服务企业实现盈利能力提升的主要动力。拓展增值服务业务的新领域,可以让物业服务企业在市场竞争中把握主动权,减少其对关联房企的依赖,是企业持续稳定发展的关键因素。

就目前情况来看,我国物业服务企业主要依靠物业管理面积的增加带动企业整体收入提高,增值服务业务的支撑力不足。但随着房地产存量市场的到来,企业在物业服务管理面积达到一定规模之后,需要通过多元化的增值服务业务布局达到企业长期发展的目的。

项目十二　物业财务管理

学习目标

（1）了解物业服务企业财务管理的概念和内容。
（2）了解物业管理项目财务管理的概念和内容。
（3）了解酬金制、包干制与物业服务费的测算编制。

素质目标

（1）培养学生做事细致的习惯。
（2）使学生理解财务管理能力在企业管理中的重要作用。

能力目标

（1）能够独立测算一个物业项目的服务费用。
（2）能够独立测算得出一个项目酬金制与包干制费用的差距。

任务一　物业服务企业财务管理

学习准备

课前收集有关物业财务的相关资料，了解物业企业财务的基本状况。

相关知识

企业财务泛指财务活动和财务关系。前者指企业再生产过程中涉及资金的活动，表明财务的形式特征；后者指财务活动中企业和各方面的经济关系，揭示财务内容的本质。因此，概括地说，企业财务就是企业再生产过程中的资金运动，体现着企业和各方面的经济关系。

物业服务企业的财务管理包括营业收入管理、成本和费用管理、利润管理及营运资金管理等。做好物业服务企业财务管理工作，有利于规范物业服务企业财务行为，有利于促进企业公平竞争，有效保护物业管理相关各方的合法权益。

一、企业财务管理的内容

公司的基本活动可以分为筹资、投资、运营和分配活动四个方面。对于生产企业而言,还需要进行有关生产成本的管理与控制。从财务管理角度看,筹资可以分为长期筹资和短期筹资,投资也可以分为长期投资和短期投资,由于短期筹资、短期投资和营业现金流管理有着密切关系,通常将它们合并在一起讨论,称为营运资金管理。因此,财务管理的内容分为筹资管理、投资管理、营运资金管理、成本管理、收入与分配管理五个部分。

1. 筹资管理

企业要根据其生产经营、发展战略、投资和资本结构等的需要,通过筹资渠道和资本市场,运用筹资方式,依法、经济有效地筹集企业所需资金,进行筹资管理。无论是建立新企业,还是经营现有企业,都需要筹措一定数量的资金。在进行筹资活动时,企业一方面要科学预测筹资的总规模,以保证所需资金;另一方面要通过筹资渠道和筹资方式的选择,确定合理的筹资结构,降低资金成本,增加公司的利益,控制相关的风险。筹资管理是企业财务管理的一项重要内容。

2. 投资管理

投资是企业生存、发展及进一步获取利润的基本前提。企业取得资金后,必须将其投入使用,以谋取良好的经济效益。在进行投资管理活动时,企业必须考虑投资规模,同时还必须通过选择投资方向和投资方式来确定合适的投资结构,提高投资效益,降低投资风险。不同的投资项目,对企业价值和财务风险的影响程度不同。企业的投资,有对内投资和对外投资之分。对内投资是指企业把筹集到的资金用于本企业的资产上,例如购建固定资产、无形资产等;企业把筹集到的资金用于购买股票、债券、出资新组建公司或与其他企业联营等,便形成对外投资。如果投资决策不科学、投资结构不合理,那么投资项目往往不能达到预期效益,影响企业盈利水平和偿债能力。由于投资决策的正确与否,直接关系到企业的兴衰成败,因此要科学地做好投资管理。

3. 营运资金管理

企业在日常的生产经营活动中,会发生一系列流动资产和流动负债资金的收付。企业的营运资金在全部资金中占有较大的比重,是企业财务管理工作的一项重要内容。主要涉及现金持有计划的确定,应收账款的信用标准、信用条件和收款政策的确定,存货周期、存货数量、订货计划的确定,短期借款计划、商业信用筹资计划的确定等。如何节约资金成本,提高资金使用效益,进行流动资产的投融资,以及如何管理流动负债,都需要企业提前做好规划。

4. 成本管理

成本管理是企业日常经营管理的一项中心工作。企业在竞争中需要努力开源节流,控制成本耗费,从而增加企业收益。通过本利分析,运用于经营决策;通过标准成本控制与分析,满足有效经营条件下所能达到的目标成本;通过作业成本管理,对传统成本管理模式进行变革,并应用到价值链领域,为企业战略管理提供基础;责任成本管理,则是通过责任中心,明确责任成本,从而界定责、权、利关系考核工作业绩。成本管理涉及从成本预测、成本决策、成本计划、成本控制、成本核算、成本分析到成本考核的全部过程。

5. 收入与分配管理

收入与分配管理是对企业收入与分配活动及其形成的财务关系的组织与调节,是企业进行销售预测和定价管理,并将一定时期内所创造的经营成果合理地在企业内、外部各利益相关者之间进行有效分配的过程。物业企业的收入反映的是物业企业经济利益的来源,而分配反映的是企业经济利益的去向,两者共同构成企业经济利益流动的完整链条。收入的初次分配是对成本费用的弥补,这一过程随着再生产的进行而自然完成,而利润分配则是对收入初次分配的结果进行再分配。根据投资者的意愿和企业经营的需要,企业实现的净利润可以作为投资收益分配给投资者,也可以暂时留存企业形成未分配利润,或者作为投资者的追加投资。企业决策者要合理确定分配的规模和结构,确保企业取得最大的长期利益。

企业财务管理的上述五部分内容是相互联系、相互制约的。筹资是基础,离开企业生产经营所需的资金筹措,企业就不能生存与发展。而且公司筹资数量还制约着公司投资的规模。企业所筹措的资金只有有效地投放出去,才能实现筹资的目的,并不断地增值与发展;而且投资反过来又决定了企业需要筹资的规模和时间。筹资和投资的成果都需要依赖资金的有效营运才能实现,筹资和投资在一定程度上决定了公司日常经营活动的特点和方式。但企业日常活动还需要对营运资金进行合理的管理与控制,努力提高营运资金的使用效率与效果。成本管理则贯穿于筹资、投资和营运活动的全过程,渗透在财务管理的每个环节之中。收入与分配影响着筹资、投资、营运资金和成本管理的各个方面,收入与分配的来源是企业上述各方面共同作用的结果,同时又会对上述各方面产生反作用。因此,筹资管理、投资管理、营运资金管理、成本管理和收入与分配管理都是物业企业价值创造的必要环节,是保障物业企业健康发展、实现可持续增长的重要内容。

二、物业服务企业财务管理机构设置

1. 物业服务企业内部的财务管理体制

物业服务企业应根据规模大小、财务管理基础状况、经营的复杂程度等具体情况,制定切合实际的内部财务管理体制。

1)集权型财务管理体制

财务管理权集中于公司,公司统一分配各项资金,处理财务收支、核算成本和盈亏。物业管理处主要对物资的收、发、存和使用进行实物管理。集权型财务管理体制适用于受托管理物业较少、下设管理处不多的小型物业服务企业。

2)分权型财务管理体制

公司统一制定财务政策,统一安排各项资金、处理财务收支,统一对外经济来往。物业管理处实行内部独立核算,便于各受托物业业主对管理费收支情况进行监督和检查,适合下设管理处较多的大中型物业服务企业。

分权型财务管理体制下企业内部的管理权限分散于各所属单位,各所属单位在人、财、物等方面有决定权。由于各所属单位负责人有权对影响经营成果的因素进行控制,加之身在基层,了解情况,有利于针对本单位存在的问题及时作出有效决策,因地制宜地做好各项业务,也有利于分散经营风险,促进所属单位管理人员及财务人员的成长。但是由于各所属单位大多从本单位利益出发安排财务活动,缺乏全局观念和整体意识,从而可能导致资金管理分散、资金成本增大、费用失控、利润分配无序。

3) 集权与分权相结合型财务管理体制

集权与分权相结合型财务管理体制实质是集权下的分权,企业对各所属单位在所有重大问题的决策与处理上实行高度集权,各所属单位则对日常经营活动具有较大的自主权。

集权与分权相结合型财务管理体制旨在以企业发展战略和经营目标为核心,将企业内重大决策权集中于企业总部,而赋予各所属单位自主经营权。其主要特点有以下几方面。

(1) 在制度上,应制定统一的内部管理制度,明确财务权限及收益分配方法,各所属单位应遵照执行,并根据自身的特点加以补充。

(2) 在管理上,利用企业的各项优势,对部分权限集中管理。

(3) 在经营上,充分调动各所属单位的生产经营积极性,各所属单位围绕企业发展总体战略开展工作。

2. 财务管理机构设置

物业管理的财务管理机构是具体负责组织企业资金运作,实施财务管理的部门。目前,可分为财务、会计管理机构一体化和财务、会计管理机构分别设置两种组织形式,但前者较多。

设置财务会计一体化的组织形式,应根据物业服务企业经营规模、所管辖物业的范围、所服务业主或使用人的数量、服务项目的多少及服务档次的高低等具体情况,一人多岗或一岗多人。物业企业财务部门岗位设置如图12-1所示。

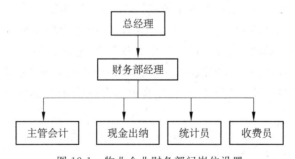

图12-1 物业企业财务部门岗位设置

3. 物业服务企业财务部工作人员的岗位职责

1) 财务部经理

(1) 组织公司的财务会计管理工作,当好企业负责人的经营管理参谋。

(2) 每月、每季审核各种会计报表和统计报表,进行财务会计报表分析,送企业负责人审阅。

(3) 检查、督促物业管理项目各项费用的及时收缴和管理,保证企业资金的正常运转。

(4) 审核、控制各项费用的支出,确保每项支出的合理合规性。

(5) 合理有效地经营好企业的金融资产,为企业创造更多的利润。

(6) 根据物业管理行业的具体特点及本企业的实际情况,依据财经法规、政策、文件,制定财务会计管理具体制度和操作程序。

(7) 组织拟订物业管理各项费用标准的预算方案,呈送企业领导、业主委员会和相关主管部门审核、修订。

(8) 熟悉相关的工商、税务、财政、金融、保险、物价等管理制度,运用法律、行政和经济手段保护企业的合法权益。

(9) 组织财务部门的政治学习、法律法规学习,要求所有财会人员遵纪守法,按照财政部和中国人民银行颁布的有关金融管理条例管理好财务。

(10) 完成总经理交办的其他事项。

2) 主管会计

(1) 对财务部经理负责,具体做好财务的日常管理工作。

(2) 每日做好各种会计凭证和账务处理工作。

(3) 每月、每季按时做好各种会计报表,送部门经理审核。在酬金制下,定期(年内不少于两次)向业主委员会公布物业服务费用收缴及使用的情况。

(4) 负责检查、审核各经营部门及下属机构的收支账目,及时向部门经理汇报。

(5) 检查银行、库存现金和资产账目,做到账账相符,账实相符。

(6) 根据物业管理行业的特点和需要,组织下属各物业管理处的业务培训,提高整体业务水平和服务水准。

(7) 完成财务部经理交办的其他财会工作。

3) 出纳

(1) 对财务部经理负责,服从领导安排,尽职尽责做好本职工作。

(2) 严格遵守国家制定的财会制度和公司制定的财务管理细则。

(3) 负责公司现金的收付、银行存款的存取及现金、有价证券、银行支票等的保管。

(4) 及时追收企业各种应收的款项,保护企业和业主利益不受损失。

(5) 及时办理各种转账、现金支票,按月将银行存款余额与银行对账单核对相符并交会计做账。

(6) 填制现金、银行收付款凭证,登记现金、银行日记账。

(7) 完成财务部经理交办的其他财会工作。

4) 统计员

(1) 对财务部部门经理负责,遵守公司制定的财务人员管理规则,做好本职工作。

(2) 及时统计、存贮各种费用收付资料,供主管会计参考。

(3) 维护好计算机设备,保管好所存的资料。对于变动的资料数据应及时修改与存储,做到随时变动、随时修改、随时存贮,以免出现差错。

(4) 及时输入打印收费通知单,保证费用按时足额收缴。

(5) 完成财务部经理交办的其他事项。

5）收费员

物业服务企业所管理的物业项目的业主(使用人)较多时,应专门配备收费员,这样既可方便住户,又能及时回笼资金。收费员的职责如下。

(1) 对财务部经理负责,遵守公司制定的财务人员管理规则,做好本职工作。

(2) 负责物业服务费等各项费用的通知和收缴。

(3) 每天下班前应把当天收缴的各项管理费用的现金入库,并统计好缴费情况。

(4) 对缴费情况随时进行统计,并及时追讨欠缴费用。

(5) 工作热情、周到,争取业主、使用人对物业管理工作的理解和支持。

(6) 完成企业和部门经理交办的其他任务。

三、物业服务企业的营业收入

营业收入是指物业服务企业从事物业管理和其他经营活动所取得的各项收入,包括主营业务收入和其他业务收入。

1. 主营业务收入

主营业务收入是指物业服务企业在从事物业管理活动的过程中,为物业产权人、使用人提供维修、管理和服务所取得的收入,包括物业管理收入、物业经营收入和物业大修收入。

(1) 物业管理收入是指物业服务企业向物业产权人、使用人收取的公共性服务费收入、公众代办性服务费收入和特约服务收入。

(2) 物业经营收入是指物业服务企业经营物业产权人、使用人提供的房屋建筑物和共用设施取得的收入。例如,房屋出租收入和经营停车场、游泳池、各类球场等共用设施所取得的收入。

(3) 物业大修收入是指物业服务企业接受物业产权人、使用人的委托,对房屋共用部位、共用设施设备进行大修取得的收入。

2. 其他业务收入

其他业务收入是指物业服务企业从事主营业务以外的其他业务活动所取得的收入,包括房屋中介代销手续费收入、材料物资销售收入、废品回收收入、商业用房经营收入及无形资产转让收入等。

商业用房经营收入是指物业服务企业利用物业产权人、使用人提供的商业用房,从事经营活动取得的收入。例如,开办健身房、美容美发屋、商店、饮食店等的经营收入。

3. 物业服务企业营业收入的管理

从财务管理的角度,营业收入管理的主要问题是收入的确认。物业服务企业应当在劳务已经提供,同时收讫价款或取得收取价款的凭证时确认为营业收入的实现。物业大修收入应当经物业产权人、使用人签字认可后,确认为营业收入的实现。物业服务企业与物业产权人、使用人双方签订付款合同或协议的,应当根据合同或者协议所规定的付款日期确认为营业收入的实现。

四、物业服务企业的成本费用和税费

1. 物业服务企业营业成本的内容

物业服务企业的营业成本包括直接人工费、直接材料费和间接费用等。

(1) 直接人工费包括物业服务企业中直接用于从事物业管理活动的人员的工资、奖金及职工福利费等费用。

(2) 直接材料费包括物业服务企业在物业管理活动中直接消耗的各种材料、辅助材料、燃料和动力、构配件、零件、低值易耗品、包装物等的费用。

(3) 间接费用是指除物业管理人员的工资、奖金及职工福利费之外的固定资产折旧费及修理费、水电费、办公费、差旅费、邮电通信费、租赁费、财产保险费、劳动保护费、安保费、绿化维护费、低值易耗品摊销及其他费用等费用。

2. 物业服务企业成本费用的管理

实行集权成本核算的物业服务企业,可不设间接费用,有关支出直接计入管理费用。

物业服务企业经营管辖物业共用设施设备支付的有偿费用计入营业成本,支付的物业管理用房有偿使用费计入营业成本或者管理费用。

物业服务企业对物业管理用房进行装饰装修发生的支出,计入递延资产,在有效使用期限内,分期摊入营业成本或者管理费用中。

物业服务企业可以在年度终了时,按照年末应收取账款余额的 0.3%～0.5% 计提坏账准备金,计入管理费用。企业发生的坏账损失,冲减坏账准备金;收回已核销的坏账,增加坏账准备金。不计提取坏账准备金的物业服务企业,其所发生的坏账损失,计入管理费用;收回已核销的坏账,冲减管理费用。

3. 物业服务企业其他业务支出的内容及管理

物业服务企业其他业务支出是指企业从事其他业务活动所发生的有关成本和费用支出。物业服务企业支付的商业用房有偿使用费,计入其他业务支出。企业对商业用房进行装饰装修发生的支出,计入递延资产,在有效使用期限内,分期摊入其他业务支出。

4. 物业服务企业税费的范围

物业管理的税金包括增值税、房产税、印花税、附加税、残保资金、企业所得税等。

物业服务企业增值税纳税范围主要包含物业服务费、停车费、场地租赁、绿化工程、绿化服务、增值服务、水费、电费、装修垃圾等,其中商户水费,代收代缴可以根据企业实际情况办理差额纳税。

5. 物业服务企业利润

物业服务企业利润总额包括营业利润、投资净收益、营业外收支净额及补贴收入。其中,营业利润包括主营业务利润和其他业务利润。

主营业务利润是指主营业务收入减去税金及附加,再减去营业成本、管理费用及财务费用后的净额。

其他业务利润是指其他业务收入减去其他业务支出和其他业务缴纳的税金及附加后的净额。

物业服务企业利润总额的计算公式为

利润总额＝营业利润＋投资净收益＋营业外收支净额＋补贴收入

任务二　物业管理项目财务管理

学习准备

课前了解有关物业管理项目包含的财务内容。

相关知识

一、物业管理项目财务管理的含义

物业管理项目财务管理是指在一个独立行使管理权的基层物业管理单位内独立核算的财务主体所进行的以物业服务费为主要对象的费用计划、编制、控制、使用及管理和分析的财务活动。它的基本职能是通过一般会计制度规定的程序和方法将由物业管理项目活动产生的大量的、日常的业务数据经过记录、分类和汇总，定期编制通用的财务报表和专用的服务费用收支报表。它要求物业管理项目单位定期向其所属的上级财务主管部门和全体业主分别报告物业管理项目总体财务状况、财务变动状况、经营成果信息和服务费用收支情况。物业管理项目财务管理一方面受物业管理企业的行政管理和业务指导，其财务计划、开支范围和权限、财务分析报告等接受严格管制，同时物业管理企业又不得随意调集、挪用、据为己有；另一方面酬金制条件下业主有通过业主大会及其机构（如业主委员会等）监督物业管理项目机构财务管理的权力，但又不能直接干预物业管理项目机构的财务工作。因此，物业管理项目机构财务管理既具有一般会计主体财务管理的形式、手段、方法的基本形态，又具有与一般会计主体财务管理和一般会计要素不同的特性。

二、物业管理项目财务管理的类型

物业管理项目财务管理因具有不同的特性，其与普通的财务管理是有区别的。从目前物业管理项目机构财务管理的现状来看，主要分为独立核算与非独立核算两种形式。

1. 独立核算

独立核算形态的物业管理项目机构的财务管理在机构设置上一般都设有财务部或专职会计和出纳员。物业管理企业对其财务权限给予一定的限制。

2. 非独立核算

实施非独立核算的物业管理企业把各项目管理单位的会计核算集中到企业，按物业管理项目进行分别核算，各项目管理单位只负责各项费用的收取和部分费用的直接支出。

三、物业服务费的测算编制应考虑的因素

(1) 物业服务费测算编制应当区分不同物业的性质和特点,并考虑其实行的是政府指导价还是市场调节价。

(2) 物业服务费的测算编制应根据物业服务的项目、内容和要求,科学地测算并确定物业服务成本。

(3) 物业管理企业为该项目管理投入的固定资产折旧和物业管理项目机构用物业服务费购置的固定资产折旧,这两部分折旧均应纳入物业服务费的测算中。

(4) 物业管理属微利性服务行业,物业服务费的测算和物业管理的运作应收支平衡、略有结余,在确保物业正常运行维护和管理的前提下获取合理的利润,使物业管理企业得以可持续发展。

四、物业服务费成本(支出)构成

物业服务成本或者物业服务支出构成一般包括以下部分。

(1) 管理服务人员的工资、社会保险和按规定提取的福利费等。

(2) 物业共用部位、共用设施设备的日常运行、维护费用。

(3) 物业管理区域清洁卫生费用。

(4) 物业管理区域绿化养护费用。

(5) 物业管理区域秩序维护费用。

(6) 办公费用。

(7) 物业管理企业固定资产折旧。

(8) 物业共用部位、共用设施设备及公众责任保险费用。

(9) 公共设施设备所用的电费、浇灌绿化与卫生保洁产生的水费等能耗费用。

(10) 经业主同意的其他费用。

五、物业服务费编制的依据

(1) 收入的编制方式通常是根据收费标准(单位时间费率形式)和可收费的管理面积。

(2) 支出的编制依据包括以下方面。

① 管理计划及实施计划所需物业服务成本。管理计划主要是指常规物业管理服务中的人员计划、物品使用计划、能源消耗计划、工程维护保养计划、清洁保洁与绿化保养计划等。在编制测算时应根据实施这些计划所需人工成本、物料成本、能耗成本、外包费用等进行测算。

② 物业正常维修和养护计划。可比照以往每年实际发生的或参考其他同类物业的物业服务成本。

六、物业服务费核算要点及方法

（1）确定服务费成本构成的注意事项。一是要求详细记录消耗或支出费用，并尽可能分解得具体和真实；二是要求全面，不要遗漏任何项目；三是要求测算依据准确，尽量不用或少用估值。

（2）收集原始数据服务费的核算应做到合理、准确，对原始数据和资料的收集至关重要。例如，在测算低值易耗材料时要计算出各类材料的详细数量和对市场价格进行详细调查。其他关于工资水平、社会保险、专业公司单项承包、一般设备固定资产折旧率、折旧时间等均应严格按政府和有关部门的规定和实际支出标准等有效依据作为测算基础。

任务三　酬金制、包干制与物业服务费的测算编制

学习准备

收集酬金制与包干制的相关资料，了解两者的基本内容。

相关知识

物业服务费是指物业管理企业按照物业服务合同的约定，对房屋及配套设施设备和相关场地进行维修、养护、管理，维护相关区域内环境卫生和秩序，向业主所收取的费用。物业服务费应当区分不同物业的性质和特点，分别实行政府指导价和市场调节价。按照目前国家政策法规的规定，业主与物业管理企业可以采取包干制或者酬金制等形式约定物业服务费用。

一、物业服务费用酬金制

物业服务费用酬金制是指在预收的物业服务资金中按约定比例或者约定数额提取酬金支付给物业管理企业，其余全部用于物业服务合同约定的支出，结余或者不足由业主享有或者承担。

物业服务费用酬金应以预收的物业服务资金为计提基数，计提基数和计提比例通过物业服务合同约定。在物业管理服务过程中产生的归属于业主的其他收入也可计提酬金，但应经业主大会同意并在物业服务合同中专门约定。其他收入包括产权归全体业主的停车场收入、成本费用在物业管理项目机构列支的其他经营收入等。

酬金制下，物业管理企业提供物业服务的经济利益仅仅局限于按固定的金额或比例收取的酬金，扣除酬金及物业服务支出后结余的资金为全体业主所有。对业主而言，物业服务费用的收支情况较为透明，避免了收费与服务不相符的情况，保障了业主的合法权益。对物业管理企业而言，由于酬金是按照预收的物业服务资金提取，具有相对的固定

性,可以使企业在一定程度上规避收支不平衡的经营风险。酬金制条件下,物业管理企业应当向全体业主或者业主大会公布物业服务资金年度预决算,并每年不少于一次公布物业服务资金的收支情况。

二、物业服务费用包干制

物业服务费用包干制是指由业主向物业管理企业支付固定物业服务费用,盈余或者亏损均由物业管理企业享有或者承担的物业服务计费方式。

实行包干制的物业管理企业在与业主签订物业服务合同时,应明确服务费额度和服务内容、服务质量标准,并明确在此前提下的盈余或亏损是由物业管理企业承担的,企业的经济效益与其管理服务、成本控制、经营运作能力紧密相关。

在包干制下,物业管理企业作为独立的企业法人,自主经营、自负盈亏、风险承担、结余归己。但业主可以对物业管理企业是否按合同要求的内容和质量标准提供服务进行监督,对物业管理工作提出改进建议。物业管理企业应本着诚信公平原则,主动接受业主监督,保证服务质量并不断改进。

以包干制方式约定的物业服务费用,对业主而言,物业服务是固定的,不会因市场短期波动、物业管理项目运作情况而发生变化。对物业管理企业而言,物业项目管理服务的利润不再是固定的,企业可以不断挖掘管理潜力,通过科学的管理运营实现服务质量和经营效益的同步增长,既保障了业主的利益,又促进了企业的发展。

三、酬金制和包干制的财务特征

1. 会计主体

在酬金制下,物业管理项目是独立的会计主体,各物业管理项目应独立建账、独立核算。在包干制下,物业管理项目的会计主体是物业管理企业,物业管理项目可以独立核算,也可以纳入企业统一管理。

2. 收入

采取酬金制的物业管理项目,物业管理企业的物业服务收入仅限于该项目的物业管理酬金。采取包干制的物业管理项目,物业管理企业的物业服务收入就是该项目的物业服务费用。

3. 成本特征

(1) 物业管理企业固定成本的比例较高。

(2) 人工成本占总成本的比例较高。

(3) 物业管理企业成本费用的可预测性较强。

项目十三 物业档案管理

学习目标

(1) 理解物业档案的含义、特点和价值。
(2) 掌握物业档案的收集、整理、鉴定、保管、统计和利用等内容。
(3) 理解物业电子档案的含义、特点。
(4) 掌握物业电子档案管理的注意事项。
(5) 领会物业电子档案与传统纸质档案的不同。

素质目标

(1) 培养学生的档案和证据意识。
(2) 强化学生的发展意识与适应时代发展的思想。

能力目标

(1) 能够做好物业档案的管理工作与宣传工作。
(2) 能够做好电子档案的管理工作,保证电子档案真实、完整、可读、可用。

任务一 物业档案概述

学习准备

课前思考物业档案内容,以及物业服务企业安排人员实施物业档案管理的必要性。

相关知识

一、物业档案的概念

由于档案出现的历史悠久,因此人们对于档案的概念基本形成了统一的认识。然而由于物业档案的概念出现的时间较短,人们对于物业档案还没有形成统一的认识。综合现有的有关资料,对于物业档案的理解主要从三个层面进行。

1. 就物业活动本身而言的狭义性理解

狭义性的理解,物业是以维修养护楼宇和管理所使用机械电气设备和公共设施,以治安保卫与环境绿化、房屋维修、清洁卫生等为主要任务的服务行业。据此,狭义的物业档案指的是上述活动过程中形成的业务档案,而并非物业企业的所有档案。

相关的规章制度中对狭义物业档案的范围也有所体现。例如,《北京市居住小区物业管理服务基本要求》规定:物业档案包括物业档案管理研究房屋及其设施设备的基础资料、房屋产权产籍资料和物业经营管理资料。

2. 就物业服务企业而言的中等层次的理解

中等层次的理解,物业是指物业管理企业在物业管理区域内进行管理、服务时开展的各项工作。因此,中等层次的物业档案指的是物业企业的所有档案,包括物业管理企业日常运作形成的普通管理档案,包括行政管理、党群管理、财务管理、人事管理等档案,也包括物业管理实际操作中接收和形成的多种专业性档案。例如,接管验收档案、维修档案、租赁档案、业主档案、建筑图纸档案、设施设备档案等。

在此层面有代表性的观点是,物业档案是物业产生、变更和管理过程中形成的、具有重要价值的,应当归档保存的真实历史记录,主要包括业主信息资料、物业设施设备原始资料、物业绿化资料、设施设备维修养护资料、物业管理服务档案、物业竣工验收资料、物业承接查验资料,等等。

3. 从最广义层面理解物业档案

从最广义层面理解,物业档案是指没有界定物业档案的形成范围,只是将物业企业自身认为需要保存的档案资料统称为物业档案的一种观点。例如,有人认为物业档案指的是那些被物业服务企业保存起来具有查考价值的文件材料的总和。在这一概念中,作者并未明确界定物业档案的形成范围,而是笼统地将物业公司应该归档的物业文件称为物业档案。上述物业档案的概念界定方式使物业档案的内涵、外延较为模糊,这种界定方式虽然从表面上看不出什么漏洞,但是在物业档案的管理实践中,会使档案管理人员难以把握和操作。

物业档案属于专门档案的一种,而专门档案的定义是指机关、团体、企业、事业单位及其他社会组织(以下简称单位),在从事某些专业性较强的活动中,为了实现相关职能目标而形成和使用的,具有查考、利用和保存价值并按照专门的管理办法整理归档的各种载体形态的历史记录。专门档案有财务档案、病历档案、人事档案、审计档案、学生档案、教学档案,等等。而物业档案是在物业管理这一专业性较强的活动中形成的,很多省(自治区、直辖市)对物业档案的管理也作出了相关规定。因此,对物业档案的界定如下:物业档案是物业管理企业在从事物业管理活动中,为了实现对物业区域全面有效的管理和更好地服务业主而形成和使用的,具有查考、利用和保存价值,并按照相关物业档案管理办法整理归档的各种载体形态的真实历史记录,是专业性很强的一类档案。它既包括物业服务企业在自身管理过程中形成的业务档案,也包括物业管理行政职能部门、档案管理行政职能部门形成的与之物业管理相关的业务档案。而物业管理企业档案,是物业管理企业的全部档案,是其从建立到发展,在开展各项工作活动中形成的对国家、社会、业主有保存和参考利用价值的各种历史记录。

二、物业档案的特点

1. 物业档案的服务性

物业档案工作既不直接生产物质财富,也不直接从事国家管理、科学技术研究、文艺创作活动,而是通过提供档案信息为社会实践活动服务,从而推动生产力的发展与社会的进步。档案工作实现自身价值的这种特殊途径,决定了它是一项服务性工作。《中华人民共和国档案法》第四条规定:"档案工作实行统一领导、分级管理的原则,维护档案完整与安全,便于社会各方面的利用。"其中"便于社会各方面的利用"体现了档案工作的服务性。中共中央办公厅、国务院办公厅在印发的《关于加强和改进新形势下档案工作的意见》中指出:"各档案馆(室)要依法做好档案查阅服务,改进查阅方式,简化利用手续,免除利用收费,最大限度满足利用者需求",并提出要"充分发挥档案工作服务大局、服务社会的作用",这说明档案工作具有很强的服务性。

2. 物业档案的凭证性

物业档案的原始性彰显了它的凭证性。物业档案中的房产档案是进行房产权属登记与房屋交易、房产抵押与处理房产纠纷,以及城市拆迁补偿的主要依据。物业管理企业在为业主提供维修、改造等服务时,一般都是在熟悉建筑结构设计程序与方法、建筑结构要求、设计图纸等前提下开展的,例如要参照竣工总平面图、单体建筑结构竣工图、配套设施竣工图、地下管网工程竣工图、各种设备操作与使用说明、设备安装使用与维保技术资料、房屋设施设备改造与维护的图纸,等等。再如与业主生活息息相关的水、电等设备设施的维护、保养及检修,都离不开对原始档案的借鉴、参考。例如,如果没有原始资料,即使是简单电路维修,也要重新进行线路的探测,要花费更多的人力、物力。而有了相关的物业档案,就可以避免因随意的变动、改造而带来的不必要的破坏与损失。

3. 物业档案的专业性

专业是指人类在生活、生产实践中,用来描述某一人群在职业生涯的某一阶段用来谋生的具体业务作业规范。物业管理企业通过签订合同等方式,按照产权人和物业使用人的意志与要求对物业区域实施专业化管理,将有关物业的各项工作都纳入物业管理企业的服务范围,例如设备维修、园林绿化、环境卫生、保安管理,等等。可见,物业档案产生于物业管理企业从事物业管理与服务这一专业性较强的活动之中。物业企业管理的对象是物业,服务的对象是业主,这就是物业行业的专业性。因此,在这一专业活动中形成的档案必定只能与物业行业产生密切联系,这也就是物业档案的专业性。

4. 物业档案的涉密性

物业档案按照是否涉密分为公开与保密两个级别,对于涉密信息,要求档案人员做到保守秘密,不得随意公开。例如,业主信息、不动产所有权及其他债权凭证、财务报表、会计凭证,等等,这些涉密信息都需要严加管理。物业档案中的业主信息涉及业主的个人隐私,尤其是在现代社会,随着信息的传播渠道越来越广,信息的源头越来越多,业主的信息一旦泄露出去被不法分子利用,其后果不堪设想。因此,很多物业管理企业制定了相应的保密制度,明确规定不允许向业主以外的人以任何方式透露其所获得的任何形式的有关物业业主的资料。根据相关法律规定,业主信息一旦遭到泄露,若查明泄露源头为物业管理企业,业主可以追究其相应的法律责任。因此,物业管理企业作为为业主提供物业服务的专业机构,虽然它掌握着与业主息息相关的许多信息资料,但是同时也有保护业主隐私的义务和防止业主资料泄露的职责。

5. 物业档案的动态性

物业管理服务是一个持续的过程,物业管理企业必须保证物业共用部位的长时间完好和共用设施设备的全天候运行。在物业服务合同有效期内,任何服务的中断,都有可能导致业主的抱怨、投诉和追究违约责任,因此物业管理企业会不断地产生新的档案文件,例如各种交费记录、业主报修记录、物业零屋维修记录、日常消防与安全检查记录、产权变更记录、业主投诉及解决结果的记录、物业管理企业组织开展的各项活动记录,等等。在正规物业服务企业的物业文件体系中,各业务部门均依照工作职责定期或不定期地形成相应的文件记录,这些持续产生的文件记录使得物业档案的内容不断丰富,并时时处于动态变化之中,因此对于物业档案的管理也会随之呈现出动态性。

三、物业档案的价值

1. 物业档案是解决业主与物业管理企业纠纷的重要凭证

业主声称小区电梯没检修,而物业管理企业则表示已经进行了维护保养。究竟孰是孰非?如果物业能出示电梯维护保养记录,那么电梯是否经过检修一目了然。如果物业管理企业没有将维护保养记录存档,矛盾似乎不可避免。业主和物业管理部门要维护自身的合法权益,就必须提供相关的证据,如果有小区设施设备的资料、巡检记录、日常检查记录等档案,就可以及时把资料拿出来核对,从而在一定程度上从源头规避了业主与物业管理企业的矛盾。

2. 物业档案是物业管理企业创新管理服务的重要依据

物业档案中蕴含着大量有用的信息。物业公司可以通过分析研究,总结规律性认识,有针对性地提高物业管理服务水平。针对绝大部分为工作繁忙的高收入阶层时,物业管理企业可以提供清洁家居、钟点管家、代订代购、代收快递、社区银行等延伸服务。针对小区内居住的多为老年人时,可以提供一些亲情化服务,例如老人的午托、三餐膳食及陪伴聊天、开设老年人活动室等。针对小区内幼儿较多,可以提供幼儿接送、托管等服务。

3. 物业档案是物业管理企业开展日常服务的重要保障

《物业管理条例》第三十八条规定,物业服务合同终止时,物业服务企业应当将规定的资料交还给业主委员会。物业服务合同终止时,业主大会选聘了新的物业服务企业的,物业服务企业之间应当做好交接工作。有关交接的具体档案材料依照《物业管理条例》第二十九条的规定执行,详细内容包括:①竣工总平面图,单体建筑、结构、设备竣工图,配套设施、地下管网工程竣工图等竣工验收资料;②设施设备的安装、使用和维护保养等技术资料;③物业质量保修文件和物业使用说明文件;④物业管理所必需的其他资料。

4. 物业档案为解决物业管理过程中出现的问题提供支撑

例如,针对欠费的业主,物业公司要安排专人与其联系,这就需要物业服务企业掌握该业主的有关信息,例如手机或电话的联系方式。对部分打电话不接的业主,物业服务企业还要派人上门催缴,这就需要掌握业主住址的信息。

业主家中装修需要在墙上打孔,但现在楼房墙体内部都分布着水电线路,如果不了解墙体中的水电布线情况,轻则可能打破水管,导致楼房被淹;重则可能触电,危及打孔人员的生命安全。因此,房屋装修离不开房屋结构的图纸档案。

任务二　物业档案管理的内容

学习准备

思考物业档案管理的内容。

相关知识

物业档案管理的内容主要包括物业档案的收集、整理、鉴定、保管、统计和利用。

一、物业档案的收集

物业档案是物业服务企业在物业管理活动过程中为有效实施物业管理所需要的,或者是物业服务企业自身管理过程中形成的各种有价值的资料文件。物业档案资料来源分散、数量众多,包括来自政府规划部门的规划资料,来自房屋管理部门的竣工验收资料,来自建设单位的设计图纸资料,来自物业设施设备生产厂家的设施设备资料,来自房屋销售部门的业主信息资料,以及物业服务企业在物业管理过程中形成的各种资料。这些资料在不同的时期出现,分散在房屋建设与物业管理的不同阶段。为了以后的查找利用,物业服务企业与相关建设单位必须有意识地安排专门的机构和人员,主动收集在不同时间出现,来自不同单位或组织的有关文件资料。这样有效解决了物业档案分散出现与集中利用的矛盾。

物业档案的收集要做到以下几点。

1. 预见性与计划性相结合

从土地使用权的流转到房屋的规划、设计、建设、销售、竣工验收、承接查验、交付和使用,都有着法定的程序性要求,这就为物业档案的收集提供了预见性的客观条件。例如,如果即将承接查验,就要预见到在承接查验的过程中要有大量的图纸资料需要交付、转移,新接手的物业服务企业要从开发商手中或前一个物业服务企业手中接收那些图纸资料。据此要计划安排好接收资料档案的机构、人员,以及接收之后的档案处理。物业档案管理的计划性要体现在物业服务企业的总体构建上,也要体现在物业档案管理的具体各环节上。

2. 针对性与及时性兼顾

物业服务企业在物业管理实践活动中会遇到大量的信息资料,但是不需要把所遇到的信息资料都加以收集。主要原因在于:信息资料本身的价值不同,对于那些价值很低,甚至没有价值的信息资料,就没有收集的必要;另外,对于重复的信息资料也无须收集。因此,收集的资料必须是针对未来物业管理所需要的,有特定价值的重要信息资料。物业档案资料的收集人员还要有明确的时间意识,对于应该收集的重要资料,应该及时收集,否则部分重要的信息资料一旦错过了收集时间,就很难再收集到。负责物业档案收集的工作人员应当尽最大努力,避免拖延迟误,在条件允许的情况下,采取相应的方式,尽快收集物业档案。

3. 系统性与完整性具备

档案收集工作的系统性,是指来自不同渠道、不同方式的同一档案应该加以对比、参照、相互印证;档案收集工作的系统性,还表现在物业环境管理的档案应该按照物业管理实践的需要建立一个完整的体系,从建筑规划、图纸设计、施工过程的记录、房屋附属设施设备的采购安装、房屋的销售到房屋的交付。整个档案体现一个完整的过程,系统、完整的档案收集为日后的物业管理提供了有力支撑。

二、物业档案的整理

档案整理工作,就是按照档案的形成规律和特点,根据科学的理论和方法,把档案整理成便于保管和利用的有序体系的业务活动。

收集起来的物业档案内容十分庞杂,数量很大,有的甚至成包成捆,处于相对零乱状态。既有施工档案,也有竣工验收档案;既有施工建筑档案,也有房屋销售档案;既有物的档案,也有业主人的档案。这些庞杂的档案既不好管理,更无法查找利用,因此需要对其加以整理,进一步分门别类,由此形成了档案的整理工作。

由于物业服务企业接受的物业档案来自不同的单位或组织,档案的条理性各异。因此整理工作的内容与方式也会出现差异。档案的整理按整理工作内容的范围,可以分成三种方式。

1. 系统排列和编目

对于接收的物业档案,条例比较清晰,或就单个档案来说,又比较完整,物业服务企业的档案管理人员只需要把这些档案纳入本企业的档案管理之中,根据企业的系统结构为其编码、排序即可。

2. 局部调整

对于接收的物业档案,条例大致清晰,存在着少数混乱现象,不完全符合本公司的档案结构,这时需要对这些档案实施局部的调整,以便于物业档案的保管与利用。另外,档案自身或整理体系会随着时间的推移而发化,也需要进行必要的局部调整。

3. 整体整理

物业服务企业接收的物业档案凌乱不堪、犹如一团乱麻,就需要物业服务企业的档案工作人员花费大力气,对整个档案实施整理。

三、物业档案的鉴定

物业服务企业在接收大量物业档案的过程中,可能会存在部分与物业管理无关的档案,或者是虚假的物业档案,对于这部分档案物业服务企业就没有必要进行收藏、保管。因此,物业服务企业对接收的物业档案需进行必要的鉴定,实现"去假存真"。

此外,随着物业行业的发展、国家有关政策的调整与变动,以及物业管理各项工作的不断推进和时间的推移,新的物业档案会不断补充,使物业档案的总量日益增长,而档案材料在保存一定时间以后,有些还需要继续保存,有些则已失去价值,对于失去价值的物业档案即无须保存,若继续保存则使库存档案庞杂。为此需要对档案进行审查和鉴别工作,去粗取精,剔除确实已失去保存价值的档案,这也形成了物业档案鉴定的必要性。

(1) 建立档案价值鉴定的工作组织,完善档案价值鉴定工作机制。物业企业应该成立档案价值鉴定工作小组或指定专人负责,并在主管领导的指挥下,开展档案价值鉴定工作。完善的档案价值鉴定工作机制是确保档案价值鉴定质量的重要保证。

(2) 制定科学的档案价值鉴定工作政策和规则,订立合理的工作程序、制度和标准。档案价值鉴定工作政策应明确说明档案价值鉴定工作的主要目的和目标,承担档案价值鉴定工作任务的组织和人员的责任和义务,档案价值鉴定工作中的重点、难点问题的应对措施,以及开展档案价值鉴定工作的人、财、物的条件保障等。

(3) 具体判定档案的保存价值,划定需要保存档案的具体保管期限。档案价值鉴定人员,可根据对档案保存价值的判断和估价结果,按照档案保管期限表,划定列入保存范围的档案的保管期限。

(4) 处置列入销毁范围的档案。在保证档案内容安全的前提下,档案价值鉴定工作可以根据档案销毁制度和档案安全保密制度的要求,选择合理的方式和方法,销毁鉴定已失去保存价值或保存价值不大的档案,并做好处理工作。

四、物业档案的保管

对于物业服务企业收集、整理与鉴定的物业档案,如果不加以妥善保管,可能被盗窃、遗失,或被不法分子利用,给相关的业主或组织造成损失。因此,对收集的物业档案应该妥善保管。

同时,对于以纸质或图片形式存在的档案,由于自然的原因总是处于渐进性的自毁危险之中,例如自然风化、潮湿、霉变等。为了解决档案的不断毁损和长远利用要求的矛盾,就需要采取各种保护措施,防止档案受损失,保证档案的完整与安全,想方设法使其"延年益寿"和避免因意外的水灾、火灾等造成的损失。这就形成了档案的保管工作。

物业档案的保管要抓好以下几点工作。

(1) 正确认识和全面把握档案的安全现状和破坏档案的各种因素。档案的安全现状和破坏档案的各种因素直接影响着档案保管工作的内容。影响档案安全的因素主要来自人为因素和自然因素两个方面。

(2) 制定和完善档案保管的各项制度和标准。制度是要求大家共同遵守的办事规程或行动准则。制定关于档案保管的制度,利于档案工作者和档案利用者规范自己的行为,明确在档案保管和利用过程中的行为、责任和义务,避免人为原因对档案造成损害。

(3) 提供档案保管的基本物质条件。档案安全、妥善的保管,离不开基本的物质条件。基础物质条件的好坏直接影响着档案的寿命。良好的物质条件保证,有利于档案的长久保存;反之,恶劣的保管条件直接危害着档案的安全。

(4) 做好日常的档案保管工作。档案保管是一项持续不间断的日常工作,且需要以细致、认真的态度来对待。从内容来看,日常档案保管工作包括防盗、防水、防火、防潮、防尘、防鼠、防虫、防强光、防泄密等,我们称之为"十防"。从工作地点来看,日常档案保管工作包括档案库房中的保管和档案库房外的保管,在库房外的保管又可分为在流通传递中的保管和在利用中的保管。

(5) 开展有针对性的档案保护工作。采用专门的技术和方法对受损程度较大、有重要价值的或其他急需修复的档案进行保护,延长档案的寿命,这是档案保管工作的一项重要内容。在对档案产生破坏的种种因素中,虽然有些因素难以控制,但可以采取针对性的保护措施。

五、物业档案的统计

物业档案的数量很多,如果只是进行收集、整理、鉴定、保管等工作,那么对物业档案的基本情况可能还是处于不清楚的状态。要科学地管理和利用物业档案,还需要对物业档案进行调查研究,全面地了解档案的情况,做到心中有数。要对档案的状况进行数量统计,对内容进行研究分析与归类,这样就形成了档案的统计工作。档案统计工作的要求是准确性、及时性和科学性。

1. 准确性

保证数字的准确性,是统计工作的根本要求。统计工作要坚持实事求是的态度,严肃认真地对待收集、保管的每一份建筑物图纸、每一位业主的信息资料、涉及不动产面积的每个数字,务必使统计数字准确。

2. 及时性

应该建立统计制度,使档案统计纳入正常工作轨道。对新收集的各种物业档案进行实时统计,并且及时变更相应数据,确保在档案利用过程中得到的数据是最新的、最准确的。

3. 科学性

档案统计应按《中华人民共和国统计法》的要求,应用科学的标准和分析统计资料,编制符合要求的通用的物业档案统计报表,规定统一的格式、内容、项目和要求,以确保统计工作的科学性。

六、物业档案的利用

物业档案收集、整理、鉴定、保管,其根本的目的是利用,为做好物业管理工作服务。有关学者认为档案的收集、整理、鉴定、保管是档案的实体管理,档案信息的利用与档案的实体管理之间的关系是密不可分的。虽然档案实体集载体与内容信息于一身,但是纯粹载体意义上的实体却不能成为档案,而只是一些纸张、笔墨、胶片、磁带、光盘等物质材料。

档案实体管理在方法上具有固定、单一的特点和要求,而内容信息开发利用在方法上具有灵活和多样的特点和要求,从一定意义上理解,档案实体管理是手段,而档案内容信息利用是目的。档案实体管理具有基础意义,没有档案实体管理的支撑,档案内容信息利用、档案信息在社会生活中发挥作用的根本目的就无法实现。

物业档案的利用主要有下列几种形式。

1. 阅览服务

档案是历史记录的原始材料,在数量上一般都是单份,有的内容有一定的机密性和隐私性。这些特点决定了档案在一般情况下不得外借,只能提供阅览服务。随着现代微型摄像技术的发展,物业档案在提供阅览服务时,还需防止他人偷拍。

2. 档案的复制

在物业档案利用时,往往仅仅提供阅览服务还无法满足物业服务的需要;原件通常是单一的,为安全起见不能外借,否则外借时一旦丢失将无法弥补。这时最好的办法就是复制原件,带走复印件以满足物业服务的需要。例如,业主家里装修时需要建筑结构图纸,原图纸只有一份设计图,面对众多业主装修,物业服务企业只能给广大业主复印件。

3. 物业档案的证明

档案是历史的最原始记录,加之部分物业档案来自政府有关行政部门,这就决定了档案的证明力。物业档案证明必须根据组织或个人的申请才能出具。开具物业档案证明是一件严肃、认真的工作,要求从事这一工作的人员具有高度的责任感和良好的职业道德,忠于档案原件、忠于历史事实,不能出具与档案原件不符的证明材料,造成不良的后果;也不能因个人认为有错误就擅自更改档案的原始信息。如果发现档案原文在内容上确实存在矛盾之处,档案工作人员应该把不同的信息一并列入档案证明,注明出处,以供档案用户参考。

任务三　物业档案的电子化

学习准备

思考过去与现在社会档案的存在形式、保存方式与查阅档案的方式的异同。

相关知识

一、物业档案电子化的概念

随着计算机在办公设施设备中的普及、网络传输技术的发展,物业档案管理迎来了新的发展。物业档案的储存形式发生了根本性改变。过去,档案往往塞满一柜子、一屋子,现在只需要一个小小的硬盘即可储存;过去满屋子去找一份档案,现在只要点击几下计算机鼠标就能找到;过去档案的转移需要使用箱子或车辆等运输工具,现在只需要一个硬盘装在口袋里即可。

整个档案管理出现了根本性改变,物业档案管理也不例外。这种变化我们称之为物业档案的电子化。

物业档案的电子化,就是以电子文件的形式收集、整理、鉴定、保管与利用的物业档案。

电子文件又称数字文件,是在数字设备及环境中生成,以数码形式存储于磁带、磁盘、光盘等载体,依赖计算机等数字设备阅读、处理,并可在通信网络上传送的文件。电子文件与其他类型文件的区别在于记录方式和载体形式的不同,两者在支撑业务活动和传承社会记忆方面的功能则是一样的。

电子文件是内容、结构和背景这三个要素的统一体。内容是指文件中所包含的表达作者意图的信息。结构是指文件内容信息的组织表达方式,分为物理结构和逻辑结构。物理结构是指文件信息存储于载体上的位置及分布情况。例如,文件的正文、批示、附件等各部分信息在载体上的存储位置。逻辑结构是指文件信息的内在关系。例如,文件中的文字排列、章节构成、页码顺序、插图位置、附件等方面的信息。背景是指能够证明文件形成环境、形成过程、存在状态及文件之间相互关系的信息。例如,作者、签发人、成文日期、收文者、形成文件的活动说明、文件生成的软硬件环境、文件状态改变的说明、相关文件名称及其关系说明等。背景又称形成背景,在文件形成过程中生成,是说明文件来源、证明其原始性的关键要素。

电子文件的种类多样,按照信息存在的形式,可分为文本文件、数据文件、图像文件、影像文件、声音文件、程序文件、多媒体文件、超文本文件、超媒体文件等。

由此可见,物业电子档案是指具有保存价值的、内容上有关物业的电子文件。

二、物业电子档案的特点

1. 载体形式的计算机系统化

载体形式的计算机系统化可谓物业档案电子化的最根本特点。过去时代档案的载体主要是纸张,包括写在纸张上的字、画在纸张上的图片、绘制在纸张上的表格等。电子化的档案,其载体是以电子文件的形式存在于系统中。人们对文件的一切行为都需要借助系统才能实现,只有通过特定的程序才能记录、修改、办理和阅读文件、提存利用。

2. 档案信息的系统依赖性

电子文件信息的系统依赖性有两层含义:其一,在一般意义上,电子文件的形成、处理,以至归档后的全部管理活动都必须借助计算机系统才能实现;其二,电子文件信息在显示输出时依赖于特定的计算机系统,那就是其形成系统,与形成系统不兼容的计算机和应用软件则无法打开文件。在20世纪七八十年代开始保存电子文件的档案馆,大多遇到因无法提供相应软件导致文件不可用的问题。因此,如果要文件可以识读,就必须借助其形成系统或与之兼容的系统。

3. 档案信息的易变性

电子文件信息容易改变,其主要原因包括:其一,人为有意改动,在计算机系统中人们对信息的增删更改十分方便,除非事先设定,否则并不会留下痕迹;其二,系统的无意改动,计算机技术发展速度很快,编码方案、存储格式、系统软件、存储介质不断推陈出新,在转换过程中由于操作和其他方面的原因,可能导致信息的改变、损失甚至丢失。虽然可以通过制度和技术措施有效规避人为有意的改动,但是系统的无意改动则防不胜防。

4. 档案备份的必要性

以电子形式存在于计算机系统上的物业档案处于易变性的状态,可能是人为故意修改造成的,也可能是计算机本身网络系统的原因。另外,计算机的机械故障或电力电量等原因都可以导致电子文件打不开或无法显示。这就需要在充分利用档案电子化、信息化便利的同时,对所有物业档案备份。备份应该是两种形式:一种是以复制粘贴方式形成的电子文件;另一种应该是纸质的形式。纸质的备份可以是对电子文件的打印形成的纸质材料档案。对于形成电子档案的原始纸质材料更应该加以重视,予以妥善保存。

5. 档案信息的可共享性

共享性是指一份文件可实现多人、同时、异地利用。电子文件的出现,打破了必须在特定场所、特定时间内、查阅特定份数文件的利用限制。在网络环境中,同一文件全天候、跨地域的信息服务已经非常普遍。电子文件的档案资源因而被誉为"流动的资源"。但是电子信息的可共享性也给其安全性造成了威胁,在向合法用户开放的同时,也给偷窥档案信息秘密的行为提供了机会,给病毒、木马等恶意程序的入侵提供了渠道。

三、物业电子档案的管理

物业电子档案以新的形式改变着传统的物业档案,在带来诸多便捷的同时也对物业档案管理人员提出了需要注意的事项。

1. 保证物业电子档案管理的安全

电子形式存在的档案容易被本组织的档案管理人员篡改,而且不易被发现,不像传统写在纸张上的档案,由于每个人的笔迹不同,篡改之后很容易被看出来。或者是由于外来的木马病毒入侵,对原有的电子文件档案实施修改,修改之后同样不易被发觉。一旦被修改,又没有被及时发现,档案就不再具有原始的记录性,就不能再作为有效的证明。在物业管理实践中,如果用被篡改之后的档案指导物业管理、指导业主装修,其后果严重。

为保证物业电子档案的安全、真实,档案管理人员应该在专业技术人员的指导下采取技术手段加强物业电子档案的安全防范;加强制度建设,通过制度安排提高物业档案管理人员的责任意识。建立并强化所有物业电子档案的备份管理,对电子档案及时备份,妥善保管纸质备份,确保电子档案在发生意外时也不会对物业管理实践产生大的影响。

2. 保证物业电子档案的真实

真实性是指物业电子档案是物业管理活动或者是与物业管理有关活动的如实记录,其内容、逻辑结构和背景信息经过传输、迁移等处理后依然保持不变,与形成时的原始状态一致。它要求物业电子档案不是人为伪造形成的,也没有经过非法改动,信息的处理工作也未造成其内容、逻辑结构和背景信息的变动。当然,物理结构及一些信息显示形式上的变化并不影响电子文件的真实。

物业电子档案的真实性表现在两个方面：一是档案在形成过程中的真实，即某一份电子档案客观反映和真实记录了物业管理活动，只有真实的物业电子档案才能有效支撑物业管理活动；二是物业电子档案在形成之后的真实，表现为在整个电子档案生命周期里未被误改或篡改，保证其原始的证明能力，这样的真实性也称为长期真实性，是物业电子档案能够长久保存和有效利用的基本前提。

3. 保证物业电子档案的完整

物业电子档案完整是指档案应有的信息齐备，没有缺失。物业电子档案的完整性主要包括两个方面的含义：其一，每一份电子档案的内容、结构和背景信息没有缺损；其二，是作为记录物业管理活动或者是与物业管理活动有关的其他活动的真实面貌、具有有机联系的电子档案及其他形式的相关电子档案数量齐全，电子档案之间的有机联系得以揭示和维护。

物业电子档案完整是实现电子档案价值的保障，对于物业电子档案的真实、可读、可用的保证也有着重要意义。物业电子档案的完整有助于对其真实性作出判断与印证，也有助于保证其可用的有效性。一份不完整的物业电子档案在使用过程中的有效性、可信度都会受到影响。为保证物业电子档案的完整，在起初的收集阶段就尽可能地收集完整的原始材料，在其后的电子档案的建立与传输、迁移的过程中注意不要遗漏、丢失，保证物业电子档案自始至终的完整性。

4. 保证物业电子档案的可读、可看

物业电子档案的可读、可看是指物业电子档案经过存储、传输、压缩/解压缩、加密/解密、载体转换、系统迁移等处理后，能够识读、理解，并保持其内容的真实性、完整性。如果不能保证物业电子档案可看、可读，再好的物业电子档案都会失去存在的意义与价值。

现阶段保证物业电子档案可读的措施主要包括以下方面。一是将物业电子档案以开放格式，格式规定应用软件解释文件中数据的方式，通常文件的后缀名标志了其格式。开放的规范是公开的，如果开放格式由标准化组织推动，则为标准格式。任何组织和个人可根据公开的规范，编写开放格式文件的编辑、阅读软件，由此摆脱其对特定软硬件的依赖。二是将档案文件形成系统与电子文件一起归档保存。三是采用能打开多种格式文件的阅读软件，这种软件只能浏览不能编辑电子文件，这一点符合档案管理要求，缺陷在于其能够打开的文件格式是有限的。四是随着系统环境的变化，将电子文件从旧的技术环境（平台）转换到另一种环境上，这个过程称为迁移。迁移是不同信息格式之间的转化，有时还涉及整个系统配置的改变。

5. 保证物业电子档案的可用性

物业电子档案可用性指电子档案可以查找、检索、呈现或理解。也就是说一旦用户产生使用档案信息的需求，便能查找到所需信息，并且电子档案文件能以用户可理解的方式输出。可用性以可读性为前提，同时提出了便于快速查询利用的更高要求。为保证电子文件可用性，除做好可读性维护外，还应准确地把握和预见各方面的信息需求，对物业电子档案文件及相关信息内容进行有序组织、深入挖掘，提供多种检索途径和多样化的信息材料，满足及时利用的需求。

项目十四　物业服务质量管理

学习目标

(1) 了解物业服务质量管理的含义、特点及控制措施。
(2) 了解建立 ISO 9000 质量管理体系、ISO 14000 环境管理体系和 GB/T 45001 职业健康安全管理体系等方面的常识。

素质目标

(1) 培养良好的团队协作、互助能力。
(2) 增强和提高物业法治意识和从业素质,用科学的管理方法促进行业的发展。

能力目标

(1) 能够对物业服务质量应用的全流程进行描述。
(2) 能够灵活运用物业服务质量管理措施对实际问题进行处理。

任务一　物业服务质量管理概述

学习准备

收集资料,了解服务质量管理,以及物业服务质量管理的特点。

相关知识

一、物业服务质量的含义

物业服务质量是指物业服务所具有的、用以鉴别其是否能够确保客户满意的一切特征和特征的总和。物业服务质量特征包括主观性、互动性、过程性、难控性和长期性。提升物业服务质量首要的问题就是必须对物业管理的服务质量有一个正确的认识,不能片面地将物业管理服务的质量简单地看作管理区域内的卫生清扫的干净程度和服务人员的年龄层次。物业服务质量管理是指物业管理服务活动达到规定要求和满足住户需求的能力和程度，主要包括基础设施的维护质量、物业管理的服务项目、物业管理服务的工作质量、物业小区的环境氛围等几方面内容。

二、物业服务质量管理的特点

物业服务全面质量管理，是物业公司全体员工和各个部门同心协力，综合运用现代管理手段和方法，建立完善的质量体系，通过全过程的优质服务，全面满足住户需求的管理活动。物业服务质量管理的主要特点是全员质量管理、全过程的质量管理、全区域的质量管理、全面质量管理。

1. 全员质量管理

物业管理服务质量的优劣，是物业管理各个部门、各个环节全部工作的综合反映，涉及物业管理区域内的全体员工和全体住户。管理者处于管理服务的地位，起关键作用。但是，如果没有住户的配合，再优秀的物业管理也是一句空话。因此，必须把小区的全体管理者和住户的积极性和创造性充分调动起来，不断提高人的素质，牢固树立"质量第一"的思想，使人人关心物业的服务质量，人人参与物业的质量管理。

2. 全过程的质量管理

物业管理服务工作的全过程，涉及对物业小区进行管理的前、中、后三个阶段，不仅包括对住户进行的服务工作，还包括服务前所做的准备工作，以及服务后的一切善后工作。为此，全过程质量管理必须做到以下方面。

（1）必须把物业管理的重点从事后把关转移到事前预防上，把注重结果变为注重因素，做到防患未然。

（2）必须树立为住户服务的思想，物业管理工作每一个环节的质量，必须经得起住户的检验，满足住户的要求。

3. 全区域的质量管理

全区域的质量管理主要从组织管理这一角度来进行。每一个物业管理区域的质量管理不仅是对管理者的管理，而且是对物业公司基层领导的管理，以及对住户的管理，其中每种管理角色都有明确的质量管理活动的重点内容。

（1）对领导层而言，要侧重于质量管理决策，充分发挥众人的智慧，组织、协调物业公司各部门、各环节、各岗位人员质量管理的统一活动。

（2）对基层管理者而言，要严格检查员工的实际操作情况，完善质量监督机制，让每个员工都严格地按标准、按规章制度进行操作。

（3）对住户来说，要自觉维护和遵守住区的各项要求与规定。

4. 全面质量管理

随着社会的进步和经济的发展，住户对物业服务质量的要求越来越高。因此，影响住区服务质量的因素也越来越复杂，既有人的因素，也有物的因素；既有住区内部因素，也有住区外部因素。因此，为了有效地控制各影响因素，物业服务企业必须广泛、灵活地运用各种现代化管理方法，例如目标管理法、统计法、QC小组质量法等，把心理学、行为学、社会学等相关学科应用于物业管理的全面质量管理之中。物业管理的全面质量管理必须有效地利用住区的人力、物业、财力、信息等资源,提供符合要求和住户期望的服务,这是物业管理推行全面质量的出发点和落脚点,也是物业质量管理的基本要求。

三、物业服务质量的控制措施

为全面提高物业管理服务质量的水平,必须从基础工作抓起,从物业管理服务过程的质量责任制中的质量管理抓起,从住户对服务质量的信息反馈和及时处理各种质量投诉问题等方面抓起,具体的控制措施如下。

1. 全方位的质量管理

实行全方位的质量管理,让住户完全满意,就应提出超出住户期望、高于其他物业管理竞争对手或竞争对手想不到、不愿做的超值承诺或服务,并及时足值甚至超值兑现对住户的承诺。在此基础上,再根据住户对物业环境、服务项目的需求变化推出新的、更高的承诺,吸引更多的住户,以达到更高层次的住户满意,从而形成全企业发展的良性循环,使住户的满意和忠诚不断得到强化。

2. 物业管理服务质量意识培训

质量培训工作的主要任务在于不断提高物业服务企业全体员工的质量意识,并使之掌握和运用质量管理的方法和技术。要让每位员工牢固树立"质量第一"的意识,认识到自己在整个物业管理服务质量提升中的责任,从而自觉提高业务管理水平和服务操作技术水平,严格遵守操作规程,不断提高自身的工作质量。同时,要对住户进行售后物业管理意识的教育,例如,通过文化活动、宣传栏等进行双向教育,这样才能收到良好效果。

3. 建立和健全物业管理质量责任制

物业管理服务质量责任制是物业公司各部门、各岗位和各员工在质量管理工作中为保证服务质量和工作质量所承担的任务、责任和权利。建立服务质量责任制可以把与质量职能有关的各项具体工作同全体员工的积极性结合起来、组织起来,形成一个严密的质量体系,更好地确保住区服务质量的提高。

4. 以人为本

对业主进行情感管理。在物业管理过程中,复杂、烦琐的规章制度迫使服务人员消极地执行服务操作程序,而业主却往往要求服务人员按照自己的特殊需求灵活地提供优质服务。

5. 运用物业管理 TCS 战略

推行优质服务物业公司 TCS 战略(total customer satisfaction,顾客完全满意战略),就是把住户的需求(包括潜在的需求)作为物业公司服务管理的源头,在物业管理服务功能及价格设定、服务环节的建立及服务管理系统的完善等方面,以方便住户为原则,最大限度地使住户感到满意。物业公司实施 TCS 战略进行物业管理全方位质量评价,主要包括五部分满意指标(即 TCS 战略的"5S")。

服务理念满意(mind satisfaction,MS),包括物业公司的服务宗旨满意、服务管理哲学满意、服务价值观满意等。

服务行为满意(behavior satisfaction,BS),包括物业公司的服务、经营、管理等行为机制满意、行为规则满意、行为模式满意等。

服务过程视听满意(visual satisfaction,VS),包括物业公司的名称满意、标志满意、标准色满意、标准字体满意以及物业公司、物业管理服务的应用系统满意等。

服务产品满意(product satisfaction,PS),包括物业公司的质量满意、物业功能满意、物业的外观造型满意、服务特色满意、物业管理服务的价格满意等。

服务满意(service satisfaction,SS),包括物业管理服务的全过程满意、物业管理服务保障体系满意、对住区舒适安全的满意、住户情绪反应的满意、对整个住区环境的满意等。

为了实现TCS战略,必须在物业公司范围内,根据物业管理项目全过程管理的需要,建立各种职能性小组,即各种TCS小组。可通过展示会来展示物业公司的劳动成果,交流公司经营、管理的先进经验,并通过TCS战略组织的活动激发公司员工的工作热情,鼓舞员工的士气。各种TCS小组从成立到确定主题、收集数据、分析现状、取得成果,再到建立标准化,每次每项活动都要在组长的带领下做好记录,并填写有关标准表格。当情况有变动或取得进展时,要及时上报。TCS战略小组的进展与成果定期在TCS战略的布告栏中予以公布、体现。

6. 进行智能化管理,加大物业管理的科技含量

随着网络系统的普及及人类生活水平的日渐提升,人们对居住、办公及经商环境的要求也相应提高。智能化的居住环境成为现代人士的首选,传统的物业管理模式已变得不合时宜。智能化的物业管理可提高服务效率,节省人力及降低物业管理的运营成本,对传统的物业公司是一个很大的挑战。因此,物业服务企业应充分利用自动化设施,加大智能化管理的科技含量,更有效地实施各方面的管理服务。在不远的未来,物业管理智能化主要体现在以下三个方面。

(1)在安保防盗方面,利用可视对讲、紧急报警、电子巡逻、边界防卫、防灾报警等系统,提供更全面、快捷、稳妥的服务。

(2)在物业服务方面,利用电子抄表、自动化停车场管理、自动化公共照明、电子通告及广告、背景音乐及语音广播、公共设备自动监控、自动化文档系统等,使物业管理达到更系统、更体贴、更便捷的效果。

(3)在物业管理网络信息方面,通过综合布线或线网改造,使管理服务的范围从地区性拓展至无地域,可提供比以前更多的服务及娱乐。

任务二 建立质量管理体系

学习准备

课前查阅资料,了解质量管理体系建立的过程及其内容。

相关知识

一、物业质量管理体系的类型

质量管理体系是指在质量方面指挥和控制的组织管理体系,是为实现质量管理的方针目标,有效地开展各项质量管理活动,而必须建立的相应管理体系。通常包括制定质量方针、目标及质量策划、质量控制、质量保证和质量改进等活动。

对物业服务企业而言,按照质量管理体系标准建立本企业的质量管理体系,可以起到强化质量管理、规范企业行为、增强客户信心、树立企业良好形象的作用。

从物业管理服务实践来看,物业服务企业质量管理体系的建设,一般包括质量管理体系、环境管理体系、职业健康安全管理体系、知识产权管理体系、信息安全管理体系、能源管理体系、诚信管理体系、物业服务管理体系等。其中主要抓 ISO 9000 质量管理体系、ISO 14000 环境管理体系和 GB/T 45001 职业健康安全管理体系等方面的建设,质量管理体系与环境管理体系、职业健康安全管理体系并称三体系。

1. ISO 9000 系列标准

ISO 9000 系列标准是国际标准化组织(ISO)制定的质量管理系列标准之一,由术语标准、质量管理和质量保证标准选用或实施指南、质量保证标准、质量管理标准、支持性技术标准等五个部分组成。该标准族是组织内部建立的、为实现质量目标所必需的、系统的质量管理模式,组织按质量管理体系标准要求建立、实施、保持和持续改进质量管理体系,必将提高产品和服务质量,增强顾客满意度,提高市场竞争力。

2. ISO 14000 系列标准

ISO 14000 系列标准是国际标准化组织(ISO)为促进全球环境质量的改善而制定的一套环境管理的框架文件,已经在全球获得了普遍认同。该系列标准突出了"全面管理、预防污染持续改进"的思想,涉及环境管理体系、环境审核、环境标志、环境行为评价、生命周期评估、术语和定义、产品标准中的环境指标七个系列,旨在指导各类组织(企业、公司)取得和表现正确的环境行为,以加强企业的环境意识、管理能力和保障措施,从而达到改善环境质量的目的。在我国,ISO 14000 系列标准的认证通常由第三方独立机构进行。

3. GB/T 45001 系列标准

2020 年 3 月 6 日,国家市场监督管理总局、国家标准化管理委员会(SAC)发布 2020 年第 1 号公告,批准《职业健康安全管理体系要求及使用指南》(GB/T 45001—2020),这意味着职业健康安全管理体系正式纳入 ISO 标准。《职业健康安全管理体系要求及使用指南》(GB/T 45001—2020)代替《职业健康安全管理体系要求》(GB/T 28001—2011)、《职业健康安全管理体系实施指南》(GB/T 28002—2011)。在《职业健康安全管理体系要求及使用指南》(GB/T 45001—2020)标准中,一个组织将不仅仅专注于其直接的健康和安全问题,还要关注自身的工作会对相邻关系人造成怎样的影响,以及需要考虑到其分包商和供应商,而不是将其风险通过外包"嫁接"出去。

二、如何建立 ISO 9000 质量管理体系

ISO 9000 标准是一种通用的质量管理体系要求,适用于各种行业或经济部门,它提供了各种类别的服务,包括硬件服务、软件服务。但是,不同的物业服务企业为符合质量管理体系标准的要求所采取的措施是不同的。因此,物业公司要根据自己的具体情况建立本公司的 ISO 9000 质量管理体系。

1. 制定质量方针

质量方针与经营宗旨相一致,与服务要求相适应,体现了对业主的承诺、对持续改进的承诺,能为目标的提出提供框架。因此,质量方针不能是空洞的口号,物业公司要根据本公司的服务项目、业主定位和预期的服务质量水平来确定质量方针。

2. 确定质量目标

质量目标应按质量方针所提供的框架展开。为确保物业服务企业质量目标的实现,相关职能和层次要依据物业服务企业质量目标的要求确定各自的质量目标,并落实到全体员工的工作中。

3. 建立质量信息管理过程

ISO 9000 标准中规定:组织应确定、收集和分析适当的数据,以证实质量管理体系的适宜性和有效性,并评价在何处可以持续改进质量管理体系的有效性。因而,物业公司在进行数据分析时应提供以下有关信息。

(1) 业主满意。

(2) 与服务要求的符合性。

(3) 过程和服务的特性及趋势。

(4) 供应方。

建立质量信息管理过程的目的是评价质量目标(包括各项指标)的完成情况,以确定需要改进的区域质量信息的管理过程,包括质量信息的名称、记录、传递、统计、分析、报告方式及相关职责。

物业公司应建立一套统计报表,定期检查、考核各级和各职能部门质量指标的完成情况,促进并激励员工为实现质量目标而不断积极进取。还应充分利用统计工具,对大量的质量信息进行汇总分析,找出主要问题(包括潜在的),提出改进的建议和要求。

4. 改进内部质量体系审核

一个物业公司不仅要积极开展内部质量体系审核,还应根据自身的具体情况开展服务和关键过程的质量审核。通过分析每月服务质量审核和过程质量审核积累的数据,可验证服务质量和过程质量的波动情况,以及质量管理体系是否得到有效实施。

1) 内部质量体系审核的特点

内部质量体系审核大有改进的必要。目前,大物业公司的做法基本与认证审核相同,即由兼职的内审员每年集中几天时间对所涉及的体系要素和部门全面审核一次,这样做的缺点有以下方面。

(1) 将内审作为一项临时的任务,而不是重要的、日常的工作,不能引起各级领导和员工应有的重视。

(2) 内审员全部是兼职的,一年只做几天审核工作,审核经验少、不熟练,审核能力难以提高,审核结果的有效性差。

2) 分散式审核的特点

据了解,欧美发达国家的企业很少采用集中式的内部质量体系审核,而是多采用分散式审核的方式,分散式审核的特点如下。

(1) 设立一名专职人员,负责内部质量体系审核和质量信息的统计分析工作。专职人员审核经验多、审核能力高、责任心强,极大地提高了审核结果的有效性。

(2) 如果每月进行一次审核,每次审核一个或两个部门,则可以在一个审核周期内对质量体系涉及的各个部门和要素至少审核一次。

(3) 对薄弱的和重要的区域,应增加审核的频次,在一个审核周期内安排两次甚至三次审核,以督促其改进。总审核天数比集中式审核大幅增加,使审核更加深入、细致。

(4) 每次审核由专职人员担任组长,再配上一名或两名具备相关能力的兼职内审员。将内部质量体系审核当作一项日常工作,由专人负责并使之经常化。

(5) 专职人员负责编制年度滚动审核计划和每次审核的计划,对不合格项进行跟踪和验证,并编写审核报告。

5. 认真做好管理评审

管理评审的目的是确保物业 ISO 9000 质量管理体系持续具有适宜性、充分性和有效性,是一项具有重要意义的质量管理工作。做好管理评审将促进物业公司的服务质量不断改进,业绩不断提高,使物业 ISO 9000 质量管理体系不断完善。因此,物业公司的最高管理者应对管理评审给予足够的重视。

做好管理评审应重点抓好以下几点。

1) 明确管理评审的内容

(1) 评价内部质量体系审核报告,重点关注纠正措施结果的有效性、需要管理层研究解决的问题,以及对薄弱环节采取的措施。

(2) 评价对业主抱怨的处理结果,并研究防止今后类似问题再发生的措施,评价业主满意度的变化趋势。

(3) 评价服务和过程质量的分析结果,提出进一步提高质量(解决潜在的质量问题)的方向、目标和要求。

(4) 评价质量方针和质量目标的完成情况,对完成较差的项目要研究解决措施,必要时修订质量方针。

(5) 评价物业公司结构和资源是否适应当前发展的需要。

2) 做好管理评审前的准备

(1) 内部质量审核报告。内审报告体现了一个审核周期内整个质量管理体系的符合性和有效性,应明确提出需要管理评审讨论和解决的问题及建议。

(2) 业主投诉和满意度分析。利用统计工具直观地显示业主投诉的件数、分类比重,并与上一评审周期进行比较,对业主抱怨较多的项目提出建议及解决方案。

(3) 利用统计工具对服务和过程质量审核的结果进行汇总分析,说明服务和过程质量的变化趋势,并提出需要改进的项目和建议。

(4) 质量方针和质量目标完成情况的分析资料,包括未完成项目的对策和建议。

(5) 其他需提交管理评审讨论和解决的问题。

3) 开好管理评审会议,做好记录

(1) 签到、发放会议资料。

(2) 最高管理者提出拟讨论的内容和议题。

(3) 听取质量管理体系运行报告。

(4)各部门汇报有关工作情况,提出意见和建议。

(5)对议题逐项讨论,作出决议。

(6)体系推进部门应安排专人做好评审的详细记录,并予以保存,体系推进部门根据评审结果编写评审报告,明确评审后输出的改进要求,并经最高管理者批准后,印发给各有关部门实施改进。

4)跟踪验证管理评审决议

(1)对于管理评审中存在或潜在的问题,为防止其再发生,由体系组按照管理评审的要求,进行纠正、预防措施立项,并由各有关部门组织纠正、预防措施的实施。

(2)管理者代表在规定的时间内,组织对立项内容进行验证,直至有效。

任务三　物业服务质量管理的应用

学习准备

课前了解一家物业企业服务质量管理应用的情况。

相关知识

我国物业管理自1981年3月在深圳诞生以来,至今已走过30余年不平凡的发展历程,已逐渐发展成为规模化、专业化管理模式,物业管理行业内部的管理也由起初的政府行政指导转化为行业自律、协会管理、政府监督。从20世纪80年代的起步探索,到90年代的整体推进,再到21世纪以来的全国发展,物业管理从无到有,从小到大,已发展成为国民经济的重要组成部分,成长为一支构建社会主义和谐社会、预防社区发生各种灾难事故、服务各级各类大型公开活动等不可或缺的重要力量。物业管理的触角已深入延伸到人们生活、学习、工作等各个领域。从简单的清洁、保安、绿化、维修等业务开始,到车辆停放服务、社区文化服务、便民生活服务,再到如今的物业设计咨询、智能化管理、设施设备管理、资产管理等,物业管理在学术上已发展成为一门新的独立学科,在实践中已发展成为一个集管理、服务、科技、知识等为一体的综合性产业。

一、质量管理体系文件的编写

质量管理体系文件是记录质量管理体系的全过程文件,给出了切合实际的达到质量目标的方法。

1. 物业服务企业实施质量管理体系的特性

物业服务企业不同于生产型企业,其产品是提供服务。因此,物业服务企业在推行质量管理体系时要时刻把握住以下特性。

(1)服务的对象是有情感色彩的"人"。

(2)服务是无形的。

(3) 服务是不可贮存的。

(4) 服务是一次性的。

(5) 服务的提供常常是不可预测的。

(6) 服务更依赖于服务者的素质。

(7) 业主的评价常常带有个人色彩。

2. 质量管理体系的原则与要素

质量管理体系的原则是构成 ISO 9000 系列标准的基础,包括:顾客导向、领导力、全员承诺、过程方法、改进、基于证据的决策、关系管理等。

3. 质量管理体系的规范管理要素

(1) 机构。为保证产品质量而必须建立的管理机构及明确职责权限,并确保有效沟通、开展管理评审活动、确保质量管理体系的持续性。

(2) 程序。组织的产品生产或服务输出必须制定质量体系操作检查流程,并使之形成文件化的规章制度、技术标准、质量手册、控制文件和记录等。

(3) 过程。建立产品质量目标并策划产品实现过程,要求产品实现过程具有标识性、监督性、可追溯性,以达到对产品实现的全部过程按程序要求控制质量。

(4) 总结。持续地监视和测量质量管理体系、质量管理体系过程和产品,总结、分析不合格品出现的原因,采取纠正措施和预防措施,实现对质量管理体系的不断改进。

二、ISO 9000 质量体系文件的内容

公司 ISO 9000 质量体系文件通常包括以下内容。

1. 质量手册

质量手册主要用来阐明公司的质量方针、质量目标,描述公司的质量体系。质量管理手册对内是实施公司质量管理的基本法规,对外是公司质量保证能力的证明文件。

2. 程序文件

程序文件是质量管理体系中最重要的组成部分,它是为控制各项影响质量的活动而制定的,是质量手册的支持性、基础性文件,是对质量管理体系要素的策划,是质量管理体系有效运行的主要条件和依据,即在物业管理项目实施的过程中,通过物业公司的服务、经营、管理等行为,让业主、租户满意。

3. 作业规程

程序文件是由中间层依据上述目标,相互沟通确定应由哪一部门、哪些人做哪些事,以及完成后应流向哪一部门。作业规程是公司质量体系文件的展开、支持和细化。它是依据物业管理工作的实施操作而进行的,每一个作业规程均描述了一项具体工作应当怎样进行或进行的依据、要求和规范。全部作业规程之和便构成了整个物业管理服务工作的全部操作要求。

4. 记录表格

记录表格可用来印证服务过程是否按照规定的要求来完成,服务是否达到规定的标准,以及品质系统是否在有效地运作。

三、实施质量管理体系的步骤

1. 聘请顾问

实施质量管理体系是一项专业性、理论性很强的工作。物业服务企业初步导入质量管理体系应当聘请一位既精通质量管理体系,又有一定的物业管理经验的专业人士作为导入质量管理体系的专业顾问。其作用是指导企业的导入工作,协助建立物业管理文件化的质量体系,指导质量管理体系在本企业有效运行、培训员工。

2. 任命管理者代表

物业服务企业在实施质量管理体系时,应当首先由企业总经理任命一位管理者代表,协助自己领导质量管理体系的导入和维持改进工作。领导力量的强弱对导入质量管理体系至关重要,因此管理者代表一般由副总经理或总经理助理担任,其职责是:负责组织并协调质量体系的建立、实施、维持和改进;检查和报告质量管理体系的运行情况;协助总经理做好管理评审;主持质量管理体系文件的编制、实施。其主要权限是:处理与质量管理体系运行有关的问题;任命内部质量审核组长。

3. 成立品质部

质量管理体系的导入和维持改进是一项长期的工作。为使质量体系在企业的运行得以有效维持,应当在实施质量管理体系之初成立专门的质量管理体系控制、实施部门,即品质部(规模较小的物业管理企业也可以由办公室兼任),其主要作用是:在建立文件化质量体系阶段,负责编写本企业的质量管理体系文件;在运行阶段,负责质量管理体系文件的发放、控制;运行质量的审核、控制、维持和改进;负责员工的培训和质量管理体系的对外联系工作及员工的绩效考评实施工作。品质部的员工均由企业管理者代表从各部门的业务骨干中抽调组成。对品质部员工的要求:具有较高专业理论水平和文化知识,熟悉本部门专业工作,思维敏捷,原则性强。一般按每职能部门抽调1~2名员工为宜。

4. 抽调业务骨干送外培训

导入ISO 9000质量管理体系,首先需要公司主要干部和从事质量管理体系专业管理的员工熟练理解质量管理体系的基本理论。企业开始实施质量管理体系之初,应当组织企业主要干部和品质部员工接受质量管理体系基本理论的培训,以更好地理解质量管理体系在物业管理中的重要意义,更好地支持质量管理体系的实施。品质部员工除应接受质量管理体系基本理论的培训外,还应接受如何编写本企业的质量管理体系文件的培训。

5. 建立文件化质量管理体系

1) 质量管理体系文件编写的基本要求

(1) 满足ISO 9000相关标准的要求。

(2) 与物业管理的实际水平和实际要求相适应。

(3) 全面完整,覆盖物业管理服务的全部阶段和过程。

(4) 具有可操作性、可检查评价性。

(5) 与现行法律法规、规章政策保持一致。

(6) 注意物业管理的行业特点。

(7) 切忌生搬硬套质量管理体系相关理论。

2) 质量管理体系文件的编写顺序

(1) 首先结合质量管理体系的基本要素和标准要求反思自身的工作。

(2) 在充分理解质量管理体系要素的基础上,着手将本企业所有管理服务加以分类和归纳。

(3) 写出编写大纲。

(4) 画出每一个作业规程的作业流程图。

(5) 着手编写:先编制"工作规程文件",解决怎样操作的问题;再编制"程序文件",解决怎样控制实施的问题;最后编制"质量手册"。

3) 质量管理体系文件的编写原则

(1) 一定要结合工作实际编写,质量管理体系文件是对工作及工作要求的真实反映。

(2) 物业服务企业的质量管理体系文件,特别是作业规程一定要全面,真实地反映工作的实际需要。

(3) 编制作业规程的同时也是对现行工作进行认真反思的过程。"反思"就是依据质量管理体系和现代管理的要求,从效益、制约、成本、创新上反思原有的管理水平,找到不足后加以改进。质量管理体系文件绝不仅是对原有工作的归纳和总结。

(4) 质量管理体系文件,特别是作业规程,建立的目的是规范员工的工作行为,确保工作质量。因此,在编制文件时,一定要将可能在物业管理服务工作中发生的问题预先性地在文件上用规程、制度加以预防。质量管理体系文件的主要作用就是通过建立完善的工作制度,法制化地预防、制约工作中的失误。

(5) 不应认为一次性编制完毕,质量管理体系文件就可以健全制度、杜绝隐患,就可以一劳永逸。编制、修改作业规程是一项永久性的工作。

(6) 编制的作业规程应语言通俗明白、繁简适宜,让最基层的员工能够看明白。

(7) 编制文件引用标准要求时,一定要结合物业管理的特点、结合所管物业的特点。

4) 将质量管理体系文件送交各部门审核

质量管理体系文件在初步编制完成后,管理者代表应立即着手组织将文件送达各实施部门主要负责人手中,对文件规定的内容展开全面、自由、无限制的论证。论证的标准为:是否适宜、是否全面、是否正确。品质部应将讨论结果加以汇编后报总经理和管理者代表,最后依据合理的审核意见对质量管理体系作一次全面修改。

5) 内审员培训

在质量管理体系文件编制完毕,应及时安排品质部员工和管理者代表、总经理和公司其他主要干部外出接受质量管理体系内部质量审核员的培训,为质量管理体系的有效运行打好基础。品质部员工应当参加培训考试合格后获取国家技术监督局颁发的企业注册内部质量审核员证书。公司总经理应当以文件的形式在质量管理体系试运行前正式任命品质部成员为物业管理企业内部质量审核员。

6) 员工培训

在质量管理体系试运行之前,企业总经理应主持召开全体员工质量管理体系贯标动员大会,为推行质量管理体系做好思想认识上的准备。管理者代表在将质量管理体系文件下发至各部门后,应立即组织企业员工全方位地执行质量管理体系文件的培训。培训应注意多层次、全方位地开展,直至员工基本能够理解和掌握文件的要求方可。

7) 质量管理体系试运行

质量管理体系培训完成后,开始进入试运行阶段。试运行阶段时间一般为2个月左右,其目的一是检验质量管理体系文件的适宜性和有效性;二是让员工严格执行质量管理体系文件,养成良好的习惯,为质量管理体系在企业的正式推行打好基础。试运行的要求是:按文件要求作业,严禁随意操作;按文件要求记录,严禁弄虚作假;通过正常渠道向品质部反映问题,严禁诋毁文件。

为了保证质量管理体系的有效试运行,企业应当制定严格的惩罚措施来确保执行的严肃性。

8) 进行第一次内部质量审核

在质量管理体系试运行一段时间(1个月左右)后,管理者代表应安排企业品质部对质量管理体系的运行质量进行第一次内部审核。审核的目的主要是:评价质量管理体系试运行的质量;评价文件化质量管理体系本身的质量;有针对性帮助员工解决推行质量管理体系时出现的问题;严肃纪律,确保推行的真实性和有效性。第一次内部质量审核应当邀请企业外部专家协助进行。

9) 修改质量管理体系文件

在质量管理体系试运行完毕后,管理者代表应当带领组织品质部对企业的质量管理体系进行一次全面修改。修改的内容是:废止不适宜的作业规程,增补遗漏的作业规程;修改不适宜、可操作性差、评价性差的作业规程。经修改后的质量管理体系文件,应达到具有较强的操作性,和企业的运作实践相符合,完善周到、详细明了、严谨规范,具有较强的可检查、可评价性。

10) 质量管理体系的运行与维持

总经理在文件化质量管理体系基本完善后,以正式通知的形式开始质量管理体系在企业的全面运行。质量管理体系实施运行的基本要求是:"做你所说"——严格按文件工作,严禁随意作业、不按规程工作;"记你所做的"——严格依照工作的实际情况进行记录,严禁弄虚作假;不允许抵触质量管理体系的推行。品质部和各部门管理者是质量管理体系是否能有效推行的保障。品质部通过随时抽检和定期内审来纠正、预防推行中出现的问题。各级管理者则通过随时随地的工作检查和批评教育、行政处罚来保证质量管理体系的有效执行。

11) 进行第二次内部质量审核

在质量管理体系运行2个月左右时,管理者代表应着手安排第二次内部质量审核。内审的目的是:发现执行中出现的不合格,发现文件体系中的不合格,有针对性地帮助员工解决推行中的各类问题。内审后审核组应召开内审会议,分析出现不合格的原因,进一步完善文件化质量管理体系,惩处主观上故意抵制质量体系推行的员工,提高员工的工作水准。第二次内审后,品质部应依据审核结果和员工合理建议进行修正、完善质量管理体系。

12) 预审

预审是认证机构在正式审核之前对申请认证单位进行的一次预备审核。其目的是事先充分了解申请认证单位的质量管理体系实际情况,以便做出是否进行正式审核的决定。

当质量管理体系已经有效、平稳地运行了一段时间(至少 3 个月)后,物业服务企业可以向质量管理体系认证机构提请认证并完成认证前的预审。认证预审由企业提前 2 周向认证机构报送企业质量管理体系的一级文件(质量手册)、二级文件(程序文件),经认证机构审核通过后,双方约定好预审的时间。

预审时间由企业管理者代表安排接待,全体员工均应在预审时恪守职责、认真工作,以确保预审的顺利进行。预审完毕后,企业品质部应当依据认证机构审核员的审核意见,进一步修改质量管理体系文件,并监管执行。

13)现场认证

预审通过后,企业应根据认证机构正式现场认证的时间积极迎接现场认证。为迎接现场认证,应该整理好所有的原始记录和文件,按文件规定做好物业硬件设施迎检准备工作。总经理应亲自组织安排现场认证的准备工作,在认证机构进行现场认证时企业全体员工应积极配合做好认证工作。

14)通过质量管理体系认证

一般情况下经认证机构现场认证审核通过后,企业即通过质量管理体系认证,将获得质量管理体系认证证书。

组织(企业)申请认证必须具备以下基本条件。

(1)具备独立的法人资格或经独立的法人授权的组织。

(2)按照 ISO 9001:2015 标准的要求建立文件化的质量管理体系。

(3)已经按照文件化的体系运行 3 个月以上,并在进行认证审核前按照文件的要求进行了至少一次管理评审和内部质量体系审核。

15)复检、维持与改进

企业通过质量管理体系认证后,认证机构将每年定期将对企业进行一次复审,以维持质量管理体系的有效性。

品质部作为企业日常维持质量管理体系的管理部门,应依据内部质量审核管理标准作业规程和日常抽检工作标准作业规程,有效地监督质量管理体系的运行。

质量管理体系是一个持续改进的体系,品质部应当视物业管理市场和工作实际的发展变化,不断地改进和完善质量管理体系。一般情况下,质量管理体系文件每年至少应修改一次。

四、物业服务质量评价

提高物业的管理水平和服务质量,全面推进各项服务工作的快速开展。这也是开展物业管理创优最重要的意义之一。创优的过程其实就是一个查找问题,不断规范管理的过程。通过创优,能够让企业参照行业标准,然后对照实际管理和服务工作的具体环节,进行逐项测评。管理工作的一些不规范和不科学的环节在创优中逐步显现,这有利于企业及时发现问题。创优给物业管理的具体操作提供了标准和规范,这不仅便于查找问题,而且能够使出现的问题得到正确、恰当、科学地解决。

提升企业在物业管理行业中的声誉和形象,为市场开拓提供砝码。物业管理创优是物业管理行业对企业的实际水平进行评定,其评定的结果具有一定的权威性。另外,物业管理创优是一项系统工程,评定过程十分严格,程序十分规范,能够确保评定的公正性和可信度。因此,一旦创优通过,对物业管理企业的品牌提升将起到积极的推动作用,能增强物业管理企业在行业中的知名度和声誉。

物业管理创优评审十分严格,它主要从两个方面进行考核。一方面是资料的准备,要求管理和操作资料完整、规范,管理有序,记载科学准确。从管理制度到操作程序,从质量标准体系到最原始的操作记录,每一项具体工作都必须有资料予以支撑。另一方面是现场准备,主要考查物业管理的实际情况,例如设备的管理、消防管理的状况、环境维护的状况。物业管理创优考评体系包括7个大项,涵盖基础管理服务,房屋共用部位管理,共用设施设备运行、维修和养护,公共秩序维护,环境管理服务,客户服务管理,服务创新等。

合肥市物业服务质量评价标准范例

项目十五　物业智能化管理与智慧化运用

学习目标

(1) 了解现代物业服务企业信息化管理的产生过程。
(2) 掌握物业管理服务系统在物业服务行业中的应用难点。
(3) 熟悉物业管理信息系统建设存在的问题。
(4) 了解物业管理信息系统分析的具体内容。

素质目标

(1) 提高学生对现代化、智能化的认识。
(2) 培养学生高效管理的思想意识。
(3) 培养学生的系统意识。

能力目标

(1) 能够独立分析物业管理服务系统在实际运作中存在的难点。
(2) 能够应用物业信息化管理全流程的视角处理问题。
(3) 能够应用管理系统的智能化提高管理效率。

任务一　现代物业服务企业信息化管理发展

学习准备

课前收集相关资料，了解物业信息化管理的发展历程。

相关知识

一、物业服务信息化管理的产生

应用物业管理信息系统，能使物业服务走向正规化、程序化、决策科学化。针对物业服务覆盖范围广、客户量大、系统设施复杂的特征，构建先进的计算机物业管理系统平台，实现对物业的动态控制和各种资源的集约与优化,提升基础管理水平,高效、规范、优质地实施物业服务。

1. 传统物业管理存在的问题

当代社会是一个信息化的社会,信息的收集、分析和利用是企业成败的关键。尤其是实行了规模化经营的企业,为了适应物业服务的需求,计算机管理信息系统技术在物业服务中将会得到越来越广泛的运用。

在传统物业管理中,存在如下管理问题。

(1) 各物业项目诸多业务处理和操作工序繁杂,手工统计汇总工作量大、信息可靠程度差。

(2) 缺乏标准化、规范化的科学管理手段,导致各物业项目部、公司部门在理解、贯彻、执行公司政策和法规方面存在差异。

(3) 各种经营决策所需的数据采集难、准确率低,所得的数据具有滞后性。

(4) 数据资源的编码和分类管理不科学,难以进行数据的统计、决策。

(5) 库存材料、物品的采购、入库、出库管理体系杂乱,易出问题。

(6) 各物管部门之间、项目部与总公司之间数据信息不能共享或信息交换缓慢、管理成本高、工作效率低,重复作业多,公文下达上传速度慢、沟通困难、信息传递失真等。

(7) 领导不易对业务过程和企业资源进行科学、有效、及时的优化配置和监管。

(8) 历史数据丢失。

(9) 对用户的计费和收费不能直观地监控及催缴。

(10) 不易严格依照物业设备的要求进行定期保养。

(11) 对于外部信息,例如互联网提供的信息开发和利用得还不够。

(12) 难于充分利用小区设施和住户资源,开展可盈利的增值服务业务等。

信息化管理是现代企业管理中的重要管理手段,是实现低成本、高效率的新途径。物业管理是传统和新概念的结合体,现阶段大多数物业服务企业仍停留在传统服务内容和管理手段上。在不断创新和不断革新的大环境下,信息化建设和信息化管理,已经成为我国物业服务企业发展不可阻挡的趋势。

2. 信息化社会对物业服务的内容及要求

现代化的物业企业管理需要现代化的管理手段,物业服务信息化管理是现代物业服务的重要组成部分和必然的发展方向。随着物业服务企业的不断发展,需要利用先进的科学管理方法对其下属各部门进行统一管理和监控,使物业服务者能迅速地了解物业服务企业的经营管理状况,做出正确的决策,达到简化物业服务工作量、提高工作效率,最大程度节约资源的目的。因此,引入现代化计算机管理手段,建立个性化的物业管理信息系统,并通过物业管理信息系统实现各个部门及总部系统联网,不但能够极大地降低管理服务人员的工作强度、提高管理服务人员的工作效率,而且能够全面提高物业服务企业的现代化管理水平,促使物业服务企业向现代化、规范化、数字化方向发展。

物业服务信息化管理通常包括以下内容。

(1) 利用互联网,搭建企业自己的网站,用于对内和对外的信息交流、宣传。

(2) 创建各类数据库。

(3) 各类管理软件的使用及工作流的管理。

物业管理信息系统就是运用现代计算机技术,把有关物业服务信息物化在各种设备中,并由这些设备和物业服务人员,构成一个为物业服务目标服务的人机信息处理系统。通过信息系统的应用,可以使物业服务的许多日常工作实现自动化。例如,利用计算机控制建筑物的空调系统、防火安全自动报警系统、建筑物内的垂直交通系统、照明系统、建筑物部件及附属设备安全报警系统、物业安保系统、辅助物业服务人员工作的资产管理信息系统、建筑物出租(租客、租金、租约)管理系统、财务分析与管理系统、管理决策辅助支持系统、人员管理系统等。自动化对物业服务有两个明显的效果。首先,能提高效率,达到降低成本的目的。因为自动化可以使在员人数相同或减少的情况下,在一段指定的时间内做更多的工作。其次,能提高成效,达到增值的目的。因为借助自动化可以引进崭新的服务或加强现有的服务,向业主提供更高水准或更优良的服务,这既能提高物业服务的收入水平,又能达到物业增值的效果。

3. 信息化建设在物业服务中的目的与意义

信息化建设的主要目的有两个,一是运用计算机能够处理信息;二是借助数字载体能够共享信息。这种目的性产生的直接效果就是能够减轻人们繁重的劳动,解决一些靠人力无法解决或不易解决的问题;能够避免或减少重复的劳动,使信息化建设得以化整为零,实现分步建设,完成分步存储,达到信息共享,其意义主要体现在以下两个方面。

(1) 实现信息共享。信息是一种资源,能够被消费。信息共享其实就是使信息资源在更广泛的范围被消费,这样才能更大地体现它的价值。现在,经由网络能够很方便地查询各地的物业管理情况,以及物业服务企业情况等,这种对信息的消费方式正在成为人们生活不可或缺的部分。国外有权威机构已将信息的消费作为评价生活质量的一个重要指标。未来的社会对信息的消费会越来越大,实现信息共享就是满足这种需求的重要途径。

(2) 实现方法共享。方法共享就是公开能够获取某种信息服务的方法,人们可以借助它获取某种信息服务。目前,方法共享可以归结为两种表现形式,一是只能访问某一特定的数据集获取信息;二是能够访问同一类数据集获取信息。显然,后一种表现形式值得推崇。之所以有这两种不同的表现形式,主要在于前者没有推行完整的技术标准,而后者实施了完整的技术标准。

4. 信息化管理对物业服务市场运行环境的影响

信息通过互联网,能够实现不同区域、不同时间的共享,加强各物业服务行业中各企业之间的信息交流,也使得客户更方便、快捷地了解行业动态、企业信息及服务特性,从而加大了物业服务企业对外宣传力度,以及各行业的监督力度。

(1) 方便了物业市场信息的流通。具有低成本和快通道的优势,打破了物业市场的区域性限制,缩短了各种信息流通的时间,免去了烦琐的收集信息过程,使服务和消费更为贴近。

(2) 形成了物业服务企业公平竞争的平台。由于互联网将千家万户联系起来,同一区域或不同区域物业服务企业都能呈现于客户眼前,使得物业服务企业之间的服务差异更为直观、全面和便捷可查。而且将来现实世界的每笔交易都会在互联网中被全面记录下来,使得整个社会的信息流动变得更透明化,竞争也更公平化,从而为不同能力的开发商提供了一个公平竞争的平台。

（3）为业主提供了更多物业管理信息。互联网所提供的信息量极为丰富，过去由经纪人和房地产公司垄断的信息资源在互联网上都可以查到，一些专业类的物业管理网站还建立了庞大的数据库并提供了条件搜索功能，使客户能够方便快速地在大量信息中"各取所需"。

5. 信息化管理在物业服务过程中的用途

（1）在广告过程中有助于宣传项目。随着信息产业的高速发展，以互联网为传播媒介的网络广告的优势越来越明显。与传统媒体广告相比，网络广告传播范围广、交互性强、针对性强，受众数量可准确统计，实时、灵活、成本低。我国互联网用户数目大、增速快，主要的互联网用户群体受教育水平较高，有较高的收入及更高的预期收入，而且大多是房屋使用群体。所以，物业服务企业也很有必要通过互联网宣传自己所开发的项目。目前，网络广告市场正在以惊人的速度增长，网络广告已经成为传统四大媒体（电视、广播、报纸、杂志）后的第五大媒体。

（2）在服务过程中有助于双向沟通。网站与传统宣传媒体相比，其最大的优势是可以做到与业主的双向沟通，互联网的应用可使物业服务企业拥有一个更容易进行内外信息交流的平台，而且这样的平台会有更大的开放性和灵活性。物业服务企业在服务项目的前、中、后期有计划地制作和发布物业服务相关信息，可以使业主随时地了解物业管理的整体概况和基本框架，从而可使业主感受到物业服务企业提供服务的可靠性。物业服务企业还可以通过互联网积极参与到同（准）业主们的交流中，帮助业主了解物业管理更详细的情况、动态，澄清某些谣言和误会，从而获得业主的信赖、增强业主对该物业管理的购买信心，同时也能为物业服务企业赢得更多潜在客户业主支持。

（3）提高物业服务企业的管理效率。通过数据库的建立和管理软件的使用，并将人力资源管理信息、财务信息及其他信息按照一定权限进行设定，各级管理人员能在第一时间获取所需信息，并及时进行决策和采取管理信息。通过对工作流的管理，能使原来烦琐的审批程序和复杂的各类报表，进行自动分配，各负其责，逐步实现责权统一。企业员工借助物业管理信息系统对话平台，提供对企业的合理化意见，也能从不同的页面、平台获取所需的知识。因此，物业服务企业在夯实传统管理手段的同时，应加快自身信息化建设，进一步降低管理成本，提高管理效率，建立简捷、高效的新形象。

二、物业管理信息系统的分析应用

新一代互联网技术和其他高新技术的发展，对传统的物业管理提出了巨大的挑战，也带来无限商机。物业管理从业人员应与时俱进，跟踪学习新技术、新方法，把握新时期业主使用人的服务需求变化，积极探索创新物业服务方法和商业模式，努力提升物业服务的技术含量和增值空间，推动物业管理从粗放型传统服务业向集约型、创新型现代服务业转变。

1. 物业管理信息系统

管理信息系统（management information system, MIS）的主要任务是最大限度利用现代计算机及网络通信技术加强企业的信息管理,通过对企业拥有的人力、物力、财力设备、技术等资源的调查、收集、梳理,获得丰富的数据,加工处理并编制成各种信息资料,及时提供给管理人员,辅助科学决策,以提高企业的管理水平和经济效益。目前,管理信息系统已成为企业强化技术应用和科学管理的重要手段。

1) 物业管理信息系统的概念

物业管理信息系统(property management information system,PMIS)是物业服务现代化的新技术和手段,是一个由人、计算机等组成的能进行物业管理信息的收集、传递储存、加工、维护和使用的系统。物业管理信息系统能及时反映物业及物业管理的运行状况,并具有预测、控制和辅助决策的功能,帮助物业管理公司实现其规划目标。物业管理信息系统是物业服务企业提供物业服务的"神经系统",在一定程度上改变了传统的管理思想、管理方式和管理行为,是物业管理转型升级走向前端的重要支撑与体现,是物业管理现代化的基础。物业服务企业的领导和员工,必须从科学发展的高度充分认识到,建立信息系统不仅是使处理技术从手工处理到计算机处理的转变,更是市场竞争和知识经济时代实现管理现代化的必由之路。

2) 物业管理信息系统的功能和特征

(1) 物业管理信息系统的功能。对物业的各种基本数据进行处理,包括数据的采集、加工、传输、存储、检索和分析,并及时、全面地向物业服务者提供格式统一的信息,这是最基本、最基础的工作。同时,能够进行管理和控制物业服务业务中的具体事务,提高物业服务的工作质量和工作效率。在数据处理、事务处理的基础上,物业管理信息系统能够及时地向各级物业服务者提供各种层次或各种类别的物业服务信息,辅助决策系统为管理者进行科学决策提供信息依据,起到辅助管理者进行决策的作用。可以根据积累的数据和信息,利用数学方法,建立各种目标模型,进行统计分析和静态或动态模拟,对未来进行趋势预测,为物业服务者制订或调整物业管理计划提供有价值的决定和参考。

(2) 物业管理信息系统的特征。物业管理信息系统是应用现代计算机技术、信息技术、网络技术和自动化技术等,将物业管理业务融入计算机网络一体化的自动化监控和综合信息化服务平台,能促进形成集成性、交互性、动态性和智能化的物业管理服务模式,具有集成性、交互性和动态性等典型特征。

① 集成性。物业管理信息系统最主要的特征是信息系统集成,其信息化是建立在网络集成、系统集成和数据库集成一体化的信息系统集成平台之上的。

② 交互性。传统的物业管理无法利用现代化的信息与网络科技,实现人(管理者)与物(设备等)和人(管理者)与人(用户)之间的信息交互和意见与建议的沟通。而物业管理信息系统则可以有效地实现双向的、交互式的信息沟通。

③ 动态性。物业管理信息系统的动态性特征,是区别传统物业管理模式的主要特征。完善的物业管理信息系统,主要是通过系统自动实现信息的采集与综合、分析与处理、交换与共享的。物业管理信息系统的动态性特征,代表了信息采集的自动化、实时性和可靠性。

人和物的信息化、智能化、网络化是物业管理信息系统的重要组成部分,物业管理信息系统不仅可以实现对人的服务和对物的管理方式的转变,而且能实现物业运营管理方式的转变。

3）物业管理信息系统应用价值

物业管理信息系统的实质是利用人和计算机系统在物业管理中进行信息收集、传输、加工、保存和使用。物业服务企业运用这一系统，可在经营服务中实施预测、控制和决策，能有效地控制成本、提高效率，实现对生命周期内的物业从整体环境和空间上进行多功能、多层次、全方位的管理。其应用价值主要体现如下。

（1）有效存储物业管理档案资料。

（2）实现设备设施远程数据获取，例如远程自动抄表及远程监控。

（3）高效、低成本处理日常事务，例如智能化快速查询、自动计费、智能化费用管理与收缴等。

（4）实现数据智能化、电算化管理。

（5）实现信息共享与高速自由交换。

（6）加强企业内部和企业与外界及客户的联系。

（7）扩大企业经营服务的范围和能力。

（8）提高企业的管理及科学决策能力。

2. 物业管理信息系统实现的功能

物业管理信息系统将使企业的管理得到固化，最大限度地把企业资源，例如客户资源、公司资源等，积累在企业的内部，提供超越于传统手工运营的管理手段，并提高效率和企业管理优化持续改进的可能性。物业管理信息系统是一种手段、一种工具、一个环境，使企业管理运作顺畅，确保优秀的管理方法在每一个相关工作角色的工作任务中得到应用，从而保留企业的经验和资源，不会因员工的离职影响公司的管理和运营的连续性。通过物业管理信息系统，实现总公司对各分公司及管理处业务数据、财务数据实时掌控；实现对整个公司资源的调配控制；实现业务数据与财务数据一体化；节省公司人工成本；规范和统一管理控制；增加数据的高度可追溯性；更加精确地核算库存成本；即时进行财务分析。

通过实施物业服务管理信息化建设，对各种管理流程、活动、岗位与制度等进行系统的梳理、明确和提炼，促使物业服务企业从感性操作走向理性操作，从人治管理走向制度管理。在物业服务管理信息化中将材料采购、工程维修、设备的保养与维修等各项主要业务的操作过程设计为计划、审批、派工、回单、结算、统计等规范化的操作处理流程，实现在信息流动过程中对各个环节业务处理的过程控制和责任跟踪。建立信息管理体系，将分散的各类物业管理信息纳入统一的网络化的物业管理信息平台，实现企业动态资源的过程控制；提供更为完整的、集约化的物业服务；实现系统内部信息资源的共享，提高整个企业协同工作能力和工作效率。物业服务管理信息化以多级权限管理模式，适应企业层次化的管理构架，实现与各物业项目部链接，实时采集相关系统中的数据，实施集约化管理，能够快速、自动、准确地查询、统计、汇总和打印各种所需的报表，实现管理的可视性和可控性，为公司领导提供可靠的决策依据。

1）物业管理信息系统的功能体现

使用物业管理信息系统不仅可以避免一些麻烦，还可以节省大量的人力、物力和财力,提高工作效率和服务质量。一般来讲,其功能主要体现在以下几个方面。

(1) 完整的工程及服务档案,提高管理水平。物业服务除涉及房产、业主和客户管理外,更需要提供工程设施维护、维修、装修服务与管理。存储在物业管理信息系统中完整的工程档案与服务档案可以使管理人员随时了解最新的情况,更可以规范维护、服务标准,帮助管理人员合理安排工作时间。

(2) 费用自动计算,减少人工差错与负担。物业服务中一项重要的工作是各项费用的计算、统计、汇总,然而由于费用项目名目繁多、计算方法烦琐,手工操作除了差错率较高外,而且工作负担繁重。计算机管理利用了计算机运算速度快、准确率高的特点,使得各项费用的计算、统计、汇总工作既简单、方便,又能轻松自如。

(3) 自动控制各项费用收缴,保证公司收益。管理费用的收缴是物业管理公司能够正常运营的保证。通过客户自觉交费和人工催收,往往效率较低。计算机管理可以随时监控客户交费和欠费情况,自动打印缴费通知书和催款通知书,提高收费效率,提高资金的回收速度。

(4) 全方位地快速查询,减少重复劳动。物业服务中房产资料、业主资料、住户资料及文件档案的数量庞大,手工整理、统计汇总的工作量非常大,而且烦琐,查询某房产或业主资料往往需要较长的时间。通过计算机辅助管理,可以随时按业主名称、房号、房类、面积等多种条件任意查询,减少大量重复工作,大幅提高工作效率。

(5) 灵活、准确的收费,提高财务工作效率。管理面积越大、户数越多,财务收费工作越繁重,大量水电费、管理费等其他费用收费不但繁杂,而且容易产生差错。用计算机管理收费,能够极大地提高灵活性、准确性。客户不但可以分项付款,还可以预付各项费用,极大地降低财务收费人员的劳动强度和工作量。

(6) 全面的统计分析,提高决策依据。在物业服务的市场竞争中,计算机快速、自动、强大的统计汇总功能和丰富的报表打印系统,使各项数据的统计汇总、分析表格一应俱全,可以随时查阅最新的详细情况,并依此快速、准确地作出决策,提高物业公司的管理水平与竞争力。

(7) 安全的权限管理。操作系统、数据库和用户密码三级权限设置,最大限度地保障系统安全。按用户角色划分用户权限级别,在角色业务范围内业务通行无阻,在共享范围内资源共享;在角色业务范围外,从根本上不配置应用功能程序,彻底保证系统各用户角色模式下业务数据权限安全。

2) 物业管理信息系统的子系统组成

目前,我国内地主流物业管理信息系统的功能主要包括以下物业管理子系统。

(1) OA协同办公子系统。OA协同办公子系统能解决大企业信息化应用需求,实现企业OA标准应用、流程审批、知识管理、公文管理、电子签名、综合办公等。

(2) 基础数据子系统。基础数据子系统能统一管理和维护各业务模块共用的基础数据,提供基础信息支撑,支持多语言版本,辅助实现物业资源管理、客户管理、员工档案管理、区域及地址管理、银行及币种设置及各类基础资料的管理。

(3) 财务管理子系统。财务管理子系统可以满足物业服务企业多种管理模式需求,实现企业财务数据的集中管理,财务状况实时查询与监控,协同化的业务处理,人性化系统设计,集成化的系统应用,支持复杂组织架构管理。例如,财务初始设置、分摊管理、应收管理、实收管理、预交管理、付款管理、票据管理、凭证管理、财务结算管理、收费组件、财务预测等。

(4) 客户服务子系统。客户服务子系统可以满足物业服务企业客户服务管理与监控要求,工作流配置灵活可调,提供强大的数据统计分析,提供完善的呼叫中心解决方案。例如,客服初始设置、客户服务调度(采用工单记录及工单流转双模式)、物业有偿服务(增值服务)、装修管理、问卷调查管理等。

(5) 租赁经营子系统。租赁经营子系统能结合工作流引擎对潜在客户、租赁意向、租赁控制、合同管理、经营分成等租赁业务进行全流程管理和监控,提供详细查询与统计分析及收入预测。

(6) 设备资产管理子系统。设备资产管理子系统能帮助物业服务企业实现业务、事务、财务、流程一体化,对巡检维保工单与工作流整合实现审批、推送、反馈、督办,并通过备品备件与仓库采购联动,设备运行参数与能耗关联。主要包括不动产资产管理、办公资产管理、设备管理、能耗管理等功能。

(7) 采购管理子系统。采购管理子系统基于工作流,能分别对服务与物料的采购流程全面管理,服务采购实现合同管理。考核评分、费用结算与支付等功能,物料采购完全实现从物料需求、全局库存、采购申请、采购订单、收货验货到采购结算全流程管理,并且与财务管理子系统无缝对接,由财务支付相关费用。同时满足供应商管理、批号管理、采购管理、采购招投标管理等要求。

(8) 库存管理子系统。库存管理子系统整合工作流与采购和财务子系统,能实现从采购到出入库再到财务支付全流程管理,支持条码及二维码扫描,批次、序列号管理等完善的仓库解决方案。例如,物料档案维护、仓库档案维护、库存管理、全局库存、审核及反审核等。

(9) 品质管理子系统。品质管理子系统根据ISO管理标准体系搭建,能将各业务线的工作内容、方法、流程、规范和检查标准固化在物业管理信息系统中。以日常工作考评和综合检查考评两套方法,配合知识管理(推广和推送工作方法流程规范)和考评结果的统计分析,为PDCA管理循环提供方法及数据支持。主要包括品质管理标准体系、品质管理考评、品质管理分析等。

(10) 人力资源管理子系统。人力资源管理子系统能帮助物业服务企业实现组织架构体系、人事档案信息、考勤排班、绩效管理、社保福利、工资管理、招聘选拔、培训发展等人力资源规划管理。

任务二 物业管理服务系统未来发展趋势

学习准备

在网上搜索相关资料,了解物业管理服务系统的发展趋势。

相关知识

物业管理不仅是对人的服务、物业的管理,更是对物业整体的运营管理。因此,当今物业管理信息系统已从单纯的技术层面上升到物业的运营管理层面。未来,随着物业经营业务比例的加大及智慧社区(包括社区电子商务)发展引发的物业服务创新商务模式的兴起,物业管理信息系统将呈以下发展趋势。

一、向决策支持系统转化

在房地产物业管理领域,决策支持系统在房地产管理信息系统中较为常见,在纯粹的物业管理信息系统中,能较完整地实现决策支持功能的比例很少,一般只是开发了局部的决策支持功能,例如统计分析功能、综合查询功能、报表功能等。但是随着大数据时代的来临、数据挖掘技术的进步和企业主动利用数据意识的增强,根据已有数据进行应用统计、应用分析、数据挖掘、知识发现、辅助决策功能的物业管理信息系统会越来越多,相应的功能也会越来越完善。

二、向多技术融合转化

今后的物业管理信息系统将会融合更多领域的高科技技术,进一步提升物业的智能化和物业管理服务的智能化。例如,融合监控技术、物联网技术、智能网络技术等建立智慧社区基础平台,并与物业 ERP 系统、财务系统、政府公务服务应用平台等兼容,促成物业服务数据的规范化与统一,进而实现智能化操控与分析,大幅提升物业服务的技术应用水平。

三、向物业 ERP 系统转化

ERP 系统不只是一套计算机系统,它更代表了一整套现代化的企业管理思想、程序和方法,它的最终目的是实现企业管理的信息化,这就要求 ERP 系统必须与每个专业的管理工作高度融合,使得大家都可以借助 ERP 系统开展日常工作,最终达到"用数据说话"的目的。

在 ERP 思想的指导下,以物业管理为基础,以客户服务为核心,实现对物业服务企业的人、财、物、行政、质量工作的集中管理,以及各种类型物业项目的房产、客户、客服、品质、工程、保洁、保安、设备运维、租赁经营、仓库采购等工作的专业化管理。

四、向互联网云计算平台、社区电子商务转化

云计算被视为科技业的下一次革命,它将带来工作方式和商业模式的根本性改变,当前企业云计算服务市场逐渐形成。同时,电子商务的快速发展改变和促进了物业管理的

环境与模式,在一定程度上影响着物业管理的各个方面。物业信息化系统正在从传统的技术转向服务,这是技术发展、社会分工与产业升级的必然趋势。未来,物业软件平台将根据企业需求去构建个性化的解决方案,按需使用,按需付费,呈现一种全新的信息化应用模式(software as a service,SaaS,软件即服务)。这种模式同时有效地在物业服务与邻里生活之间构建了一个交流、沟通及商务桥梁,让物业服务机构与社区居民之间、居民与居民之间,以及物业服务企业、居民及社区商家之间的关系变得更加密切,生活更充实、更加丰富多彩。同时通过全新的社区电子商务服务,创新物业服务盈利模式,让物业管理服务更有"钱"景。

五、专用管理信息系统更加完善,得到更多应用

例如,专门用于设施设备管理的设施设备管理信息系统(FMMIS)会在业界得到更广的应用。FMMIS构建设备管理标准化制度规程,通过标准化作业规范设备管理工作,优化设备管理工作流程,达到降低运营管理成本,实现提升设备管理水平和效率的目的。其主要功用如下。

1. 便于建立设施设备管理电子台账

设施设备电子台账包括设备安装位置、状态、品牌、型号、制造商等设备信息。根据设施设备重要程度的不同,管理维护人员可将设施设备进行分类,重要性高的设施设备,如发电机、变压器、水泵、中央空调、电梯等,将被赋予高等级,在台账中的覆盖率要力争达到100%。一般性设备如阀门、控制开关等被赋予较低等级,可以根据实际情况分步骤、分区域录入电子设备台账,并不断充实完善。

2. 实现设备巡检、维保作业标准化管理

FMMIS系统自带了几乎所有设施设备巡检、维保标准,设备管理养护人员可根据具体标准制订相应的巡检、维保作业计划。严格的作业标准和规范的管理制度能保证设备参数按照特定的周期正确记录。FMMIS系统能够自动分析参数录入数据,判断设备的运行状态,可以让管理维护人员实现对设施设备管理的实时监控,并能及时地向其提供设备分析报告,帮助设备管理人员派发针对性极强的作业工单,消除管理层和操作层的工作衔接障碍,从而确保各类设备能及时得到维修养护,提升设备的完好率。

3. 实现设施设备的全寿命期管理

FMMIS从设备设施和备品备件物资两条主线出发贯穿设施设备资产从购置、启用、日常运行维保直到最终报废清理的全过程,配合各个阶段的备品备件采购供应过程及相应的成本控制和进度控制,与财务软件、人力资源等系统有机结合,形成设施设备管理完整的生命链。

项目十六　物业管理风险防范与应急预案

学习目标

(1) 了解物业管理风险的内容及防范措施。
(2) 熟悉掌握物业管理的应急预案及突发事项处理方式。
(3) 了解物业管理的法律责任及纠纷处理方式。

素质目标

(1) 培养风险防范意识。
(2) 增强法律观念和职业道德建设，培养团队协作精神。

能力目标

(1) 能够对物业管理中存在的风险进行梳理。
(2) 能够独立完成物业管理的应急预案编写。
(3) 能够在实践中有效解决物业管理过程中出现的风险。

任务一　物业管理风险的内容及防范

学习准备

收集有关物业管理风险防范与应急预案编写的相关资料，了解物业管理风险防范与应急预案编写的基本情况。

相关知识

一、物业管理风险的内容

物业管理风险是指物业服务企业在接受招标方或者住户委托后，在合同规定的管理时间段由于不确定性因素造成物业财产、人身伤害等不可弥补损失的可能性。

1. 物业管理风险分类

由于物业服务管理工作的复杂性，物业管理风险种类也比较多，按照不同的来源和方式可以分为不同的类别，如表 16-1 所示。

表 16-1　物业管理风险种类

分类依据	类　别	具　体　内　容
风险形成原因	自然风险	由于物业管理项目所在地区的自然环境客观因素影响，产生经济损失，自然风险的特点是不受物业管理公司的控制，不以其意志为转移，例如洪水、冰雹等
	社会风险	物业管理公司在经营过程中，由于个人的主观判断出现偏差或者行为不当导致财产损失或者人身损害，进而影响到物业公司盈利，造成了一定的经营管理风险，例如入室抢劫、斗殴等行为
风险变化程度	静态风险	由于自然因素的不稳定、不规则变动，或者个人因素导致的风险，使物业管理公司在遭遇危险事故之后，需要承担一定的财产损失和人员伤亡，例如地震、火灾等事故
	动态风险	由于经济、政治、社会环境和科学技术等因素的变动产生的风险，物业管理公司在遭遇这种风险时，除可能产生损失外，还可能经过努力冲破逆境获得收益，例如经营管理风险、财务收支风险等
风险形成时间	早期介入风险	物业管理公司在协助物业开发商参与前期项目设计过程中存在的风险，主要包括项目前期施工风险、项目接管的不确定性等
	前期接管风险	房屋出售后召开住户会议、成立业主委员会、物业公司与业主委员会签订服务委托合同中这一段时间，物业管理公司需要承担的风险，例如物业服务合同签订与执行、房屋接管验收、房屋装修等
	日常管理风险	物业管理公司接受招标方或者业主委员会委托之后，成立物业管理处开展物业服务过程中的风险，主要包括物业管理费和有偿服务费用收缴、各类配套物业设施设备的使用和维护、小区住户违反小区住户公约行为带来的风险
损失形态	财产风险	会引起财产损失或贬值的风险，例如房屋遭受火灾等事故出现损坏
	人身风险	人身风险是指人们受到一些因素影响，身体或者生命造成伤害，例如工作人员伤病缺岗带来的风险
	责任风险	对他人遭受的身体伤害或者财产损失，物业管理公司作为代表方负责赔偿损失的责任，例如物业服务管理工作中，由于工作人员的失职，导致业主财产损失或者身体损伤而需承担的风险
风险承担者	物业管理公司	在物业服务管理过程中，由于工作人员失职或者服务不到位，导致小区住户遭受损失，物业公司作为责任方需要承担住户损失
	小区住户风险	由于住户的不配合或者未遵守住户行为规范，导致物业工作人员无法开展工作，出现质价不符的问题，导致住户经济损失的风险
	房地产开发商风险	物业服务管理接管介入或者物业开发建设过程中，物业管理公司提供的服务并未使楼盘建设或者楼盘销售业绩达到预期效果所带来的风险
	其他第三方风险	物业管理处招商引进的商家、项目外包合作公司等第三方，出现资金压力、服务质量等风险

2. 常见的物业管理风险

高空坠物风险、装修管理风险、公共设施与环境风险、治安风险都是物业管理过程中比较常见的风险。

1) 高空坠物风险

高空坠物很容易对来往行人造成伤害,因此物业管理要采取各种措施做好高空坠物风险管控,了解高空坠物的来源,从源头管控高空坠物的风险。

高空坠物一般有两种情况,一种是建筑物及其附着物掉落,物业管理处接受物业服务委托时,其内容包括了小区公共区域的维修管理,当公共区域的搁置物、悬挂物倒塌或者坠落时,物业管理公司需要承担一定责任;另一种则是人为高空抛物,人为高空抛物从法律意义上来讲应由肇事者承担民事责任,但在一定程度上会对物业管理公司的形象造成损害,客户对物业服务质量和水平也会产生怀疑,不利于物业公司经营发展。

2) 装修管理风险

装修是一项时间跨度大、不确定因素多的综合性工程,因此装修管理带来的风险也是多样的,具体有以下几类。

(1) 施工过程中的人员安全问题。

(2) 施工工人和车辆管理问题。

(3) 装修房屋质量和安全隐患问题。

(4) 房屋构造和外观形象问题。

(5) 环境卫生问题。

(6) 侵占公众利益问题。

(7) 施工噪声。

(8) 相邻住户关系处理问题。

3) 公共设施与环境风险

小区的公共设施与环境管理不善,都容易引起住户的不满,进而影响物业管理公司在住户心中的形象,随之公司经营管理也会产生风险。公共设施与环境风险主要包括以下几个方面。

(1) 小区公共部位设施设备未达到安全要求。

(2) 卫生清洁不及时、不彻底,存在二次污染的可能。

(3) 绿化养护与管理存在纰漏,影响小区整体绿化环境。

(4) 占道管理风险,小区住户、商家或物业管理的占道行为。

(5) 空气质量管理风险,由于油烟排放设计不合理,影响其他住户日常生活。

4) 治安风险

物业治安风险是指因为他人的过错和违法行为,给管辖小区内的住户造成人身损害或者经济损失,具体有以下几大类。

(1) 入室偷盗。

(2) 故意伤害他人。

(3) 交通事故。

(4) 意外失火。

(5) 故意聚众闹事、斗殴。

二、常见物业管理风险的防范

物业管理不仅要了解上述常见的物业管理风险,还应掌握这类风险的防范与应对措施。

1. 高空坠物风险的防范

1) 建筑物及其附着物管理

物业管理可以从以下方面采取措施,避免建筑物及其附着物坍塌、坠落,减少物业管理高空坠物风险。

(1) 承接项目和交接项目时,工作人员要认真检查,注意观察建筑物新旧程度和外墙面材质,发现问题要及时与合作方反馈,避免因为工作人员大意导致项目在一开始就存在隐患和风险。

(2) 物业管理公司签订合同之前,与委托方就墙的养护与维修进行具体约定和责任划分,以减少不必要的纠纷。

(3) 物业管理处为避免不必要的纠纷,可以选择购买合适的保险,增强风险承担的能力。

(4) 物业管理处在日常工作中,定期开展建筑物及其附着物安全排查工作,检查窗户玻璃和小区户外广告牌等附着物是否安装牢固,发现存在安全隐患的,要将其记录下来并进行整改。

(5) 加强外墙面维护和保养工作的管理和监管力度,宣传"防患未然"的安全管理理念,让工作人员重视建筑物安全排查工作。

2) 高空抛物管理

物业管理处应联合业主委员会和辖区派出所,从宣传教育入手,发动全体住户共同参与监督管理,具体措施如下。

(1) 加强防范与监控,物业管理服务企业可以在相应的区域安装监控,既可以起到监督作用,还可以在发生事故时查看事件发生经过。

(2) 对小区住户开展宣传教育,让小区住户了解到高空抛物会造成小区环境变差、对行人造成伤害等负面影响。

(3) 有住户图方便,从窗户向外扔垃圾,物业管理处针对这类情况要制定相关行为规范约束住户,明确责任。

(4) 加强管理、处罚力度,一旦发现有住户高空抛物要严肃处理,张榜公布,对肇事者进行惩罚,从而震慑其他住户。如果高空抛物造成了人员伤亡或重大财物损失,应选择报警处理。

2. 装修管理风险的防范

物业管理处可以依据装修管理过程中不同阶段可能出现的问题与风险,采取相对应的措施,常见的装修管理风险防范措施如下。

(1) 制定装修规范文本,包括装修安全规定、装修过程中要遵守的细则等。

(2) 与业主房屋设计师进行多方沟通交流,避免装修设计不合理,争取在源头制止违章装修情况发生。

(3) 联合小区业主委员会、街道办等单位,加大装修规范宣传力度,让装修者了解规范装修的重要性。

(4) 定期查看装修施工现场,了解业主装修的进度和大致情况,发现问题及时处理。

(5) 引进并推广口碑良好的装修设计公司和施工公司的先进经验,规范装修公司的工作,用超前的服务规避风险。

3. 公共设施风险的防范

公共设施风险防范主要是针对小区公共部位设施设备的安全问题,主要有以下措施。

(1) 接管物业时要进行查验,发现物业质量的缺陷和隐患要及时抢修、加固。

(2) 物业公司要明确自己的管理责任范围,分清事故责任方,做好自身的风险防范。

(3) 在关键区域张贴设备操作使用方法,在危险区域张贴警示牌进行警示。

(4) 加强设备运行管理,建立和完善运行标准和体系,做好各种预防措施。

(5) 树立风险意识,为设施设备购买保险。

(6) 发生事故或者损害事件,对小区住户造成人身损害或者财产损失,要积极处理,不得推诿。

4. 公共环境风险的防范

卫生清洁风险、绿化养护风险、占道管理风险及空气质量风险都属于公共环境风险,其主要的风险防范措施有以下几种。

(1) 从小区实际情况出发,做好保洁工作和绿化管理工作的规划,将保洁绿化管理规范化、制度化,减少出错可能性。

(2) 配备必要的硬件设施和环境管理工具,提升卫生打扫、绿化工作的效率和质量。

(3) 建立完善的管理机制,对员工进行技能和管理意识培训,让员工能够自我约束、自我管理。

(4) 建立完善的、科学的质量管理方案和奖惩制度,将保洁绿化工作完成质量同员工绩效挂钩。

(5) 物业管理服务企业制订小区环境维护管理日计划、周计划和月计划,让各项工作可以有计划地进行。

(6) 制定科学的日常工作操作流程,为负责保洁和绿化检查的工作人员提供考核检查标准。

5. 治安风险的防范

影响小区治安的主要原因之一是小区人员构成复杂,管理主体多元化,因此管理治安风险需要多管齐下,综合治理。治安风险防范要点如下。

(1) 完善管辖区域内的安全防范设施,在关键区域安装监控和警报系统,实时监控。

(2) 增强住户安防意识,倡导住户房屋安装防盗门和感应报警装置。

(3) 明确物业公司的管理职责和法律地位,在法律规定范围内履行治安防范义务。

(4) 完善治安管理制度,并监督落实。

(5) 提升小区住户的个人素养和法律意识,让小区住户自觉遵纪守法,不做影响小区治安的事。物业公司可以在小区开展普法活动。

（6）确保安保巡逻工作做到位，坚持对巡逻工作进行监督。

（7）对安保人员进行技能培训，提升安保人员的业务水平，为小区安全防范增加保障。

突发事故处理流程如图 16-1 所示。

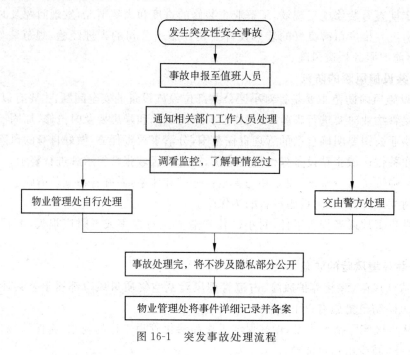

图 16-1 突发事故处理流程

任务二 物业管理的应急预案

学习准备

课前思考物业应急预案流程应包括的内容。

相关知识

一个治安管理制度成熟和完善的物业管理企业，必须具备一定的应急能力，拥有一套完整的应急预案，以此来应对突发事件。一套完整的物业管理应急预案，应包含以下几点内容：建立一个完整的应急组织，明确各级人员的职能职责；针对不同性质的突发事件，建立一套完整的处理流程；应适时开展应急预案演练，并储备一定的应急救援物资。

一、应急组织与职责分工

1. 应急组织架构

应急组织是以物业管理项目负责人为核心，以物业管理项目内部工作人员为主体组建而成的,应急组织架构如图 16-2 所示。

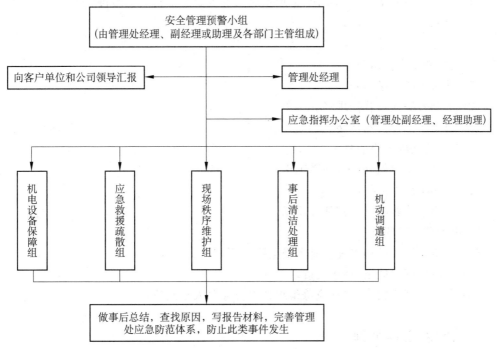

图 16-2　应急组织架构

2. 应急组织职责划分

应急组织成员在无意外情况下只需做好自己职责范围内的工作即可,当出现紧急情况时便需要响应安全管理预警小组的召唤,参与应急工作。

1) 安全管理预警小组职责

(1) 组织各部门负责人制订各方面的应急方案。

(2) 组织应急演练,根据演练情况对应急方案进行修改和调整。

(3) 出现紧急情况时,按照方案部署应急人员,采取相应措施。

(4) 进行资源调度。

(5) 配合政府部门和公司的调查工作。

(6) 负责事故善后处理,安抚受伤人员。

2) 应急指挥办公室职责

(1) 负责日常应急准备工作,例如应急物品和工作的储备。

(2) 向其他小组通知、报告应急事件,组织协调各小组工作。

(3) 负责与外界沟通交流,稳定公众舆论。

3) 机电设备保障组职责

(1) 熟悉事故现场的布局和设备,为救援工作人员提供便利。

(2) 修理设施设备,保证其正常使用。

(3) 协助有关部门开展调查工作。

4）应急救援疏散组职责

（1）根据应急方案和实际情况，采取措施对突发事故进行应急救援。

（2）控制事故伤害范围。

（3）管控事故现场。

5）现场秩序维护组职责

（1）维持事故现场治安。

（2）协助救援人员管控现场。

（3）稳定小区住户的情绪。

6）事后清洁处理组职责

（1）为其他小组做好后勤保障工作。

（2）安顿事故中的伤员。

（3）应急事故解决后打扫清理现场。

7）机动调遣组职责

（1）负责将事件处理进度实时上报至物业管理处负责人。

（2）与政府部门联络，请求支援。

（3）向上级部门报告，保证应急组织各岗位应急人员到位。

二、突发事件处理

物业管理中的突发事件包括地震、暴雨、台风等自然灾害，还包括火灾、治安事件和刑事犯罪等不可抗拒的意外事件。物业管理处对不同性质的突发事件，应该遵循突发事件处理原则，按照处理流程，选择合适的方式方法进行处理。

1. 突发事件处理原则

物业管理处作为小区管理的主要力量，在处理小区的大小事件时，应该坚持以理服人，遵守原则。突发事件处理有以下六大原则。

（1）先行处置，再行汇报。

（2）以人为本，减轻危害。

（3）依靠科学，专业处置。

（4）统一领导，分级负责。

（5）鼓励创新，迅速高效。

（6）社会动员，协调联动。

2. 突发事件处理流程

物业管理工作人员处理突发事件应该按照突发事件处理流程，有条不紊地进行。突发事件处理流程如图 16-3 所示。

突发事件结束后，应仔细记录事件全过程，并进行存档。

3. 各类突发事件的应急计划

1）台风应急处理

台风来临之前气象台会发布预警，物业管理处在接到预警后，要在台风来临之前做好

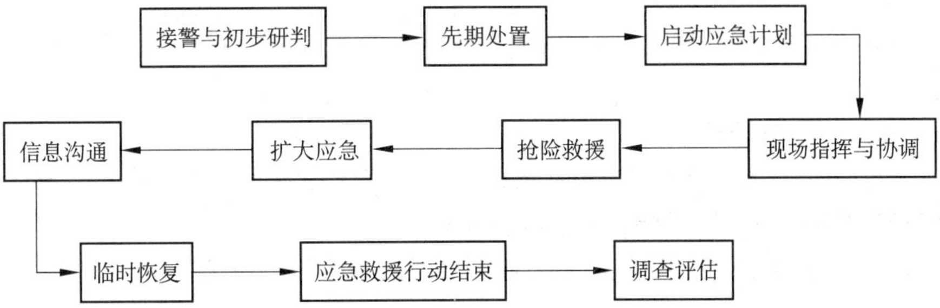

```
接警与初步研判 → 先期处置 → 启动应急计划
                                    ↓
信息沟通 ← 扩大应急 ← 抢险救援 ← 现场指挥与协调
   ↓
临时恢复 → 应急救援行动结束 → 调查评估
```

图 16-3　突发事件处理流程

以下准备工作。

(1) 物业经理下达警戒状态指示，在小区公告栏、微信公众号、业主群等多渠道张贴和发布警示通告，提醒辖区内入驻商家和住户做好防范工作。

(2) 物业经理组织管理处工作人员召开会议，根据气象台发布的台风持续时长信息，制订防范方案。

(3) 检查小区安装的各种指示牌和宣传栏，并进行加固，将易被台风吹倒的物品和装饰品拆除。

(4) 对小区植物进行修剪，对易被风刮倒的树木进行加固。

(5) 检查小区地面和地下车库排水管道是否可以正常使用，排水沟是否通畅。

(6) 将房屋四周停放的车辆挪至空旷地带。

(7) 检查小区住户门窗是否牢固，召集住户将窗台物品撤离。

(8) 检查防灾救灾的物资和工具。

(9) 组织工作人员检查设施设备损毁情况并做好统计，尽快安排工作人员进行维修和恢复。

(10) 清理道路垃圾、淤泥、积水等，开展消毒杀菌工作，将台风刮倒的指示牌、广告牌和树木进行复原，保证来往行人的安全。

2) 暴雨应急处理

我国许多城市都会有暴雨出现，因此物业管理处一定要做好暴雨应急处理方案。以下是暴雨应急处理的要点。

(1) 暴雨灾害发生时，应急小组要随时待命，准备进行抢险救灾工作。

(2) 客户服务中心要通过广播发声，呼呼辖区内人员不要在户外随意走动，不要待在树下或者电线杆附近，在家的住户要关好门窗。

(3) 应急组织的工作人员要对小区地势低的区域进行加筑，避免雨水灌入。

(4) 关注监控视频，加强公共区域和小区出入口的巡查，防止有可疑人员趁乱偷盗或滋事。

(5) 时刻关注政府相关部门发布的动态，了解暴雨相关资讯。

(6) 暴雨停止后立即组织事后清洁处理，组织人员清理路面积水和沙土，方便车辆往来。

(7) 组织各部门员工检查对应的设施设备，对受损公共设施设备进行统计并向住户公示。

(8) 若暴雨造成洪涝、积涝,要及时对排水管道进行疏通,并在积水清除后对路面进行消杀除菌。

3) 冰冻灾害应急处理

冰冻灾害主要出现在冬季,为了最大限度地减轻冰冻灾害对小区住户日常生活的影响,物业管理处可以采取以下措施进行应急处理。

(1) 客户服务部要在小区公告栏、物业公众号和业主群张贴和发布温馨提示,提醒住户注意防寒抗冻。

(2) 工程技术部人员要加强对供水排水管、供电供暖系统等设备的检查工作。

(3) 关注小区道路交通,提醒往来车辆减速慢行,交叉路口安排工作人员进行引导。

(4) 客户服务中心要准备冻伤、摔伤和感冒药物,供物业管理工作人员和小区住户使用。

(5) 对冰冻不耐受的设施设备和植物采取保温措施。

(6) 及时清理路面积雪和掉落的树枝,防止出现行人摔伤或者交通事故。

4) 打架斗殴暴力事件应急处理

小区发生打架斗殴等暴力事件,不仅会干扰小区的安全秩序,而且会对打架双方的身体造成损伤,甚至会危及其他住户的人身安全。因此物业管理处一定要重视斗殴暴力事件应急处理,争取可以在短时间内将事件处理好。斗殴暴力事件应急处理要注意以下事项。

(1) 接到住户反映或者发现管辖区域内有打架斗殴事件,值班安保人员要及时赶到事发现场了解情况并进行劝阻。

(2) 小区住户内部产生矛盾纠纷而引发的打架斗殴,尽量要在内部解决。物业管理处工作人员可以通过说服教育的方法解决此类矛盾和纠纷。

(3) 若是短时间解决不了且有扩大趋势的矛盾,工作人员要采取"宜缓不宜急,宜顺不宜逆"的处理原则,千万不要激化双方的矛盾。

(4) 对肇事双方要采取处罚与教育相结合的原则,根据小区安全管理制度和小区居民公约,视情节轻重给予双方一定处罚,并做好教育引导工作。

5) 盗窃抢劫事件应急处理

若小区内出现盗窃抢劫事件,会引发小区住户对物业管理处治安管理的质疑和不信任。因此,当小区出现盗窃抢劫突发事件,物业管理处要妥善处理,以改善物业管理处在小区住户心中的形象。以下是盗窃抢劫事件应急处理的注意事项。

(1) 安保人员要履行好安保管理职责,将住户的人身安全放在第一位,若现场有人受伤要立即送往医院医治。

(2) 发现嫌疑人时,应该向小区全体安保值班人员和片区公安部门寻求帮助,在保障人身安全的情况下擒获嫌疑人。

(3) 若犯罪嫌疑人逃匿,工作人员要通过监控和目击者了解嫌疑人的外貌形体特征,配合警方办案。

(4) 有案发现场或者犯罪现场的,物业管理处工作人员要保护好现场,方便警方现场勘查取证。

(5)对在盗窃抢劫事故中受到伤害的住户,物业管理处工作人员要及时给予安抚,稳定住户情绪。

6)刑事案件应急处理

刑事案件属于比较严重的治安突发事件,一旦小区发生刑事案件,物业管理公司和小区的形象都会受到影响,小区住户也会陷入恐慌之中。刑事案件应急处理操作如下。

(1)物业值班人员发现刑事案件时,应该向上级主管、物业经理报备并且向公共机关报案。

(2)安保人员根据现场情况采取措施,保护案发现场,禁止无关人员进入现场。

(3)向案件目击者或者围观群众了解情况,并保留目击者联系方式以便后续联系。

(4)向负责办案的公安人员汇报自己掌握的案件情况,配合警察办案。物业管理处应该在案发后立即查看案发前后的监控,并将监控保存备份,避免出现意外情况导致监控录像缺失或者损坏。

7)交通事故应急处理

管辖区域内发生交通事故时,物业管理处要立即启动应急处理方案,降低交通事故带来的负面影响。交通事故主要是由安保部门负责处理,具体可以采取以下措施。

(1)安保部门接到事故报告之后,要立即组织工作人员对事故现场进行疏导,防止车辆堵塞。

(2)若有人受伤要立即拨打急救电话,在条件允许的情况下,要将伤者移至安全位置,对受伤部位进行处理。

(3)征得事故双方同意后联系交警处理事故,交警赶到之前物业工作人员要对双方情绪进行安抚。

(4)交警赶到后,配合交警工作,调看监控录像了解事故经过。

(5)配合事故双方处理善后,在双方保险理赔过程中积极为住户提供帮助。

8)住户突发性疾病应急处理

物业管理处工作人员在进行入职培训时,会讲授现场急救措施和现代救护理念等相关知识,当小区内有住户身体出现意外情况时,工作人员要保持冷静,采取正确、有效的急救措施,具体如下。

(1)拨打距离最近的医院急救电话,将住户病状进行说明。

(2)观察住户的状况,了解住户身体情况,确定急救措施。

(3)若非必需,尽量不移动伤员。

(4)确定住户身份,联系住户家人。

三、应急预案演练与应急物资储备

1. 应急预案演练

物业管理处组织开展应急演练时,需要达到以下要求。

(1)根据物业服务管理和管辖区的实际情况,合理制订应急演练计划。

(2)明确应急演练的目的,要以提高应急组织成员突发事故处理能力为重点。

(3)保证参与演练人员安全,遵守安全规范,精心策划应急演练的每个环节。

(4)应急演练计划要先交由各部门审核确认,在计划中要明确演练项目、时间、地点和参与人员。

(5)重视演练效果评估工作,结束演练之后要填写演练记录,对演练进行总结。

2. 应急物资储备

为了保证在突发意外情况出现时,应急组织可以专注处理应急事故,物业管理处应协调配合各部门做好应急物资储备和管理工作。物业管理处常用的应急物资和对应的责任部门如表16-2所示。

表16-2 物业管理处常用的应急物资和对应的责任部门

序号	应急物资	责任部门
1	沙袋	安保部门
2	应急灯	
3	灭火器	
4	救生衣	
5	雨衣、雨靴	
6	警戒桩、警戒带	
7	应急车辆	客户服务部门
8	急救药品	
9	应急钥匙	
10	抢修工具	工程技术部门
11	泄水软管	
12	移动水泵	
13	排水泵	
14	小型发电机	
15	登高梯	

应急组织的负责人应该定期对储备的物资进行核对与检查,查看工具设备类物资性能是否良好,使用类物品数量是否足够。

参 考 文 献

[1] 苏宝炜,李薇薇. 现代化物业服务信息化实操[M]. 北京:化学工业出版社,2015.
[2] 邵小云. 物业绿化养护及病虫害防治[M]. 北京:化学工业出版社,2015.
[3] 邵小云. 物业项目全程运作实战手册[M]. 北京:化学工业出版社,2015.
[4] 邵小云. 物业项目品质管控实施手册[M]. 北京:化学工业出版社,2015.
[5] 王英玮,陈智为,刘越男. 档案管理学[M]. 4版. 北京:中国人民大学出版社,2015.
[6] 代岚. 物业环境管理[M]. 北京:机械工业出版社,2017.
[7] 张瑞菊. 物业档案管理研究[M]. 成都:四川大学出版社,2019.
[8] 李霞,贺澄君. 物业智能化及信息化管理系统[M]. 北京:石油工业出版社,2019.
[9] 李文翎. 商业物业管理[M]. 北京:科学出版社,2019.
[10] 邵小云. 物业管理实用流程、制度、表格、文本[M]. 北京:化学工业出版社,2019.
[11] 于晓红. 物业客户服务管理[M]. 北京:中国人民大学出版社,2020.
[12] 鲁捷,于军峰. 物业管理实务[M]. 北京:机械工业出版社,2021.
[13] 史华. 物业设备维修与管理[M]. 3版. 大连:大连理工大学出版社,2021.
[14] 张作祥. 物业管理实务[M]. 北京:清华大学出版社,2022.
[15] 时代华商物业管理策划中心. 物业服务案例全解析[M]. 北京:化学工业出版社,2022.
[16] 王晓宇. 物业客户服务管理[M]. 北京:中国财富出版社有限公司,2022.
[17] 夏洁. 现代物业管理全案[M]. 北京:化学工业出版社,2022.
[18] 张菊香,蔡少茹. 住宅物业服务质量对住户满意度的影响研究[J]. 中国房地产,2020.
[19] 孙冬良,李巧敏. 物业企业如何选择增值服务业务[J]. 城市开发,2021.
[20] 郭翰. 中报解读:规模同比增长四成,增值服务为加速器[J]. 城市开发,2021.
[21] 麦昌永. 物业服务企业内部控制的现状与对策研究[J]. 中国产经,2021.
[22] 邓秋生. 海外经验对我国物业管理发展的启示[J]. 中国物业管理,2021.
[23] 李彦宇. 物业公司增值服务的营销策略研究[D]. 北京:北京建筑大学,2021.
[24] 王驰. 公司物业增值服务质量提升策略研究——以J住宅小区研究为例[D]. 成都:电子科技大学,2022.
[25] 贾士祺. 物业电商增值服务的服务营销策略研究[D]. 北京:北京外国语大学,2023.